本书得到教育部人文社会科学研究项目“混合所有制对企业技术创新的影响研究——基于经理人激励视角的理论、实证检验与应用”（项目批准号：20YJC630200）和国家自然科学基金项目“股份减持业绩限制下中国上市公司控股股东应对行为及经济后果研究”（项目批准号：72402155）的资助，谨诚致谢！

混合所有制对企业技术创新的影响研究

袁晓星 著

西南财经大学出版社
Southwestern University of Finance & Economics Press
中国 · 成都

图书在版编目(CIP)数据

混合所有制对企业技术创新的影响研究/袁晓星著.
成都:西南财经大学出版社,2025. 7. --ISBN 978-7-5504-6654-8

Ⅰ. F279. 23

中国国家版本馆 CIP 数据核字第 2025RX4869 号

混合所有制对企业技术创新的影响研究

HUNHE SUOYOUZHI DUI QIYE JISHU CHUANGXIN DE YINGXIANG YANJIU

袁晓星 著

策划编辑:李晓嵩
责任编辑:李晓嵩
责任校对:王 琳
封面设计:何东琳设计工作室
责任印制:朱曼丽

出版发行	西南财经大学出版社(四川省成都市光华村街 55 号)
网 址	http://cbs. swufe. edu. cn
电子邮件	bookcj@ swufe. edu. cn
邮政编码	610074
电 话	028-87353785
照 排	四川胜翔数码印务设计有限公司
印 刷	成都金龙印务有限责任公司
成品尺寸	170 mm×240 mm
印 张	15. 25
字 数	282 千字
版 次	2025 年 7 月第 1 版
印 次	2025 年 7 月第 1 次印刷
书 号	ISBN 978-7-5504-6654-8
定 价	88. 00 元

前言

作为国有企业改革的热点及我国基本经济制度的内容之一，混合所有制备受关注。在我国国有企业改革过程中，一个重大目标和方向就是逐步引入民营资本和外资、实行员工持股，积极发展混合所有制经济。国家大力倡导发展混合所有制企业，原因在于混合所有制可以让国有资本充分分享目前我国非公有制经济的高成长性带来的机遇，从而进一步盘活国有资本。伴随着对国有企业的改革，我国涌现出大量的混合所有制企业，其在未来很长一段时间内将一直存在。由此可见，混合所有制企业对中国经济影响深远，因此将其纳入研究具有重要意义。

此外，面对日趋激烈的国际竞争，提升技术创新水平是我国企业走向国际化和提升核心竞争力的必由之路。据世界经济论坛发布的《全球竞争力报告》分析，技术创新是企业提高其全球竞争力指数的三大驱动力之一。在大力倡导技术创新的时代，从微观企业层面探寻出最有助于促进技术创新的企业所有制形式，这能使有限资源得到有效利用，进而提高我国企业整体的技术创新水平。

为此，本书主要考察了混合所有制对企业技术创新的影响。本书结合中国处于转型经济的特殊背景，综合运用“政治观”“经理人观”以及资源基础理论，围绕"是否混合与企业技术创新""混合特征与企业技术创新""机理分析"三个问题逐步深入，先从企业所有制形式和混合特征两个维度，分别研究混合所有制会对企业技术创新产生怎样的影响；接下来分析混合所有制促进技术创新的原因和机制，以探明混合所有制通过什么样的路径和桥梁影响企业技术创新。

本书包含两大部分。

第一部分是导论。在导论中，笔者介绍了本书的选题背景、研究意义、研究思路与方法以及本书结构。

第二部分共分为七章。

第一章是文献综述。本章对近年来国内外与企业技术创新、混合所有制方面的文献进行了综述，同时介绍了混合所有制影响企业技术创新方面相关的文献，并对现有研究进行简要评述。

第二章是制度背景。本书研究混合所有制对企业技术创新的影响，因此有必要对我国实施混合所有制改革及企业技术创新状况的制度背景进行介绍。本章回顾了我国国有企业改革历程，详细介绍了混合所有制在我国国有企业改革中的引入及作用，同时对我国企业的技术创新状况展开了深入分析，此外还比较了不同混合所有制形式下企业技术创新存在的差异，并且对我国企业技术创新相关制度进行分析，从而为本书的研究梳理出较为全面的制度背景。

第三章是理论分析。关于混合所有制与技术创新之间的关系，主要有经理人观和政治观这两种理论。本章从促进技术创新最重要的因素——决策者的效用函数出发，对这两种理论进行深入分析。在经理人观中，本章进一步对经理人职业生涯关注理论和经理人追求安逸生活理论进行分析。此外，本章也对其他相关理论进行介绍，重点介绍了资源基础理论，从而为分析混合所有制对企业技术创新的影响提供较全面的理论基础。

第四章是企业所有制形式与技术创新。本章主要分析企业所有制形式对技术创新的影响。按照中国工业企业数据库中关于实收资本的股权性质状况，本章将企业分为六类，即混合所有制企业、国有独资企业、集体企业、民营企业、外资企业和港澳台资企业，之后将后五类企业的技术创新水平与混合所有制企业的技术创新水平进行比较。为避免单一指标而可能出现的片面性，本章采用了技术创新投入、技术创新产出和技术创新效率三个指标进行联合检验。本章采用倾向得分匹配后的双重差分分析及 Tobit 回归结果对混合所有制企业与其余五类企业的技术创新差异进行检验，并对其差异原因进行分析。

第五章是混合特征与企业技术创新。在混合所有制企业内部，什么样的混合特征会促进或抑制企业技术创新？本章分析混合所有制企业内部不同混合特征对技术创新的影响。不同混合主体在多样性、深入性和制衡度方面的差异，有可能会对企业技术创新水平产生影响。为此，本章选取 2008 年年底已在上海证券交易所上市且随后进行了混合所有制改革的竞争类国有控股公司为样本，选用这些公司 2009—2023 年的数据，从而能够较好地展示整个国有企业混合所有制改革的进程。本章依据民营、外资和国有三种不同性质的股东在前十大股东中的持股比例，定义了三个不同的混合特征——混合主体多样性、混合主体深入性以及混合主体制衡度，分别考察这三种混合特征对企业技术创新的影响。在混合所有制企业内部，不同混合主体的多样性、深入性和制衡度之所以会影响企业技术创新，根源在于混合所有制企业内部不同的股权性质的持股比例、与经理人签订的合约形式、经理人技术背景特征等。因此，本章详细分析混合所有制企业中的国有、外资、民营等资本的持股比例，实施股权激励和管理层持股，与经理人签订的合约形式，经理人是否具有技术背景对技术创新的影响。总体说来，本章采用实证分析的方法，对混合所有制企业内部混合特征与技术创新之间的关系进行探究，为国有企业实行混合所有制改革提供了必要的经验证据。

第六章是混合所有制促进企业技术创新的机理分析。本章具体分为原因分析、企业层级差异分析和机制研究三个部分。本章第一节分析混合所有制促进企业技术创新的原因。首先，本章从政府干预、代理成本的视角，区分混合所有制促进企业技术创新主要是源于经理人观还是源于政治观。其次，本书分析混合所有制促进企业技术创新的原因是源于经理人职业生涯关注理论还是源于经理人追求安逸生活理论。本节采用的研究方法是在原模型中引入产品市场竞争激烈程度与混合主体特征的交乘项，通过分析交乘项的正负效应，区分出上述理论。本章第二节分析不同层级的混合所有制企业对技术创新影响的差异。首先，本节按照中国工业企业数据库中关于企业隶属关系的信息，将含有国有股份的混合所有制企业划分为中央企业（以下简称“央企”）、省属企业、市属企业、县属企业、乡镇企业。其次，本节分别考察在这些不同层级的企业中，混合主体多样性、深入性和制衡度怎样影响技术创新，并识别其差异。最后，本节提出促进不同层级混合所有制企业技术创新的可行途径。本章第三节研究混合所有制促进企业技术创新的机制。本节具体分析了混合所有制促进企业技术创新的两种可能的机制：监督机制和技术溢出机制。本节将混合所有制中引入的民营和外资股东区分为长期股东（持股时间两年及以上）和短期股东（持股时间短于两年），即定义了长期的混合主体深入性和短期的混合主体深入性，对监督机制进行验证。

为了检验技术溢出机制是否存在，本节定义了技术溢出的虚拟变量。本节通过检验混合主体深入性与技术溢出虚拟变量的交乘项对企业技术创新的作用，验证是否存在技术溢出机制。

第七章是研究结论与启示。本章总结了本书的主要研究结论、创新与贡献、启示、研究局限性，并展望了混合所有制与企业技术创新后续研究的主要方向。

本书的主要研究结论如下：

第一，相比国有独资企业、外资企业、集体企业和港澳台资企业，混合所有制企业在技术创新投入、技术创新产出和技术创新效率方面都有显著优势，因此采用混合所有制的企业形式更有利于促进技术创新。积极发展混合所有制经济是提高我国整体技术创新水平的正确战略选择。

若以民营企业为参照，混合所有制企业的技术创新投入显著高于民营企业；混合所有制企业的创新效率略高于民营企业，但是差异并不是特别显著；混合所有制企业的技术创新产出高于民营企业，两者在1%的水平下显著。由此可见，相比民营企业，混合所有制企业投入了更多的资源用于技术创新，从而导致其技术创新水平更高。这说明，混合所有制企业由于吸收了不同股份性质的所有者，因此比单一性质的民营企业拥有更强的实力，也愿意为技术创新承担更大风险，从而有利于促进企业技术创新。

在企业所有制形式的选择方面，要想促进企业技术创新，首选的企业所有制形式为混合所有制。

第二，我国目前主流的混合所有制企业具有四种组织形式：股份有限公司、有限责任公司、股份合作制企业和联营企业。本书通过分析这四种混合所有制组织形式在技术创新上的差别，发现在技术创新投入、技术创新产出和技术创新效率方面，股份有限公司由于聚集了众多的资源，公司治理机制也比较完善，因此其技术创新投入、技术创新产出和技术创新效率均较优，在四种混合所有制形式中最易促进技术创新；有限责任公司的股东来源没有股份有限公司广泛，实力不如股份有限公司雄厚，获得的资源也不如股份有限公司丰富，导致有限责任公司这种企业组织形式对技术创新的促进作用弱于股份有限公司；股份合作制企业由于其规模较小，股东范围具有一定的局限性，其技术创新投入、技术创新产出和技术创新效率都相对较低。近年来，联营企业的技术创新效率迅速上升，是一种能促进技术创新的有潜力的混合所有制组织形式。

第三，在混合所有制企业内部不同的混合特征对技术创新的影响方面，本书研究发现，混合主体多样性能够显著促进企业技术创新；在不完善的制度环境下，混合主体多样性对企业技术创新的促进作用更为显著。总体来看，混合主体深入性能显著促进企业技术创新。在制度环境较差的地方，混合主体深入性与企业技术创新之间存在倒U形关系。从混合主体制衡度的角度进行分析，在国有控股的混合所有制企业中，混合主体制衡度越高，越能促进其技术创新。本书还发现，民营股东的制衡效应不如外资股东。

此外，在混合所有制企业内部，国有持股比例与企业技术创新呈现显著负相关，外资持股比例、民营资本持股比例与企业技术创新呈现显著正相关。混合所有制企业如果实施股权激励和管理层持股，会显著促进其技术创新。在混合所有制企业中，相对于采用只有一次机会的惩罚型合约，允许经理人“将功补过”、带二次机会的惩罚型合约更能促进企业技术创新。聘用具有技术背景经理人的混合所有制企业，其技术创新水平更高。

第四，在对混合所有制促进企业技术创新的原因进行分析时，本书首先区分混合所有制促进企业技术创新的原因是源于经理人观还是源于政治观。本书通过实证分析发现，随着混合主体深入性的加强和混合主体制衡度的提高，企业受到的政府干预并未显著减少，而其代理成本却显著下降，并且混合主体制衡度对企业技术创新的促进作用在国有控股的企业中较为显著。基于上述发现，本书认为，混合所有制促进企业技术创新的原因来自经理人观。混合所有制主要是通过降低国有企业的代理问题，从而促进了企业技术创新。

本书进一步分析混合所有制促进企业技术创新的原因是源于经理人职业生涯关注理论还是源于经理人追求安逸生活理论。为此，本书引入产品市场竞争激烈程度与混合主体特征的交乘项，通过分析混合主体深入性、混合主体制衡度对企业技术创新的影响，发现产品市场竞争激烈程度与混合主体深入性、混合主体制衡度的交乘项皆显著为正，从而增加了原有混合主体特征促进企业技术创新的正向效应，构成互补关系，而不是替代关系。由此可见，经理人并非只顾追求安逸生活。混合所有制促进企业技术创新的主要原因是经理人关注其职业生涯。

第五，我国对国有企业的混合所有制改革采取分类别、分层级的方式推进，因此本书从混合所有制企业所隶属的不同层级（央企、省属企业、市属企业、县属企业和乡镇企业）的视角分析其对技术创新的影响。研究结果显示，增加混合所有制企业股东的多样性可以促进市属混合所有制企业的技术创新；当混合所有制企业为省属企业、乡镇企业时，通过提高混合所有制企业的混合主体深入性和制衡度，可以促进其技术创新；当混合所有制企业为县属企业时，通过提高混合所有制企业的混合主体制衡度，可以促进其技术创新。当混合所有制企业为央企时，仅仅通过引入不同性质的股东，提高混合主体的多样性、深入性和制衡度，并不能显著促进技术创新，有时反而会降低央企较高的技术创新水平。由此可见，对央企的改革应配备一整套系统的改革方案，如完善公司的治理机制和监管体制等。因此，对国有企业实施混合所有制改革应分类别、分层级区别对待，采取最适宜的方法，以取得最理想的效果。

第六，本书验证了混合所有制促进企业技术创新的两种可能的机制：强化监督机制和技术溢出机制。研究发现，混合主体深入性对企业技术创新的促进作用主要是由长期稳定持有公司股份的混合所有制股东（民营和外资股东）带来的正向监督效应。长期持有公司股份的民营和外资等混合所有制股东由于会积极行使其监督权，在促进企业技术创新方面起着更为重要的作用。同时，民营和外资股东对公司经理人的强有力的监督可能是混合所有制促进技术创新的一种潜在机制。

在检验技术溢出机制是否存在时，本书发现，混合主体深入性与技术溢出虚拟变量的交乘项显著为正，说明混合主体深入性越高，则引入的民营和外资等混合股东的技术溢出效应越大，越能促进混合所有制企业的技术创新。本书的实证结论支持了技术溢出渠道，说明技术溢出效应是混合所有制促进企业技术创新的机制之一。

总之，本书详细分析了混合所有制对企业技术创新的影响，发现混合所有制能够显著促进企业技术创新。本书通过原因分析，发现经理人对职业生涯的关注是其主因。同时，本书对其可能的机制进行考察，验证了监督机制和技术溢出机制。

本书的创新之处主要体现在以下三个方面：

第一，本书为混合所有制对企业技术创新的影响提供了较全面、系统和深入的直接经验证据。混合所有制改革是我国国有企业改革的关键所在。本书从混合所有制的形式、特征和层级三个方面对企业技术创新的影响进行了系统、全面的检验，并得到了有益的经验证据支持，这有力地填补了当前在混合所有制促进企业技术创新系统研究方面存在的空白。

本书从混合所有制企业中混合主体的三个特征（混合主体多样性、混合主体深入性、混合主体制衡度）的独特视角分析了混合所有制对企业技术创新的影响。本书通过人工逐个识别上市公司前十大股东的股东属性，将其划分为国有、民营、外资、机构投资者、自然人这几类，构建混合主体多样性、深入性和制衡度三个指标。研究发现，混合主体多样性、混合主体深入性能够显著促进企业技术创新。本书从混合主体制衡度的角度进行分析，发现在国有控股的混合所有制企业中，混合主体制衡度越高，越能促进其企业技术创新。本书从混合特征的视角，形成较完善的分析框架，发现混合所有制是影响企业技术创新的重要因素之一，为促进我国企业高质量技术创新提供了可行渠道。

第二，关于混合所有制促进企业技术创新的原因和作用机理，本书经过较严谨的计量方法，厘清并证实了混合所有制促进企业技术创新的“经理人假说”动因，也证明了同时存在“监督”和“技术溢出”两种促进技术创新的作用路径，加深了混合所有制对企业技术创新影响的内在原因和影响路径的理论理解，有效地推进了混合所有制促进企业技术创新的机理研究。

本书从理论上提出了混合所有制促进企业技术创新的两种原因，即经理人观和政治观，并通过实证分析验证了经理人观；进一步提出经理人的职业生涯关注理论和经理人追求安逸生活理论，通过引入产品市场竞争激烈程度与混合主体特征的交互效应，验证了经理人职业生涯关注理论。同时，本书还验证了混合所有制促进企业技术创新的两种机制：监督机制和技术溢出机制。这使得我们对混合所有制促进企业技术创新的原因和机制的认识更为清晰。

第三，本书综合运用了微观大数据、倾向得分匹配后的双重差分等较为准确的计量方法对混合所有制与企业技术创新之间的关系进行研究。在比较分析混合所有制企业与其他所有制性质的企业对技术创新影响的差异时，本书采用微观大数据进行研究，从而提升了所得结论的可靠性。此外，本书的数据来源还包括通过人工查阅每家上市公司每年的财务报告，搜集到其附注中披露的研发支出数据；从国家知识产权局中国专利数据库中，人工搜集到每家上市公司每年的专利总数和发明专利数量；通过人工识别上市公司前十大股东所有权性质，形成混合主体特征的变量，这些构成本书独特的微观数据优势。在此基础上，本书采用了多种方法对推导出的结论进行验证，从配对样本的双重差分分析、Tobit 回归、泊松回归等，更准确地计量混合所有制对企业技术创新的影响，从而更好地为混合所有制改革实践提供参考。

袁晓星

2024 年 10 月

目录 MULU

0
导论

国有企业在我国国民经济中起着举足轻重的作用。怎样提升国有企业的活力和创造力以及提高国有企业资金的使用效率，是我国长期以来面临的重要课题。混合所有制改革的实施，为国有企业的发展带来了新的机遇。在我国，大多数国有企业并不缺乏资金，然而它们缺乏活力和创造力。党的十八届三中全会提出，要积极发展混合所有制经济。混合所有制改革成为新一轮国有企业改革的重头戏。实施混合所有制改革，以此提高国有企业的核心竞争力，这正是混合所有制改革的重大意义所在。

我国已步入中等收入国家的行列。伴随着人口红利的逐渐消失，未来如何实现我国经济高质量发展？推动企业进行高质量技术创新是我国经济实现高质量发展的必由之路。企业技术创新可以使我国的制造业从低附加值向高端、高附加值以及服务化转变，助推我国战略性新兴产业的发展，从而实现我国制造业的结构调整、升级和转型。同时，技术创新还能为我国经济增长提供新的源泉和内在动力。通过技术创新，我国可以实现创新驱动发展的目标，从而提高资源配置效率，增强我国可持续发展的活力。

随着经济全球化的发展，国际竞争日趋激烈。高质量的企业技术创新逐渐成为企业在竞争中取胜的一种必备条件，因此技术创新备受战略研究者和社会各界人士的关注。技术创新是企业在激烈竞争中能够顺利存活下来的基础（Hurley 和 Hult，1998），同时也被认为是“驱动收入增长的引擎”（Patterson，1998）。世界经济论坛 2023 年发布的《全球竞争力报告》显示，企业技术创新是企业提高其全球竞争力指数的三大驱动力之一（另外两大驱动力分别为要素驱动和效率驱动）。自约瑟夫·熊彼特对企业技术创新理论进行系统阐述之后，企业技术创新在一个国家长远经济发展及竞争优势建立中的作用得到了普遍认同。然而，在我国的企业中，什么样的企业组织形式最能促进企业技术创新？部分大型企业由于机制较为僵化，提供的或有薪酬不够多，其技术创新能力反而并不高。找出在微观企业层面能够促进技术创新的企业组织形式，将会极大地激发我国无数企业经理人和职工技术创新的热情，使他们在技术创新的过程中实现自我价值，同时也为我国企业注入新的动力，释放我国经济高质量发展的无限活力。

制度在很大程度上决定了人的行为。有什么样的制度，制度内的人通常就会表现出什么样的行为模式。因此，要想促进企业技术创新，需要设计出有利于进行企业技术创新的制度。我国已对国有企业大力开展混合所有制改革，国有企业混合所有制改革成为我国现阶段经济改革中的热点之一。除80~100家大型央企被指定为由国有资产监督管理委员会重点管理和培育外，其余大部分国有企业都将逐步发展成为混合所有制企业。据初步估计，在我国的经济总量中，混合所有制经济已占40%的比例。在国家政策的大力推动下，该比例有望提升到80%。这足以表明混合所有制经济对我国经济的重要性。

混合所有制是否有利于促进企业技术创新？一方面，引入混合所有制可以增加投资者数量，使企业获得更多的资本金投入，有利于分散风险，提高企业财力，从而可能促进企业技术创新。同时，企业引入了民营和外资等股东后，这些股东会加强对经理人的监督，从而减少混合所有制企业面临的代理问题，促进企业技术创新。另一方面，采取混合所有制形式也有可能会出现几大股东不和、各自为政，使得公司治理混乱，从而对企业技术创新的状况起到抑制作用。因此，本书认为，只有通过对客观历史数据的研究，对比分析混合所有制和其他所有制形式企业的技术创新水平差异，才能科学地得出哪种所有制形式最有利于企业技术创新；通过全面分析混合所有制中各种股权性质和混合特征对企业技术创新产生的影响，从中发现规律，以此更好地指导混合所有制改革的实践。

本书试图从实证的角度，分析混合所有制企业是否最能促进企业技术创新以及采取什么样的混合所有制形式、混合特征，能更有效地促进企业技术创新。

0.1 选题背景

我国的混合所有制经济是伴随着改革开放的历程而逐步成长壮大起来的。随着改革开放的不断深入，我国不再实行单一的公有制，允许甚至鼓励各种民营和外资的发展。经济改革的实践证明，混合所有制的确能够有效地促进生产力发展。

改革开放后，一大批有想法、敢为天下先的民营企业家迅速脱颖而出，从一无所有到建立了自己的庞大的企业集团。这一时期的杰出民营企业家代表也是这个时代背景的一个缩影。从他们的故事中，我们可以看到民营企业家所迸发出来的活力和创新精神，这也部分解释了为何混合所有制是我国国有企业改革的必由之路。

我国企业的所有制结构在市场转轨过程中不断发生变迁，总的趋势是国有经济比重下降比较迅速。私营工业企业的数量迅速增长，为国家带来了大量的税收收入。外商及港澳台投资企业业绩呈现出较大的增长趋势。这必然会导致国有经济在我国整体经济中的比例持续下降，进而直接影响国有经济的整体控制力。虽然国家可以通过行政手段控制关系国计民生的行业，从而发挥国有经济的国之命脉的作用，但更优的策略是借助民营企业和外资企业的活力与创新精神，使得国有资本实现保值增值，不断增强国有资本的实力。

那么，怎样才能让国有资本分享到民营资本和外资的活力、增长势头和升值速度呢？答案就是实施混合所有制，即国有资本通过与民营资本和外资股权合作的方式，分享企业迅速成长壮大带来的价值增值，按比例壮大国有资本。

事实上，国家政策也是朝着这个方向不断推进的。党的十八届三中全会通过了《中共中央关于全面深化改革若干重大问题的决定》，其中明确提出“积极发展混合所有制经济”。《中共中央关于全面深化改革若干重大问题的决定》五次提到了“混合所有制”，说明了为何要引入“混合所有制”及“混合所有制”的实现形式和国家允许、鼓励发展的具体形式①。进行混合所有制改革，根本目的是使我国的基本经济制度得到巩固，使得我国国民能够分享到非公有制经济快速发展的成果。

国有企业在我国国民经济中的重要性毋庸置疑。然而，由于委托—代理问题的存在，国有企业效率相对较低。怎样进行国有企业改革、找到市场经济与国有制相结合的科学形式和途径，就成为国有企业改革首要解决的问题。在此背景下，混合所有制经济应运而生。混合所有制经济使得国有资本不再

① 党的十八届三中全会通过的《中共中央关于全面深化改革若干重大问题的决定》五次提到“混合所有制”。第一次：“积极发展混合所有制经济。”第二次：“国有资本、集体资本、非公有资本等交叉持股、相互融合的混合所有制经济，是基本经济制度的重要实现形式，有利于国有资本放大功能、保值增值、提高竞争力，有利于各种所有制资本取长补短、相互促进、共同发展。”第三次：“允许更多国有经济和其他所有制经济发展成为混合所有制经济。”第四次：“国有资本投资项目允许非国有资本参股。允许混合所有制经济实行企业员工持股，形成资本所有者和劳动者利益共同体。”第五次：“鼓励非公有制企业参与国有企业改革，鼓励发展非公有资本控股的混合所有制企业，鼓励有条件的私营企业建立现代企业制度。”

因为民营资本的迅猛发展而变得无足轻重。它不仅可以保持国有资本原来的价值，甚至可以大幅增加其价值，并使国有资本的功能得到放大，同时在市场上的竞争力得到增强。因此，混合所有制经济是支撑国有企业改革和国有资产改革的一股重要力量。

虽然很多国有企业在经过多年股份制改造之后早已变成了混合所有制，国有资产占比已较低，但其公司治理还有提升的空间。国家通过逐步放开部分行业的准入限制，引入竞争机制，同时鼓励企业进行技术创新，从而激发出市场的活力，进一步提高国有企业的效率。

0.2 研究意义

企业技术创新是我国经济未来继续保持高速增长的原动力，是深化改革的助推器，是我国由依赖廉价劳动力的低端、粗加工和低附加值的传统制造业向高端科技企业转型的必由之路。只有通过企业技术创新，我国才有望顺利跨越中等收入陷阱。

企业技术创新之所以是一国经济保持高质量发展的源泉，原因在于：如果没有技术创新，那么该国在未来就没有好的产品，经济发展就跟不上日趋激烈的国际竞争形势。我国在过去的20年间加大了对技术创新的投入力度，但目前我国企业整体的技术创新水平还有持续提高的空间。要实现从“中国制造”向“中国创造”的转变，营造出产生创新、推动创新的制度环境至关重要。

在我国家电行业，为了使自己的产品品质过硬，受到消费者喜爱，格力电器投入了巨额研发费用。格力电器致力于企业技术创新，极其重视研发投入，这也使得格力成为在中国空调业内研发支出最高的企业。由于领导重视加上投入上的保证，格力电器在技术创新上的成果也颇为可观——在国内外累计拥有发明专利数千项，成为中国空调行业中拥有专利技术最多的企业。企业技术创新也给格力电器带来很多的成就——格力电器在全球家用电器类制造商中排名前茅，并闯入世界500强。

创新是创造一个新的东西，不是简单的线性关系。近年来，我们看到了创新所迸发出来的巨大价值和神奇速度，例如：脸谱网（Facebook）和谷歌公司（Google），它们起初只是一个小公司，却能在几年或十几年的短暂时间变成世界上最大的公司之一，创新的力量实在令人惊讶。

由于创新能给企业和国家带来巨大的收益与核心竞争优势，因此经理人员、职工、投资者以及监管者甚至国家领导人都高度重视创新。在国际市场上，为了维持一个国家产品和服务的持续竞争力，国家需要持续不断的技术创新。技术创新能使一个国家的经济发展从追求数量向追求质量飞跃。那么，企业的技术创新是怎么来的，混合所有制会推动企业技术创新吗？怎样才能提升我国企业的技术创新能力，使其从低附加值领域转入创新性强、附加值高的领域呢？

唯改革者进，唯创新者强。技术创新是企业发展壮大的必由之路，也是引领发展的第一动力。我国只有持续地进行技术创新，才能加快我国创新型国家建设的步伐。一项科技创新可以改变世界。科技是国家强盛之基，创新是民族进步之魂。我国要想实现经济高质量发展，就必须走自主创新之路。企业技术创新对经济增长具有巨大的促进作用。我国企业从事的研发支出占我国整体研发支出的比例较高，因此研究企业技术创新具有重大意义。

国有企业在我国经济运行中发挥着巨大的作用。目前，我国国有企业在发展过程中面临一系列新的挑战，因此有必要全面深化国有企业改革。怎样系统、科学地对国有企业进行改革？我国首先可以进行混合所有制改革。此外，我国也可以对国有经济的功能定位进行战略调整，进一步完善国有资本管理体制，同时完善现代企业制度。

在国有企业改革过程中，有两个重要的有待解决的问题：一是国有企业的活力问题，二是国有资本的控制力、影响力和带动力问题。发展混合所有制经济，通过引入民营资本、外资以及实施管理层持股等方式，为国有企业带来了新的活力，同时还发挥了财务杠杆的作用，用少量的国有资本撬动了更多的资本，使得国有资本带动更多的社会资本。此外，国有资本的控制力也得以提升，最终增强了其影响力。

发展混合所有制，关键在于政府怎样支持企业的创新和发展。借助市场化的力量，切实提高企业效率、促进经济发展，这才是国有企业混合所有制改革的要点。

那么，混合所有制促进了企业技术创新吗？与国有独资企业、民营企业、集体企业、外资企业、港澳台资企业相比，混合所有制企业的所有制形式最能促进企业技术创新吗？混合所有制企业中不同的混合特征对技术创新会产生什么不一样的影响？混合所有制企业中的哪些股权性质会促进或抑制技术创新？混合所有制中引入外资、民营资本以及实施股权激励和管理层持股会促进企业技术创新吗？在混合所有制企业中，企业与经理人签订合约时，什么样的合约更能促进企业技术创新？本书通过实证分析，对上述问题进行深入回答，探索混合所有制是否会促进企业技术创新以及在混合所有制改革中什么样的混合特征最能促进企业技术创新，可以为国有企业改革提供指引，从而提升我国整体的企业技术创新水平，加快经济健康稳步发展。

基于此，笔者尝试用实证的方法，量化实施混合所有制的经济后果，考察混合所有制对企业技术创新的影响。笔者认为，只有对客观历史数据进行研究，并对混合所有制企业和其他性质企业的技术创新进行比较分析，从而进一步分析混合所有制中不同混合特征对企业技术创新的影响，进而发现规律，才能更好地指导混合所有制改革的实践。本书试图以我国工业企业数据库及资本市场中的混合所有制企业和技术创新的数据为基础，研究混合所有制是否最有利于企业技术创新；同时，探寻出最能提升企业技术创新的混合所有制企业的混合特征，并通过量化实施混合所有制所产生的经济后果，为进行混合所有制改革提供参考依据。

0.3 研究思路与方法

本书的研究思路如下：本书根据制度背景和相关理论分析，以相关文献为基础进行实证研究。首先，本书将可比的混合所有制企业和单一性质的企业（如国有独资企业、民营企业、集体企业、外资企业、港澳台资企业）进行对比分析，找出最有利于促进企业技术创新的所有制形式。其次，如果混合所有制形式最有利于促进企业技术创新，本书则分析混合所有制企业中不同混合特征对企业技术创新的不同影响。本书具体分析混合所有制内部混合主体多样性、混合主体深入性、混合主体制衡度对企业技术创新的影响以及各种股份性质、实施股权激励计划和管理层持股、经理人合约形式对企业技术创新的不同影响。本书通过层层深入的分析，找出促进企业技术创新的企业所有制形式和混合特征的规律。再次，本书对混合所有制促进企业技术创新的机理进行分析，具体分为原因分析、企业层级差异分析、机制研究三个部分。在进行原因分析时，本书先区分主要原因为经理人观还是政治观。在确定是源于经理人观后，本书进一步区分经理人职业生涯关注理论和经理人追求安逸生活理论，得出混合所有制促进企业技术创新的主要原因是经理人的职业生涯关注的结论。本书从混合所有制企业所隶属的不同层级（央企、省属企业、市属企业、县属企业、乡镇企业）的视角分析对其企业技术创新的影响。本书对混合所有制促进企业技术创新的机制进行研究，验证了混合所有制促进企业技术创新的两种可能的机制——监督机制和技术溢出机制。最后，本书归纳总结研究结论，并提出相应的政策建议，从而形成了一次以企业技术创新为视角，理论分析与实证验证相结合，既全面又重点突出的混合所有制对企业技术创新影响的系统研究。

本书的研究思路如图 0-1 所示。

在研究方法上，本书主要采用了对比分析和回归分析的方法。在理论分析中，本书将逻辑推理、演绎、归纳等研究方法相融合，综合运用委托代理理论、契约理论、资源基础理论等跨学科研究成果。同时，本书运用我国工业企业数据库庞大且详细的企业所有制形式和技术创新的数据，辅以我国资本市场数据库及国家知识产权局关于企业申请和授予的发明专利数量，对企业所有制形式、混合所有制特征与企业技术创新之间的关系进行实证分析，较好地支持了本书的研究结论，并对研究结论进行了拓展。

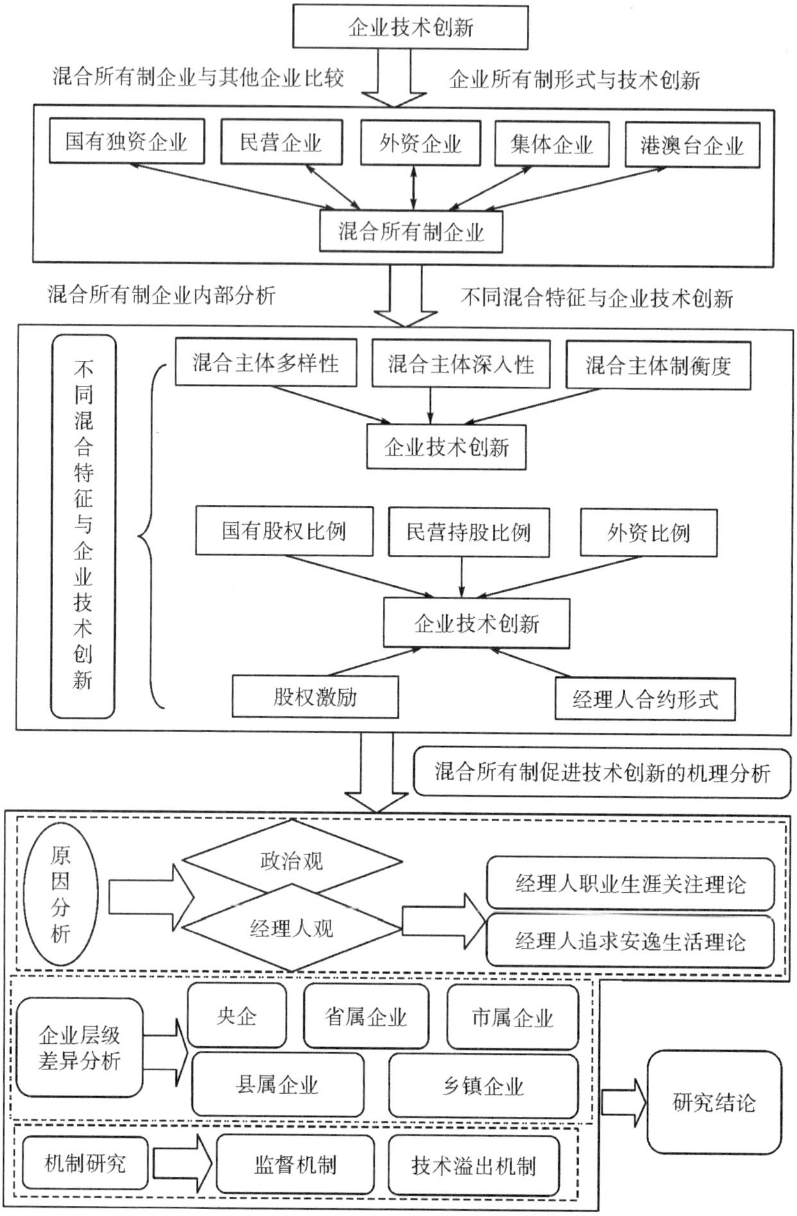
企业技术创新
混合所有制企业与其他企业比较
企业所有制形式与技术创新
国有独资企业
民营企业
外资企业
集体企业
港澳台企业
混合所有制企业
混合所有制企业内部分析
不同混合特征与企业技术创新
不同混合特征与企业技术创新
混合主体多样性
混合主体深入性
混合主体制衡度
企业技术创新
国有股权比例
民营持股比例
外资比例
企业技术创新
股权激励
经理人合约形式
混合所有制促进技术创新的机理分析
原因分析
政治观
经理人观
经理人职业生涯关注理论
经理人追求安逸生活理论
企业层级差异分析
央企
省属企业
市属企业
县属企业
乡镇企业
研究结论
机制研究
监督机制
技术溢出机制

图 0-1　研究思路

0.4 本书结构

本书紧紧围绕混合所有制对企业技术创新的影响展开分析。本书结构如下：

第一章是文献综述。本章对近年来国内外与企业技术创新、混合所有制方面的文献进行了综述，同时介绍了混合所有制影响企业技术创新方面相关的文献，并对现有研究进行简要述评。

第二章是制度背景。本书研究混合所有制对企业技术创新的影响，因此有必要对我国实施混合所有制改革及企业技术创新状况的制度背景进行介绍。本章回顾了我国国有企业改革历程，介绍了混合所有制在我国国有企业改革中的引入及作用，同时对我国企业的技术创新状况进行分析，此外还详细对比了不同混合所有制形式（股份有限公司、有限责任公司、股份合作制企业、联营企业）下企业技术创新的差异，并对我国企业技术创新相关的制度进行分析，从而为本书的研究梳理出较为全面的制度背景。

第三章是理论分析。关于混合所有制与企业技术创新之间的关系，主要有经理人观和政治观这两种理论。本章从促进企业技术创新最重要的因素——决策者的效用函数出发对这两种理论进行深入分析。在经理人观中，本章进一步对经理人职业生涯关注理论和经理人追求安逸生活理论进行分析。此外，本章也对其他相关理论进行介绍，重点介绍了资源基础理论，从而为分析混合所有制对企业技术创新的影响提供较全面的理论基础。

第四章是企业所有制形式与企业技术创新。本章按照中国工业企业数据库中关于实收资本的股权性质状况，将企业分为六类，即混合所有制企业、国有独资企业、集体企业、民营企业、外资企业、港澳台资企业，之后将后五类企业的技术创新水平与混合所有制企业的技术创新水平进行比较。为避免单一指标而可能出现的片面性，本章采用了技术创新投入（用研发支出除以销售收入衡量）、技术创新产出（用新产品产值除以总资产进行度量）和技术创新效率（用新产品产值除以研发支出进行衡量）三个指标进行联合检验。本章采用倾向得分匹配后的双重差分（PSM+DID）分析以及 Tobit 回归结果对混合所有制企业与其余五类企业的技术创新差异进行检验，并对其差异原因进行分析。

第五章是混合特征与企业技术创新。在混合所有制企业内部，什么样的混合特征会促进或抑制企业技术创新？本章分析混合所有制企业内部不同混合主体多样性、深入性、制衡度对技术创新的影响。在回顾相关文献的基础上，本章定义了混合主体多样性、混合主体深入性和混合主体制衡度三个混合特征，分别考察这三种不同的混合特性对企业技术创新的影响。在混合所有制企业内部，不同混合主体的多样性、深入性和制衡度之所以会影响企业技术创新，根源在于不同性质的股权持股比例会影响企业技术创新。因此，本章分析在混合所有制企业内部不同股权性质持股比例对企业技术创新的影响。本章分别详细分析了混合所有制中的国有持股比例、外资持股比例、民营资本持股比例、实施股权激励计划和经理合约特征对企业技术创新的影响。总体说来，本章采用实证分析的方法，对混合所有制企业内部混合特征与技术创新之间的关系进行探究，为国有企业实行混合所有制改革提供了必要的经验证据。

第六章是混合所有制促进企业技术创新的机理分析。本章具体分为原因分析、企业层级差异分析和机制研究三部分。首先，本章进行原因分析。本章从政府干预、代理成本的视角，区分混合所有制促进企业技术创新主要是源于经理人观还是源于政治观。之后，本章分析混合所有制促进企业技术创新的原因是源于经理人职业生涯关注理论还是源于经理人追求安逸生活理论。本章采用的研究方法是在原模型中引入产品市场竞争激烈程度与混合主体特征的交乘项，通过分析交乘项的正负效应，区分出上述理论。其次，本章分析不同层级的混合所有制企业对技术创新影响的差异。本章按照中国工业企业数据库中关于企业隶属关系的信息，将包含有国有股份的混合所有制企业划分为央企、省属企业、市属企业、县属企业、乡镇企业。本章按照组别具体分析混合主体多样性、深入性和制衡度怎样影响企业技术创新，从而获知促进不同层级混合所有制企业技术创新的可行途径。最后，本章对混合所有制促进企业技术创新的机制进行研究。本章分析了混合所有制促进企业技术创新的两种可能的机制：监督机制和技术溢出机制。本章将混合所有制中引入的民营和外资股东区分为长期股东（持股时间两年及以上）和短期股东（持股时间短于两年），即定义了长期的混合主体深入性和短期的混合主体深入性，对监督机制进行验证。为了检验技术溢出机制是否存在，本章定义了技术溢出的虚拟变量。如果混合所有制企业中引入的民营和外资股东与该混合所有制企业属于同一个行业，则令其取值为 1，否则取值为 0。本章通过检验混合主体深入性与技术溢出虚拟变量的交乘项对企业技术创新的作用，验证是否存在技术溢出机制。

第七章是研究结论与启示。本章总结了本书的主要研究结论、创新与贡献、启示、研究局限性，并展望了混合所有制与企业技术创新后续研究的主要方向。

本书的结构如图 0-2 所示。

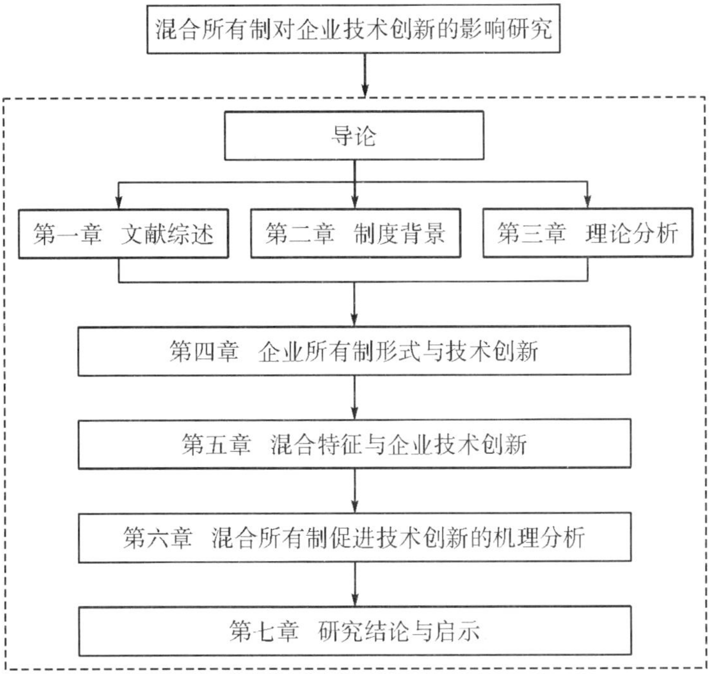

图 0-2　本书的结构

1
文献综述

为了系统归纳和梳理混合所有制对企业技术创新的影响，本书收集了这两个方面的文献，并对相关研究结论进行整理。本书的文献综述主要围绕企业技术创新及其特点、企业技术创新的影响因素、混合所有制这几个方面展开。本书的文献综述框架如图 1-1 所示。

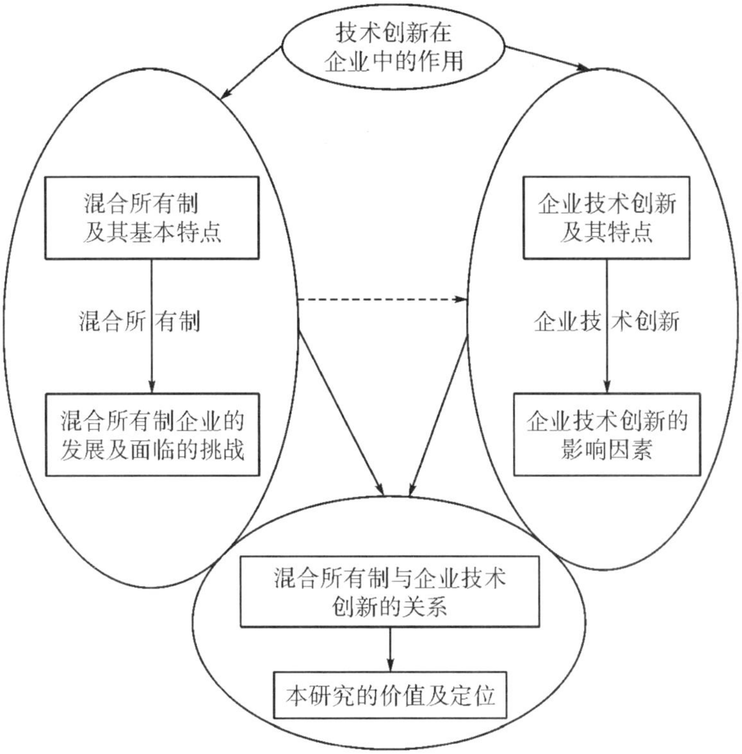

图 1-1　文献综述框架

1.1　企业技术创新文献综述

1.1.1　企业技术创新的定义

1921 年，在其《经济发展理论》这本成名作中，美籍奥地利经济学家约瑟夫·熊彼特首次提出了“创新”的概念。他将生产要素的全新组合定义为创新。

熊彼特所指的创新包括开辟新的市场、开发出新的产品、形成新的生产工艺、控制半成品或原材料的供应来源。此外，他提出企业是实现创新的主体。

此后，弗里德曼将创新的概念进行了拓展，使其包括了发明、创新和创新的扩散三个层面的概念。索洛于20世纪50年代首创了基于全要素生产率模型的经济增长理论。据其预测，技术创新对美国经济增长的贡献约为80%，而资本积累的贡献仅有20%。索洛进一步量化了创新对经济增长的巨大作用。罗默率先通过对研究部门和生产部门进行分析，系统而深入地分析了知识在促进经济增长中的巨大作用，从而把知识以独立生产要素的方式引入经济增长模型。迈克尔·波特在其著作《国家竞争优势》中指出，产业创新和产业升级的能力是国家竞争力的根本所在。当知识积累与创造成为竞争的基础时，企业技术创新在企业中发挥的作用就越来越重要。这时，企业只有持续地进行技术创新，才能保持核心竞争的优势。罗斯·莱文和萨拉·泽沃斯认为，创新是经济持续增长的一个重要驱动因素。因此，研究创新对促进经济持续快速健康发展的意义重大。

本书研究的企业技术创新主要是指可以用企业申请和授予的专利数、新产品产值等进行度量的企业技术创新产出。

1.1.2 企业技术创新的影响因素

技术创新是提高企业竞争力的核心要素之一，因此近年来国内外许多学者都致力于从事企业技术创新方面的研究。关于企业技术创新方面的研究主要可以分为两类：一类研究主要关注技术创新对企业绩效的影响。例如，戴觅和余淼杰（2012）研究发现，如果企业在出口之前投入了更多的资源用于企业技术创新，那么企业在出口后，会提高其生产率。另一类研究主要关注什么因素决定了一些企业更多地开展技术创新活动。

关于什么因素决定了一些企业更多地开展技术创新活动这个研究主题，其中有不少文献是对“熊彼特假说”进行检验（“熊彼特假说”是指大企业在融资渠道、风险分担和规模经济方面的优势，使其创新能力比小企业更强；垄断企业由于拥有更多的超额利润，因此有更多的资源用于支持持续的企业技术创新活动，垄断类企业比竞争类企业拥有更强的创新能力）。例如，诺贝尔经济学奖获得者斯蒂格利茨在研究了创新机制之后，发现创新理论在标准的市场理论中没有被充分涵盖。在信息不对称的情况下，即使存在竞争，创新动力不足这个问题依然会存在。光靠市场的力量无法自然地保证自主创新的发生。这在现实生活中很常见，竞争激烈的行业，通常也是抄袭、假货泛滥的行业。斯蒂格利茨认为，行业存在适度的垄断有利于促进企业技术创新。利用我国制造业企业2001—2005年的数据，聂辉华等（2008）发现，企业技术创新与市场竞争和企业规模都呈现出倒U形的关系。他们还发现，虽然民营企业的研发投入比国有企业更少，但是民营企业的研发效率更高。Hu等（2009）的研究发现，企业改革和外商直接投资能显著提升企业技术创新水平。使用我国工业企业2005—2006年的数据，陈林和朱卫（2011）发现，在进入壁垒高的行业中，市场结构与企业技术创新之间呈现倒U形的关系；而在进入壁垒低的行业，两者之间呈现正U形的关系。

此外，鉴于企业技术创新的意义重大，近年来，国内外越来越多的学者开始从各个角度关注怎样才能促进企业技术创新，并进行了一系列深入研究。大量的文献从数字技术应用（王新等，2023）、管理者背景特征（Hirshleifer等，2012）、公司治理结构（He和Tian，2013；Aghion等，2013；温军、冯根福，2012）、经济与金融制度（Benfratello等，2008；Chava等，2013）、产业组织（聂辉华等，2008）、创业风险（Caggese，2012）、经济运行周期（Nanda和Rhodes-Kropf，2013）、法律保护（Acharya，Baghai等，2014；Becker-Blease，2011；Amore等，2013；Brown等，2013；Acharya和Subramanian，2009）等方面研究了它们对企业技术创新的影响。具体来说，有不少文献对与企业技术创新相关的因素进行分析。Xuan Tian和Tracy Wang（2014）研究了风险投资公司对失败的容忍度和公司技术创新之间的关系，他们选取了风险资本投资的首次公开募股（IPO）公司作为样本，发现如果公司拥有失败容忍程度更高的风险投资者，那么这些公司的技术创新成果会显著更多。He Jie和Xuan Tian（2013）研究了分析师跟踪对企业技术创新的影响，发现跟踪的分析师越多，公司的创新越少。Jan Bena和Kai Li（2014）的研究表明，获得创新能力的协同效应是很多并购的重要驱动因素。Thomas Chemmanur等（2014）研究了公司风险资本和私人风险资本对公司创新行为的影响。其研究结果表明，公司风险资本拥有更专业的行业知识和技能以及能承受更大失败的风险。因此，相比私人风险资本支持的公司，由公司风险资本支持的公司技术创新能力更强。

在公司治理影响企业技术创新方面，Tribo等（2007）发现，当大股东为非金融行业的集团公司时，其企业技术创新投入更多。Becker Blease（2011）研究了公司治理指数与企业技术创新之间的关系，发现公司治理越好，企业技术创新能力越强。Lerner 和 Wulf（2007）研究了长期激励契约对企业技术创新的影响，发现长期激励契约有助于增加企业的研发投入。Hall（2005）的研究表明，外资和民营资本能够降低研发过程所涉及的信息不对称程度。Philippe Aghion 等（2013）研究了机构投资者和企业技术创新的关系，发现机构投资者的持股比例越高，则企业技术创新能力越强。其对此的解释是：机构投资者更支持管理层的创新行为。机构投资者的持股比例提升后，其对企业开展创新活动更为鼓励，因此即使在管理层创新失败后，管理层失业的风险也更小一些。

在公司所处的资本市场环境对公司技术创新行为的影响方面，Hsu Po-Hsuan 等（2014）研究了金融市场的发展和创新之间的关系，具体研究了股票市场和信用市场如何影响技术创新。他们发现，在拥有更完善、更发达的股票市场的国家，更依赖于外部融资的行业及高科技行业显示出更高的技术创新水平。对于这类行业来说，信用市场的发展反而抑制了其技术创新。康志勇（2014）的研究发现，我国金融市场的金融错配阻碍了企业技术创新活动。Vivian Fang 等（2014）发现，如果股票流动性增强，则企业技术创新水平会随之降低。图 1-2 概括了企业技术创新的影响因素。

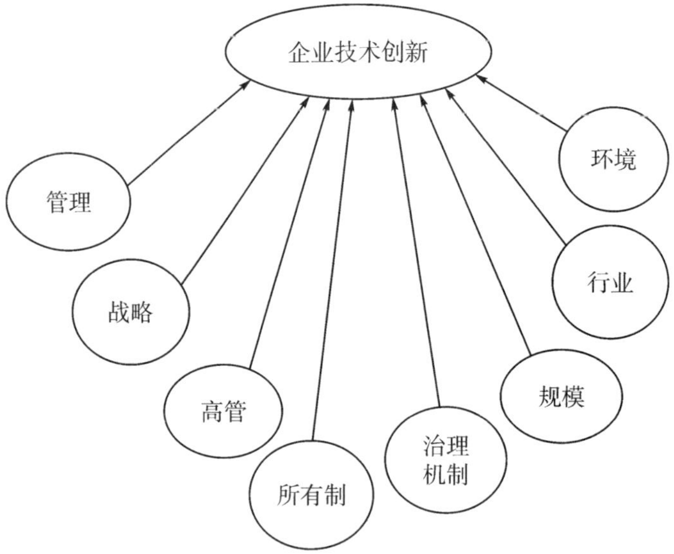

图 1-2　企业技术创新的影响因素

1.2 混合所有制文献综述

混合所有制的本质是一种股份制经济，其典型特征是由不同所有权性质的资本相互联合或参股（陈林和唐杨柳，2014）。早在1979年，著名经济学家董辅礽就从当时的社会实践中观察到国有企业有待改进之处，并提出了“政社分开”“政企分开”“改革国家所有制”的观点（董辅礽，1979）。随后，董辅礽又指出，可以采用股份制的方式对大中型国有企业进行改革，分类对国有企业进行所有制改革（董辅礽，1987）。1986年，时任国家经济体制改革委员会副主任的童大林在《人民日报》发表文章，对一些城市试行的国有企业股份制改革的成效进行了肯定，提出国有企业可以采用如下四种方式进行股份制改革：一是企业之间相互参股，二是向社会公众增发股票，三是与外资进行合资，四是向本企业职工增发股票（童大林，1986）。

“混合所有制”这一概念是由薛暮桥最早在《经济研究》杂志上发表题为《我国生产资料所有制的演变》一文中提出并加以详细论述的（薛暮桥，1987）。薛暮桥指出，在我国对国有企业进行改革的过程中，国有、集体和私人资本之间合资经营的倾向越来越多。股份制的实现形式使得不同所有制的投资方共同形成了混合所有制企业的组织形式。此外，引入了职工持股的国有企业和集体企业也是混合所有制企业。1993年，随着国有企业改革的逐步深入和放开，刘国光等学者通过调查研究发现，在国有企业改革中，非国有经济活力很强，各种所有权结构相互融合的组织越来越多，并且发展良好。他们明确提出要发展混合所有制经济，完善对所有权结构的改革和调整。

随着对陷入困境的国有企业改革实践的成功，混合所有制逐渐得到政府和社会的肯定，并迅速发展起来。徐善长通过调查研究发现，截至1997年年底，江苏省约90%的乡镇企业都经过改制，变成了混合所有制企业，并且主要为民营资本控股。同年，在江苏省的总产出中，混合所有制企业的贡献大于40%。浙江省也出现了类似的情况。截至2003年年底，混合所有制企业已占到浙江省总的企业数量的60%以上（徐善长，2006）。这时，随着混合所有制经济的发展，学术界开始总结出混合所有制企业的概念特征，即混合所有制企业就是指在该企业中，有非公有制经济（如外资、私营和个体等）和公有制经济（如集体、国有等）成分等各种经济成分并存，包括合资合作等形式（潘石，1999）。混合所有制企业的表现形式为联营、合营、合作、股份制、股份合作制等形式。混合所有制的产权结构的特征为个人、外资、集体、国有等多元化的产权主体并存于一个企业内（王华荣，1998）。

党的十五大、十六大肯定了混合所有制的发展方向后，学术界开始进一步摆脱意识形态的限制，对混合所有制进行了更深入的研究。许小年（1997）发现，相比其他公司，混合所有制企业的业绩更好。何力胜（1999）发现，从和市场经济的兼容性上来分析，国有企业不如混合所有制企业。

混合所有制在进入 21 世纪后呈现加速发展的势头，其影响力越来越大，学术界开始探讨怎样促进混合所有制企业的健康发展及其需要什么样的政策支持。在这一阶段，研究者们关注的领域有对混合所有制企业的国有资产监管、法律保障、怎样完善其产权制度、怎样突破体制障碍等。相关研究主要以规范研究为主，仅有较少文献采用了实证研究方法。李正图（2005）指出，我国应将利益相关者之间的不同规制结构与其具体的交易关系匹配起来，从而选择最优的制度安排。朱效平（2007）发现，刑法对混合所有制里国有经济的保护较弱，提出应加大刑法对其保护力度，从而防止混合所有制企业中国有资产的流失。

在国外，Asquer（2014）通过对意大利自来水公司 1994—2009 年的混合所有制改革历程，对提供公共服务企业的部分私有化进行了解释，认为采取混合所有制形式有其历史和制度的背景。在意大利，不仅在自来水供应方面采取了混合所有制，在天然气供应、市政垃圾处理、公共交通系统方面许多公司也采取了混合所有制的所有制形式。在其他欧盟国家，也存在较多的混合所有制企业（Warner 和 Bel，2008）。Cruz 和 Marquez（2012）研究了葡萄牙采取了混合所有制的四家公司，这四家公司分别来自自来水供应、垃圾处理、交通运输和教育领域。他们的研究发现，由于这些混合所有制企业的整个生命周期管理过程极其复杂，因此这些公司对公众利益的保护较弱。

党的十七大之后，混合所有制企业受到国家政策的大力鼓励，由此得以进一步大量涌现。自党的十八届三中全会将混合所有制改革作为国有企业改革的重要方向以来，关于混合所有制的文献数量快速上升。混合所有制改革已成为媒体和学术界热议的话题之一。各界人士各抒己见，积极为国家改革发展出谋划策。

此时的学术研究开始深入混合所有制企业内部的经营效率和经营管理等领域，具体又可以分为如下四个方面的研究：一是分类界定混合所有制企业，并定位其功能；二是研究混合所有制企业的内部治理问题，有不少文献专门针对混合所有制企业中属于国有控股企业的内部治理问题进行研究；三是关注混合所有制企业的绩效；四是关于混合所有制改革的经济后果方面的研究。

1.2.1 混合所有制企业的分类界定

在分类界定混合所有制企业方面，混合所有制企业可以划分为国有参股的混合所有制企业和国有控股的混合所有制企业。其中，国有控股的混合所有制企业又可以进一步细分为国有相对控股的混合所有制企业和国有绝对控股的混合所有制企业。当然，此处所指的混合所有制企业仅界定为含有国有成分的混合所有制企业，不包括完全由民营和外资等非国有成分混合而成的混合所有制企业。郑海航（2005）提出，当公司的多数股份由国家持有时，或者当政府是控股公司的出资者时，那么这种混合所有制企业就是国有控股的混合所有制企业。国有控股的混合所有制企业除进行生产经营、实现资本增值外，还具有某些社会功能。在国有参股的混合所有制企业中，国有股份相对较少，壮大国有经济的实力是政府参股这类混合所有制企业的主要目的。这类企业通常以经济目标为主导，与一般的竞争性行业相似，通常不以公共社会目标为导向。

国家应该在什么样的混合所有制企业中实行国有控股，在什么样的企业中仅实行国有参股？李涛（2002）从理论层面分析了在混合所有制企业中国有股减持的基础，同时实证分析了1998年及以前上市的混合所有制企业中的国有股权的变化，发现国有股在上市后业绩较差的公司中持股比例较低。他提出了国有股减持的策略如下：减持上市后业绩较差的混合所有制企业中的国有股权比例，将公司业绩作为国有股减持的依据之一。这样，国有控股的混合所有制企业又有可能通过国有股减持的方式转化为国有参股的混合所有制企业。

1.2.2 混合所有制企业的内部治理

随着混合所有制企业在我国经济实践中运营的增多，关于其内部治理的问题也开始受到学者们的关注。在建立混合所有制时，最重要的就是真正完善其法人治理结构（厉以宁，2014）。李维安（2014）认为，当前之所以要实行混合所有制，就是希望通过引入民营和外资股东，提升原国有企业的公司治理的有效性，以改善国有企业只有治理结构和治理机制但缺乏治理有效性的状况。陈晓等（2005）的研究发现，由于我国的法律制度还有待完善，投资者保护力度也较弱，因此在股权较为集中的混合所有制企业中，关联交易比较多。控股股东达到侵占其他小股东利益的手段之一就是利用关联交易。多个大股东之间的制衡能力可以有效地减少关联交易发生的规模和数量。因此，增加持股10%以上的大股东的数量，可以有效抑制控股股东侵占其他股东利益的行为，防止其滥用控制权。武常岐和吕振艳（2011）发现，有外资股东参与的混合所有制企业的治理结构有被优化的可能，这有利于组织资源的积累和学习能力的培养。

那么，怎样对混合所有制企业进行行之有效的治理，使其公司价值最大化呢？李正图（2005）研究了怎样对混合所有制企业进行制度安排，发现在混合所有制企业中，如果采取让混合所有制企业的技工、科技人员和经理列席董事会和股东会，并让其参与决策的过程，则这样的制度安排更有利于公司价值最大化。白重恩等（2005）对我国上市公司的治理结构进行了实证分析，发现如果股权结构合理，则其他股东更容易制衡控股股东，因此公司治理水平也更高；市场价值与公司治理水平正相关；对治理水平高的公司，投资者愿意付出更高的溢价。张学平和张婧（2016）研究了契约条款治理机制、夹层资本对国有企业混合所有制改革的影响。他们将契约条款进一步细分为“三性”——抑制性、保护性和激励性，研究了这些条款对混合所有制企业的公司治理功能。殷西乐等（2015）关注了在网络治理下治理能力现代化对混合所有制改革的影响，探讨了独立董事制度有效性等公司治理机制对混合所有制企业的积极作用。

国外关于混合所有制企业的公司治理的文献大多采用具体案例的形式，对其进行实证分析。例如，Stephen Brooks（1987）对加拿大发展投资公司与英国石油公司等混合所有制企业进行了深入的研究，其研究结论显示：政府经常利用自己作为大股东的权力，忽视公司的商业利益，使该混合所有制企业为政府的公共政策服务。

1.2.3 混合所有制企业绩效

关于混合所有制企业的绩效方面的研究成果较多。刘小玄和李利英（2005）通过对451家企业进行调查分析，发现混合所有制企业的效率优于单一股权性质公司的效率，国有持股比例与企业效率呈现显著的负相关。刘小玄和李寿喜（2007）通过对我国电子电器制造业的数据进行实证分析，发现企业效率在国有股处于10%~50%的范围时相对最优，即国有股权处于30%左右时最优。在混合所有制企业中，最好的状态是非国有资本与国有资本相互融合，构建新的公司治理结构，组建新的分权机制，消除公私之分，以促进资本运营（朱光华，2004）。马连福等（2015）的研究发现，公司的绩效在简单的股权混合下并不能得到显著提升。混合主体越多样、制衡度越高，越能显著提升企业的绩效。廖冠民和沈红波（2014）通过对2005—2011年我国A股上市公司的实证研究发现，国有企业的首席执行官的晋升与该国有企业承担的政策性负担存在正相关关系。在国有企业中引入非国有股东使其变成混合所有制企业后，逐利的天性使得民营股东等非国有股东对企业承担的政策性负担进行抑制，从而影响国有股东的决策。因此，变革股权结构是国有企业进行混合所有制改革的突破口。混合所有制改革中有一类是进行民营化改革。不少学者对民营化前后的公司业绩进行研究。部分研究发现，如果将国有企业进行完全的民营化，结果也并不一定理想，可能出现公司绩效恶化的现象。有的学者发现，对国有企业进行民营化改革之后，由于激励制度更为完善、产权更加明晰，企业的效率得以大幅提升（Megginson和Netter，2001；刘小玄，2004）。

此外，Zengji Song，Abraham Nahm和Zongyi Zhang（2015）研究了包含部分国有股权的混合所有制对企业绩效的影响。他们发现，拥有国有股份的混合所有制会显著提升企业绩效。他们对其机制进行分析，发现包含部分国有股份的混合所有制企业更容易获得信用贷款等资源，更容易进入具有管制壁垒的行业，从而使得其公司业绩表现更好。Liu Guy S等（2015）使用中国1997—2003年企业所有权改革的1 100多家公司的数据，研究所有制转型对企业业绩的影响。他们的研究发现，作为拥有世界上最大国有经济体的经济转型国家，混合所有制成为中国企业类型中业绩表现最好的所有制形式。他们的研究证实，混合所有制可以将国家的支持和民营经济的优势结合起来，实现协同效应，也部分解释了在2013年之后中国为何大力倡导对国有企业实施混合所有制改革。

1.2.4 混合所有制改革的经济后果

在混合所有制改革的经济后果方面，朱珍（2016）以资源垄断型国有企业为例，研究了其对国有资产预算收入的结构的影响。其研究发现，混合所有制改革以产权转让收入、股利股息和应交利润等渠道，间接改变了国有资产预算收入的结构。汪平等（2015）研究了实施混合所有制改革前后不同股东的资本成本，发现国有资本的资本成本较低，非国有资本的资本成本较高，实施混合所有制改革后，由于引入了非国有资本，混合所有制企业的资本成本比原有国有企业的资本成本提高了。陈林和唐杨柳（2014）以我国工业企业数据库中1999—2007年的混合所有制企业为样本，研究进行混合所有制改革是否会减轻国有企业的政策性负担。其研究发现，国有企业的政策性负担在进行混合所有制改革后的确减轻了。

Hamid Beladi 和 Chi-Chur Chao（2006）注意到对国有企业进行部分私有化、发展混合所有制企业已成为全球趋势。他们发现，对国有企业实施混合所有制改革后，企业中民营股份增加，短期内导致失业率上升。但是，从长期来看，由于资本增加了，资本流向了更多的领域，失业率降低。从长远来看，对国有企业进行混合所有制改革提高了社会福利水平。

总之，进行混合所有制改革的根本目的在于，壮大我国国有经济规模、增强国有经济的竞争力和扩大民营资本的发展空间，深化国有企业改革，从而使得我国基本经济制度得到进一步巩固，让我国民众能够共享非公有制经济快速发展带来的成果。

1.3　混合所有制影响企业技术创新相关的文献综述

关于混合所有制对企业技术创新影响的相关文献大致可以分为四类：控制权私利、专用性投资、分散风险和信息不对称。其中，控制权私利观认为，采取混合所有制会抑制企业技术创新，而剩余三种观点（专用性投资、分散风险和信息不对称）则认为混合所有制会有效促进企业技术创新。

控制权私利观认为，控股股东选择采用混合所有制，目的是获取控制权私利。采取了混合所有制的控股股东只关心自身的私利，因此会不断掏空该混合所有制企业，从而抑制了企业技术创新（Gompers 等，2010；Masulis 等，2009；Smart 和 Zutter，2013）。这类控制权私利既包括可以货币化的资源，如在职消费、侵占公司财产等，也包括精神上的享受，比如享受控制一家大公司带来的精神上的满足。在该理论分析框架下，混合所有制易引发其机会主义行为（Jensen 和 Meckling，1976）。控股股东有掏空该混合所有制企业的动机，追求短期利益，损害企业技术创新。此外，混合所有制还有可能帮助内部人构建起“沟壕”（entrenchment），使得外部监督机制更难发挥作用。因此，该理论认为，在混合所有制企业中，自利的大股东必将大肆侵占其他股东的利益。

但是，用控制权私利观来得出混合所有制会抑制企业技术创新的推断，也会面临如下的质疑：首先，如果市场是有效的，那么通过价格机制，理性的投资者可以保护自己。实际上，大股东以股票折价的形式为其拥有的控制权私利支付了相应的代价，表现为控制权溢价，因此并没有实质上侵占到小股东的利益（Demsetz，1986）。其次，即使市场并未完全有效，大股东想要侵占小股东的利益，还会受到投资者保护制度的约束（Dyck 和 Zingales，2004）。因此，控制权私利观并不能很好地推断混合所有制对企业技术创新的影响。

专用性投资观认为，企业采取混合所有制形式，可以鼓励大股东从事企业技术创新。这是因为，采取了混合所有制之后，对用于企业技术创新的投入，控股股东只需要按比例承担，而一旦创新成功，则控股股东会享受到最多的收益。这会鼓励大股东对企业进行更多的专用性投资，比如用于企业技术创新的投资。

风险分散观认为，企业采用混合所有制的形式，在使得相关方拥有决策权的同时，有效地将企业的风险进行分散，避免了管理层冒险不足，从而有利于促进企业技术创新。

信息不对称观认为，在信息不对称的条件下，企业采用混合所有制后，由于引入了新股东，对管理层增加了新的监督者，因此降低了信息不对称的程度。这样，混合所有制可以让管理层不再担心股东因短期业绩的错误判断而解雇自己，从而更愿意选择未来回报高但股东未必理解的企业技术创新项目，而不是简单地选择风险较低、低净现值但股东容易看到业绩的项目，从而促进了企业技术创新（Chemmanur 和 Jiao，2012；DeAngelo，1985）。

在具体实证分析文献层面，有研究认为，混合所有制可能会抑制企业技术创新。例如，Stein（1998）认为，在混合所有制企业中，经理迫于满足各股东利益的压力，更关注公司的短期业绩，从而放弃长期投资项目，更少地进行企业技术创新。Graham，Harvey 和 Rajgopal（2005）的研究支持了上述观点。他们通过对美国 400 多位财务总监进行问卷调查，发现迫于满足短期盈利目标的压力，大多数财务总监都会放弃追求公司的长期价值，而去满足短期业绩的要求。在混合所有制企业中，外资和民营资本可以迫使经理放弃诸如进行企业技术创新的长期投资项目，以换得短期业绩的迅速上升（Bushee，2001）。在国有企业中引入外资和民营资本等非国有资本，使企业转变为混合所有制企业后，管理层的短视行为可能会严重增加。这是因为，与国有资本相比，外资和民营资本普遍被认为更具有投机性，其逐利性更强，更追求短期的盈利而不是公司的长远价值（Choe，Kho 和 Stulz，1999）。总结起来，这部分文献认为，国有企业在引入外资和民营资本等非国有资本后，由于外资和民营资本等非国有资本可能会对管理层施加短期业绩的压力，管理层更加短视，因此抑制了企业技术创新。

通过对文献的归纳，笔者发现，现有研究对混合所有制与企业技术创新之间的认识仍有待深化，需要构建一个解释力强、逻辑严密的新的理论框架，以解答相关的疑惑。

1.4 简要评述

本章以国有企业改革为背景，对混合所有制企业从产生、发展到逐步成熟的相关文献进行了系统梳理，从而较好地展示了混合所有制的成长历程以及伴随着我国混合所有制实践的深入而形成的理论。整个混合所有制企业的产生及发展壮大的过程，是社会发展进步和国家政策推动双重力量共同作用的结果。本章从混合所有制企业的分类界定、内部治理、绩效、混合所有制改革的经济后果这几个方面对混合所有制的相关文献进行了分类梳理，发现目前关于混合所有制的文献大多是以规范研究的方式进行研究，集中于对理论概论的探讨，鲜有基于大量微观数据进行的实证研究。

本章对为何要促进企业技术创新、什么因素促进了企业技术创新进行了回顾。现有文献主要集中于从战略、高管、治理机制、规模、行业、金融市场发展程度等方面，研究其对企业技术创新的影响，鲜有研究系统地从实施混合所有制对企业技术创新的影响及其作用机制进行全面的实证考察，这为本书的研究提供了一个较好的视角。

本章归纳总结了混合所有制可能影响企业技术创新方面的相关文献，概括出其影响机理，为本书的实证分析奠定了较全面的文献基础。

2
制度背景

自 1978 年我国实行改革开放以来，混合所有制企业在我国逐渐兴起。改革开放之初，国有企业在我国经济中占有较高的比例，因此我国经济改革的核心都围绕着国有企业改革来进行的。在国有企业几十年的改革过程中，为了解决国有股份所有者的缺位以及国有企业的效率问题，国有企业逐步引入了民营资本等，进行股份制改造，逐渐形成了混合所有制企业。当然，混合所有制企业中还有一类是民营企业通过主动吸收国有资本而形成的。这两类混合所有制企业的形成都与我国经济改革存在紧密联系。因此，为了更全面地研究混合所有制企业，我们首先要对我国的国有企业改革有一个较深刻的认识，以理解混合所有制企业形成的土壤。

我国采取了独特的国有企业改革道路。我国最初实行以扩大企业自主经营权为核心的“分权化”改革，后来建立了资本市场。其初衷主要是为了解决包袱较重的国有企业的融资难问题，同时也希望通过资本市场的监督机制，改善国有企业的公司治理状况。再后来，我国采取了“抓大放小”的策略，改革国有资产管理体制，并逐步建立起现代企业制度。当前，国有企业改革已经逐渐从“管资产”向“管资本”转变，并积极推进混合所有制改革。我国对国有企业的改革，是在不断尝试中推进的，即伴随着我国对国有资产、国有企业认识水平的不断提高，改革的路径和策略也逐步优化，这一过程体现了历史性的制度变迁。

与此同时，越南、东欧国家以及俄罗斯也在进行经济体制改革。国有企业改革也都被当成这些国家经济体制改革的核心。此外，自 20 世纪 70 年代以来，在许多发展中国家（如阿根廷、巴西）、北欧国家（如挪威和瑞典）以及西欧国家（如法国和英国）都掀起了国有企业改革的浪潮。纵观这些进行国有企业改革的国家，其绝大多数都选择了有计划的、明确的私有化道路，只有中国和越南走出了独有的国有企业改革道路。在全球范围内，这场声势浩大的私有化运动使国有企业占国内生产总值的比例迅速下降，从 1975 年前后的 11%下降到 1997 年的 5%。在收入较低的国家，该比例下降幅度更大，从 1975 年前后的 15%下降到 1997 年的 3%。

社会主义的经济改革必须要私有化吗？总体说来，上述国家的改革都有其背后的深层次原因，并不是偶然现象。长期以来，一些国有企业因效率低下广受诟病。通过大量调查，世界银行认为一些国有企业存在效率低下、机制僵化的问题。西方理论界普遍认为，只有进行私有化，才能从根源上彻底解决政府干预以及国有企业经理人缺乏主人翁意识和担当带来的弊端。他们认为，私有化使得企业更贴近市场，能对市场作出迅速反应，从而使得企业业绩得到改善。这场影响深远的改革运动，既是国际形势风云变幻的结果，又是理论界广泛倡导国有企业的弊端理论的结果。此外，国有企业在实际生产经营活动中持续的低效率，也最终导致大多数国家的国有企业纷纷走上私有化道路。

当世界上大多数国家纷纷将其国有企业私有化时，我国却走出了一条具有自己特色的国有企业改革道路。我国国有企业改革时间较长，从1978年开始已持续数十年，属于“摸着石头过河”式的渐进式改革。总体说来，我国没有选择有计划的、明确的私有化道路。而上述进行了私有化改革的国家，其国有企业在其后历经了大幅度的产出衰退。与之形成鲜明对比的是，我国的国有企业在数十年持续不断的改革中，不断提升了产值。尽管我国非国有企业快速发展，但在工业产值中我国国有企业仍能占据大约1/3的份额。当然，今天的国有企业，很多已不再是国有独资企业，而是采取了与非国有资本相互融合的混合所有制形式，以股份有限公司居多。现在的国有企业多指国有控股的、含有非国有资本的企业。此外，还有一些国有独资企业被改制成由非国有股东控股的国有参股企业。总之，我国并未像其他国家那样走上国有企业全盘私有化的道路，而是走出了一条具有中国特色的国有企业改革道路，即采取渐进式的改革，在国有企业中逐步引入民营资本、外资等资本，增强国有企业活力，客观上形成了大量的混合所有制企业，并且这些混合所有制企业在未来的较长时间内将持续存在且发挥较大的作用。

在我国进行国有企业改革的过程中，混合所有制一直是国有企业改革的一个重要方向，屡见于中央的政策文件。早在1997年召开的党的十五大上，中央就明确提出要继续调整和完善所有制结构，不但国有经济和集体经济属于公有制经济，混合所有制经济中的国有和集体成分也都属于公有制经济。1999年，党的在十五届四中全会进一步强调，应对适宜的国有大中型企业进行股份制改造，发展混合所有制经济。2002年，党的十六大再次明确，除极少数必须由国家独资经营的企业外，其余的国有企业要积极推行股份制，发展混合所有制经济。2003年，党的十六届三中全会明确指出，要大力发展混合所有制经济，使股份制成为公有制的主要实现形式。2013年，党的十八届三中全会强调，要积极发展混合所有制经济，指出由国有、集体、非公有资本等交叉持股、相互融合而形成的混合所有制经济，是基本经济制度的重要实现形式；明确指出允许更多国有经济和其他所有制经济发展成为混合所有制经济。2015 年，中共中央、国务院印发《关于深化国有企业改革的指导意见》，细致描绘了我国国有企业新一轮混合所有制改革的蓝图，再次强调要推进国有企业混合所有制改革，同时引入非国有资本参与国有企业改革，鼓励国有资本以多种方式入股非国有企业，并探索实行混合所有制企业员工持股试点。

2.1 “中国模式”的国有企业改革历程

在我国实行改革开放政策之前，国有部门在城市经济中占据主导地位。以 1977 年为例，国有企业在全国工业总产值中的占比约为 80%。当时的国有企业是国家计划经济的重要组成部分，其生产活动，包括产品的品种和数量都由国家计划所决定。企业亏损由政府财政予以支持，利润也上缴政府。这一时期的国有企业的自主经营权较为有限。此外，这一时期的国有企业还须承担其他社会职能，如开办学校、医院，为职工提供住房等保障。这些社会职能在特定历史阶段发挥了重要作用，但也增加了国有企业的运营成本，影响了其资源配置效率，使其在经营上对政府财政支持和补贴存在一定程度的依赖。

我国国有企业 40 多年来的改革大致可以分为两大阶段。参考逯东（2010）的划分方法，我们将 1978 年改革开放到 1992 年党的十四大召开前的改革划分为第一阶段，并称这个阶段为控制权改革阶段。这个阶段的主要特征是政府在坚持市场调节为辅、计划经济为主的原则下，逐渐扩大市场调节的范围和企业经营自主权，向企业放权让利。从 1992 年党的十四大至今可以看成第二阶段。这个阶段为渐进的所有权改革阶段。这个阶段国有企业改革的重点为制度创新，即将国有企业改革的主要任务确定为建立现代企业制度。总体上看，“中国模式”的国有企业改革是一个渐进式的过程，通过鼓励非国有企业的发展，与国有企业形成竞争，从而促进国有企业效率的提高。

2.1.1 控制权改革阶段（1978年改革开放到1992年党的十四大召开前）

在控制权改革阶段（又称为放权让利改革阶段），国有企业改革主要通过调整利益分配关系、政企分开、改善激励机制、放权让利进行（张军，2008）。在这个阶段，受限于当时的时代背景，国有企业改革思路为要想提高国有企业的运营效率，可以通过引入竞争机制、优化管理体制来进行。当时国有产权的变更还未列入政策范畴。这阶段的主要指导思想是给企业授予一定的自主经营权，管理层可以视市场供需状况“以销定产”，同时为了有效地鼓励员工和管理层努力工作，还允许企业将一部分经营利润留在企业。控制权改革阶段又可以进一步细分为两个阶段（逯东，2010）：第一阶段是企业自主经营权的扩大阶段，第二阶段是经营承包责任制的推行和企业经营机制的转换阶段。

2.1.1.1 企业自主经营权的扩大阶段

在这一阶段，我国的国有企业改革刚刚起步。这个阶段主要通过给予国有企业较大的经营和管理的自主权，增强其活力，同时也下放一定的财力。但这些都有一个大的前提，即企业自主权的扩大是在计划经济体制的基本框架下进行的。

四川省率先实行扩大企业自主经营权的试点改革。1978年第四季度，六家四川省内的国有企业（包括四川化工厂、重庆钢铁公司等）申请并经四川省政府批准，开始进行放权让利试点改革。具体内容是：四川省政府下达给企业一个计划指标，企业如果完成了这个计划任务，则被允许按照市场的需求进行生产。企业如果完成了计划，还可以被允许将部分利润留存起来，用来给员工发放奖金；部分作为企业的公积金，用于以后扩大再生产。该改革措施同时调动起了企业和员工的积极性，因此收效显著。企业产值和职工收入在很短的时间内迅速攀升，其他企业纷纷效仿。该改革措施也因此得到中央的肯定。1979年，国务院出台政策，将四川省的扩大自主经营权的改革试点工作在全国范围内推广，允许企业进行一定比例的利润留存①。

① 详见1979年7月国务院文件《关于扩大国营工业企业经营管理自主权的若干规定》。

扩大企业自主经营权能提高企业生产的积极性，同时也满足了当时社会的需要。这时由于政策原因，几乎还没有非国有企业，因此通过扩大企业自主经营权从而为社会提供更多的产品、解决物资短缺问题，就成为国家经济工作的重心。统计资料显示，全国范围内实施的扩大企业自主经营权的改革显著增加了企业的产出，使得职工收入大幅提高，企业的效益也明显改善，工业产品产值连续几年迅速攀升。虽然改革并未触及国家对企业的控制权和所有制，但这段时间的改革由于引入了激励和竞争，取得了非常大的成功。

除理顺企业与国家之间利益分配的扩权试点外，国务院在后续几年又陆续出台实施了一系列政策措施用于解决国家、企业和职工之间相互交织的权责关系。原因在于，随着时间的推移，前期改革措施的弊端开始显现。虽然企业职工的收入和企业的留存收益逐年增加，但是政府自身的财政收入从1979 年到 1982 年却一直停滞不前，主要原因是当时的政策中并未规定（也无法规定）统一的利润留存比例。当时，国有企业上缴的利润是国家财政收入的主要来源，还不存在企业所得税制度。在此情形下，1981 年，国家出台政策，开始施行以分成和利润包干为特点的企业利润上缴责任制（“工业经济责任制”），希望以此确保国有企业利润上缴金额①。此政策措施实施后产生的效果挫伤了企业生产经营的积极性，出现“鞭打快牛”的不良后果。为此，中央很快停止实施这项改革措施，并开始实行“利改税”政策②，即在引入企业所得税制度的同时实施利润调节税制度（1983—1984 年我国分两步实施的“利改税”政策）。

1984 年，国务院进一步出台政策③，授予了企业十项自主权，即生产经营决策权、留用资金使用权、劳动人事管理权、联合经营权、产品销售权、资产处置权、工资奖金分配权、产品定价权、采购物资权、机构设置权，从而使得企业的自主经营权限进一步扩大。

总结起来，这一阶段的改革以扩大企业自主经营权为核心，目的是增加企业的产出。这一阶段的改革没有触及计划经济体制这个根本。改革只是对权利进行局部性的调整，没有从根本上改变国有企业的附属地位。

---

① 详见 1981 年 10 月国务院文件《关于实行工业生产经济责任制若干问题的意见》。

② 详见 1983 年 4 月国务院文件《关于国营企业利改税试行办法》。

③ 详见 1984 年 5 月国务院文件《关于进一步扩大国营工业企业自主权的暂行规定》。

2.1.1.2 经营承包责任制的推行和企业经营机制的转换阶段

虽然实施了“利改税”政策，但是经济责任制的类似困境依然未能摆脱。于是，国务院在1986年出台措施，开始推行企业经营承包责任制，同时废止“利改税”试行办法①，并对一些亏损微利的中型企业和小型企业实行租赁经营制度。经营承包责任制的基本做法是“基数包死、超收多留、确保上缴、歉收自补”，对国有企业利润上缴办法进行规定是其核心，企业的自主权得到进一步扩大。经营承包责任制迅速在全国的国有企业中实行。90%以上的国有企业在1989年前实行了各种形式的经营承包责任制。

经营承包责任制在一定时期内发挥了积极的作用，使得社会生产力得到快速的解放和发展。它被公认为是我国改革的一项最重要的成果。在这种制度下，企业和职工更能够发挥其主观能动性，从而推动企业整体效率的提升。

在企业经营机制的转换阶段，改革依然以经营承包责任制为核心，进一步打破国有企业的“铁饭碗”“铁工资”和“铁交椅”，努力解决国有企业发展后劲不足的问题，同时注重调整国有企业与职工之间的利益分配关系。这段时间（1989—1992年）国家经济发展放缓，首要任务是保持社会稳定，同时进行一定幅度的调整。在此期间，主管部门意识到，要想增强国有企业的活力和竞争力，不仅仅需要实行政企分离，还需要在国有企业内部建立一整套完善的制度，如人事、分配、劳动制度，进一步处理好企业与职工之间的关系。此外，随着实践的不断发展，改革又出现了新的特征。为了保持与时俱进，更好地适应经济发展的环境，我国于1990年年底正式开始在国有企业中实行股份制改革②。

虽然国家财政收入在经营承包责任制下不再继续滑坡，但经营承包责任制也无法真正解决企业亏损问题。还有一个弊端是：在经营承包责任制下，国有企业的管理者关注的是企业当期的绩效，而不关注企业的长远发展，不重视对企业的长期投入，因此存在着管理者的“短视”行为。另外，信息不对称导致很严重的内部人控制问题，管理者通常在承包合同中约定较多的权利，而只需承担较少的责任，权责不对等的现象严重。管理层往往又掌握更多关于

---

① 详见1986年12月国务院文件《国务院关于深化企业改革 增强企业活力的若干规定》。

② 详见国务院办公厅于1990年12月26日出台的文件《国务院办公厅关于向社会公开发行股票的股份制试点问题的通知》。

企业的信息，因此很难对其进行较好的监督，这也导致国有资产的流失。

在经营承包责任制下，国有企业的经营者享有较大的剩余索取权和自主经营权，而国有企业经营好坏的最终责任却由政府承担。实行经营承包责任制几年后，国有企业普遍累积了大量的坏账呆账，并且不能偿还巨额的贷款。此外，企业与企业之间的“三角债”问题也层出不穷。随着时间的推移，国有企业的财务风险和投资风险不断累积，最终成为巨大的负担。因此，在经过1993年的税收体制和财政体制改革之后，国家明确国有企业不用再上缴税后利润，而是按照33%的企业所得税税率上缴所得税。至此，承包经营责任制退出国有企业改革的历史舞台。我国开始进入以所得税为国家与国有企业之间重要纽带的新时期。

在国有企业改革的放权让利阶段，核心是在政府和国有企业之间重新配置剩余收益权和剩余控制权，这构成了这一阶段的主要改革路径。国家通过一种利益分享机制，增强国有企业的活力，提高国有企业的积极性，以此达到国有企业提升运营效率的目的（罗仲伟，2009）。但是，由于这一阶段的改革没有涉及国有企业的根基，没有进行所有制层面的变革，因此不可能完全回避国有企业的问题。国有企业改革还有待在后期进行更进一步的深化。

2.1.2 渐进的所有权改革阶段（1992年党的十四大至今）

虽然上一阶段的控制权改革取得了一定的积极成果，但随着时间的推移，国有企业整体业绩表现欠佳。20世纪80年代末期，国家政策允许引入外资后，面对来自合资企业、外资企业和乡镇企业的激烈竞争，国有企业应对乏力，在竞争力和效率上都相对较为落后，银行负债攀升。许多国有企业依靠政府补贴才得以继续存续。由于不少国有企业难以到期还本付息，银行系统的稳定受到影响。此外，国有企业也从地方政府的重要财政来源转变为巨额财政负担。例如，1992年，在工业国有企业中，盈利国有企业的利润总额甚至低于亏损国有企业的亏损总额。

在汲取了控制权改革阶段的经验和教训的基础上，我国在20世纪90年代初开始意识到产权改革对国有企业改革的必要性，逐渐开启了渐进产权改革的新篇章。在这段时期，多种形式的混合所有制受到了鼓励，不少地方政府迈出了国有企业混合所有制改革的步伐。

在渐进的所有权改革阶段，国有企业开始向现代化、规范化、产权明晰化企业发展。这一阶段又具体可以细分为四个阶段：第一阶段是现代企业制度的雏形阶段，第二阶段是股份制的推广阶段，第三阶段是深化改革阶段，第四阶段是大力推行混合所有制改革阶段。国有企业在上述一系列改革过程中日趋完善。

2.1.2.1 现代企业制度的雏形阶段

在这一阶段，国有企业改革开始注重制度创新和机制转换。国家开始将现代企业制度的建立作为国有企业改革的目标。为了实现这个目标，国家采取了公司制改造、不再让企业办社会、积极促进下岗职工的再就业等一系列措施，以促进国有企业的现代企业制度的建立。

1992 年，邓小平同志南方谈话明确国有企业改革方向之后，党的十四大提出了“建立社会主义市场经济体制”的目标。自此，我国开启了以市场为导向的国有企业改革新篇章。党的十四大还强调我国国有企业改革的主要方向应从放权让利转为加强制度建设、完善体制转换。自此，国有企业开始全面进行制度改革，并逐渐改制成公司制形式。改革通过完善出资人和经营者的各项责任与权利，完善公司治理，建立股东大会、董事会和监事会，对经理层形成较为完善的监督机制，同时也起到相互制衡的作用，使国有企业转变为机制较为完善的现代企业。

党的十四届三中全会进一步界定了现代企业制度的内涵：对企业的产权，应有明确而清晰的所有者；企业的管理应遵循科学而合理的原则；尽量减少政企之间的联系，并将其分开；明确划分权利和责任。我国将国有企业进行分类，以推行适当的改革，即对关系国计民生的特大型和大型国有企业进行现代企业制度改造，将其改制成国有公司；普通的中型国有企业改制成可以含有非国有股权成分的公司；以租赁经营、承包经营、出售和股份合作等方式对小型国有企业进行改制。《中华人民共和国公司法》的出台为改制提供了法律支撑。此后，我国开始利用企业制度创新对国有企业进行改革，改革不仅仅停留在运行机制的调整上。1996 年，我国提出“抓大放小”的国有企业改革方针，此后的改革将小型国有企业不断放开放活①。截至 1997 年年底，

---

① 详见 1996 年 7 月 24 日国家经贸委发布的文件《关于放开搞活国有小型企业的意见》和 1996 年 6 月 25 日国家体改委发布的文件《关于加快国有小型企业改革的若干意见》。

大部分乡镇企业和县级国有企业实现了民营化。除“抓大放小”改革措施外，其他改革措施有增资减债、减员增效、通过推广“邯钢经验”改进企业管理，对公司制改造进行规范化运作，进一步寻找国有资产的优化管理模式。

1994—1997 年，在建立现代企业制度的要求下，我国开始用公司制的治理模式来规范国有企业的领导机制。在权利配置上，职代会、厂长或经理、基层党组织三者之间的权利分配演变成公司制阶段的“一层三会”（一层是指管理层，三会是指监事会、董事会和股东大会）之间的权利分配问题，此外还涉及职代会、企业基层党组织与上述“一层三会”等治理机构之间的权利分配问题。由于我国此时进行公司制改革没有多久，缺乏相应的经验，为了使复杂问题简单化，大多数企业实行了董事长与总经理“两职合一”的做法。通过上述一系列改革措施，我国逐步实现了国有企业的所有权和经营权的分离，形成了现代企业制度基本要求之一的国有企业委托代理制。

2.1.2.2 股份制的推广阶段

在这一阶段，民营企业如雨后春笋般迅速出现并成长壮大，参与市场竞争。市场经济体制的雏形开始形成。国有企业由于自身的经营管理体制等问题，在市场竞争中逐渐处于劣势地位，越来越不适应市场竞争。随后我国开始进行金融和财政体制改革，市场竞争日趋激烈，新的竞争格局逐渐形成。在旧体制下，国有企业靠“吃大锅饭”依然能够顺利生存下来；而在新的竞争体制下，国有企业开始凸显出其长期积累的低效率等问题。在与民营企业的竞争中，国有企业明显处于下风，导致亏损的国有企业的数量迅速攀升，国有企业效率也迅速下降，许多国有企业严重亏损，生存都存在困难。更为严重的是，大批亏损的国有企业产生了大批下岗职工，国有资产总额和比例都迅速降低。

在此大背景下，党的十五大提出用股份制改造来提高资本和企业的运作效率。党的十五届一中全会进一步强调，要在三年内通过加强管理、改造、改制和改革，让众多的大型国有企业实现盈利，目标是在 2000 年之前将大型国有企业改造成为管理科学的一流现代企业。在亚洲金融危机中，中央政府于 1998 年开始对 1 000 家大型国有企业实行公司制试点，从而推动国民经济结构性调整。

1999 年，党的十五届四中全会进一步确立了对国有大中型企业进行现代公司制改革的方针，从而开始在国有企业中全面推行股份制改革。党的十五届四中全会指出，国有经济的主导作用体现为其在国民经济中的控制力。在关系国民经济命脉的重要行业和关键领域，国有经济应当具有足够的控制力和影响力，从而使得国家的经济政策能够顺利施行，同时也引领我国经济的平稳发展。此后，国有企业就开始进行如火如荼的股份制改革。截至 2002 年年底，大部分省（自治区、直辖市）级、部分中央级的国有企业都经过上市、产权多元化等方式，进行了公司化或股份化的改制。

2.1.2.3 深化改革阶段

在这个阶段的初期，各级政府是国有资产出资人的唯一代表，但在具体监督上，却由多个部门分散对国有资产监督管理，在一定程度上使得权责不明确。由于没有将对国有资产的监管责任落实到具体可追责的部门，虽然政府对国有企业的经营活动有较强的干预，但是缺乏对国有资产保值增值负责的主体。国有企业在公司制改造以后，反而普遍存在国有资产所有者的缺位现象。以管理层为首的“内部人”逐渐控制了许多国有企业，在一定程度上导致国有资产流失严重。随着改革的深入，国有资产管理体制中存在的问题逐渐暴露。

2002 年，党的十六大报告明确提出，要毫不动摇地引导、支持和鼓励非公有制经济的发展，同时要改革国有资产管理体制。怎样进行改革呢？改革的基本框架包括中央和地方政府分级别出资人责任体制的建立；设立中央和地方国有资产管理机构；中央政府作为出资人的职责履行人，掌控关系国计民生的大型国有企业和重要自然资源、关键基础设施，其余由地方政府履行出资人职责；坚持国家所有，确立管事、管人和管资产相结合的原则。2003 年 3 月，我国依法设立国有资产监督管理委员会，负责对国有企业进行监督，从而首次实现将国有资产出资人的职能和政府的公共管理职能两职分开。

2003 年，党的十六届三中全会明确指出，为与市场经济不断发展的新趋势相适应，应使投资主体多元化，公有制主要通过股份制实现，积极推行其他多样的公有制实现形式，从而增强公有制经济的活力[①]。同时，我国加快对垄断行业进行改革，将国有资本调配到关系全民福祉的重要行业和领域，使

① 详见党的十六届三中全会通过的《中共中央关于完善社会主义市场经济体制若干问题的决定》。

得全体人民的福利水平得到提高。此外，为了增强国有资本的影响力和控制力，国家对其布局和结构进行适当优化。我国完善国有企业的公司治理结构，将国有资产出资人职能和政府公共管理职能两职分开，从而完善国有资产监督和管理体制。

关于国有企业改革，2007 年，党的十七大增加了新的任务：加快建立国有资本的经营预算制度；通过引入竞争机制对垄断行业进行大幅度的改革，加强社会监督和政府监管；优化国有经济结构和布局，完善现代企业制度，推进国有企业股份制和公司制改革，从而增强国有企业的控制力、活力和影响力。

2003 年以后，国有资本主要向以下四个方面聚拢：第一，企业主业；第二，具有潜力的行业和领域以及国有经济独占鳌头的行业；第三，国际领先的大集团公司；第四，关系国民经济命脉和国家安全的关键领域与重要行业。

控制权改革与所有权改革的分水岭为 1992 年。在控制权改革时期，国有企业仍然不断拓展自己的领地，然而进入所有权改革时期后，国有企业开始收缩了。以国有企业职工人数为例，1978—1992 年，该人数从 6 000 万人增加到 8 000 万人。到了 2004 年，国有企业职工人数下降到 3 000 万人，只有 1978 年国有企业职工人数的一半①。

此外，为了给面临资金短缺的国有企业提供更多的融资渠道，我国建立了股票市场。在国有企业的基本制度改革过程中，对国有企业的股份制改造，我国进一步发挥了资本市场的作用。我国于 2005 年前后陆续推进国有上市公司的股权分置改革，此后还积极推动央企的整体上市。

2.1.2.4 大力推行混合所有制改革阶段（2013 年年底至今）

2013 年 11 月 12 日，党的十八届三中全会决议专门提出，要积极发展混合所有制经济，形成国有资本、集体资本、非公有资本等交叉持股、相互融合的混合所有制经济②。

2015 年 8 月 24 日，中共中央、国务院印发《关于深化国有企业改革的指导意见》中，明确了关于大力发展混合所有制经济的具体措施：

---

① 数据来源：2005 年《中国统计年鉴》。

② 详见 2013 年 11 月 12 日党的十八届三中全会通过的《中共中央关于全面深化改革若干重大问题的决定》。

第一，“推进国有企业混合所有制改革”。国有企业混合所有制改革的目标为科学化国有企业的经营机制，将国有资产的功能最大限度地释放出来，带动国有资产运营效率的提高，从而实现各种资本相互促进、取长补短、实现共赢。针对已在资本市场上市或是采取股份制的国有企业（对其已经实行了混合所有制），改革的重点在于使资本运行的效率提高、促进现代企业制度更加完善。对还没有实现混合所有制，但又适合进行混合所有制改革的国有独资企业等，改革应在遵照市场机制作用充分发挥的基础上，对不同的企业、不同的行业、不同的地方施以不一样的政策，适宜采用国有独资形式的，就采用国有独资的组织形式；适宜采用国有控股的，就采用国有控股的形式；适宜采用国有参股形式的，就采用国有参股的形式；适宜采用混合所有制的企业，就采用相应的混合所有制形式。改革应遵循公开公正、严格程序、依法依规的原则，要预防国有资产流失，切实保护所有出资人在混合所有制企业中的合法权益。

第二，“引入非国有资本参与国有企业改革”。具体引入方式可以采取多种形式，如交换各自的股权、申购公司的可转债股份、出资成为股东、购买公司的股权等不同形式，对混合所有制企业共同参与其经营管理。国家允许非国有资本参与到国有控股上市公司的增资扩股或国有企业改制重组过程中来。这个过程要加强对各类合法投资者的保护，实行同股同权。公用事业、资源开发、电信、铁路、电力、天然气、石油等领域可以在有利于转型升级和符合产业政策的项目中引入非国有资本。同时，鼓励进行多种多样的社会和政府资本的合作试点，从而扩大社会和政府资本的合作模式。通过相关安全审查且符合外商投资产业指导目录规定的领域可以积极引入外资。

第三，“鼓励国有资本以多种方式入股非国有企业”。具体入股方式可以多样化，投资方式应采取市场化的方式。我国大力发挥资本平台（如国有资本运营、投资公司）的作用，选择股权投资于具有较强的成长性、并且兼具较大发展潜力的非国有企业。在投资领域的选择上，我国重点投资于生态环保、高新技术、公共服务和战略性产业。我国鼓励国有企业与非国有企业进行战略合作、股权融合和资源整合，具体方式可以采用重组、联合投资、投资入股等多种形式。

第四，“探索实行混合所有制企业员工持股”。实行员工持股，目的是建立长效激励约束机制。我国主要采用出资新设和增资扩股等方式实现员工持股。企业要公开透明地进行员工持股方案的实施，资产评估过程要严格，建立健全股权的退出和流转机制。

实际上，早在2012年5月，国资委就出台了文件，允许国有企业和民间投资主体之间共同合作成立股权投资基金，一起对战略性新兴产业进行投资，或者参与到国有企业重组或改制中来，并可以共同进行境外投资[①]。这意味着，以公私合营为特征的混合所有制得到国资委的认可和鼓励。

党的十八届三中全会和2015年的国有企业改革顶层方出台后，有不少国有企业相继进行混合所有制改革，如交通银行、中国建材等。国有企业混合所有制改革正稳步有序地推进。

现阶段，我国国有企业改革的焦点集中于鼓励大规模引入民营资本和外资，发展混合所有制，鼓励国有资本与民营资本、外资共同参股；从管资产向管资本转变，力争让国有资本分享民营和外资的活力，实现国有资本价值最大化。

总体而言，国有企业改革是在政府主导下进行的，而不是由于市场自发演化而形成的。国有企业改革过程伴随着决策者认知的深化而不断发展。我国通过引入混合所有制改革，给国有企业注入新的活力和动力，从而提高其经营业绩和企业技术创新能力。

图2-1展示了我国国有企业改革历程。

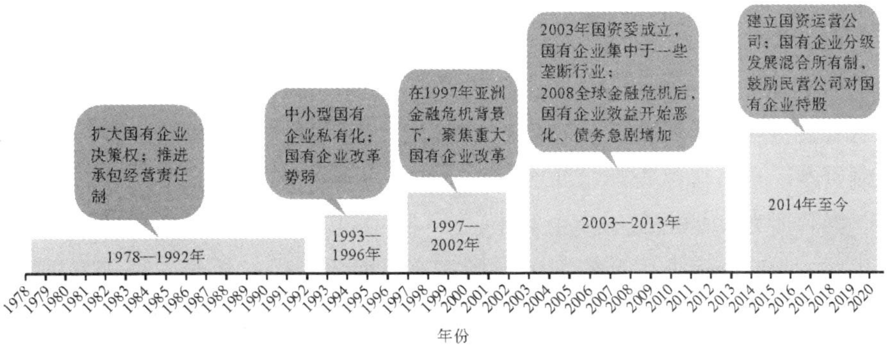

图2-1　我国国有企业改革历程

资料来源：高盛全球投资研究。

---

① 详见2015年5月23日国资委文件《关于国有企业改制重组中积极引入民间投资的指导意见》（国资发产权〔2012〕80号文）。

此外，从我国国有企业现阶段的行业分布来看，国有企业的主要资产大多分布在公共事业、交通运输、石油和天然气以及电力等能源领域、电信等垄断行业以及部分竞争性行业。从地域上看，国有企业的资产主要分布在东南沿海地区，如江苏、浙江、上海、广东等地。

总之，本阶段基本制度层面的国有企业改革围绕“抓大放小”、完善现代企业制度、股份制改革、国有资产管理体制的建立、战略调整、混合所有制改革等一系列主题进行，从而使国有企业管理更加科学化、规范化和现代化，使国有企业不断做大做强，最终更能适应市场经济的发展。

2.2 混合所有制在我国国有企业改革中的作用

2.2.1 混合所有制的定义及相关概念

本书所说的“混合所有制”中的“所有制”，反映的是在生产资料占有方面，人与人在生产过程中结成的经济关系。很显然，混合所有制属于所有制中的一类。混合所有制最根本的特征是：在一个市场主体内，实现了“国有”与“非国有”、“公家所有”与“私人所有”的混合，而不是多种经济成分的简单并存。在混合所有制中，生产资料的所有权并不仅仅归属于每一类所有者。混合所有制企业是从产权的属性上进行定义的，即该企业中既有公有制资本，也有民营资本、外资等非公有制资本。

混合所有制是指在一个企业中，不同所有权主体实现了较好的融合，实现了对一个完整企业生产资料的混同占有，而不是指在社会中外部各种所有权的简单共存。混合所有制是指国有、非国有、外资等不同所有权主体对某一特定企业的所有权的既共同占有又清晰的所有制形式。

本书所说的“混合所有制”指的是广义上的混合所有制，即在一个企业中国有、民营、外资股东并存的情况，而不是特指党的十八届三中全会之后我国对国有企业实行的混合所有制改革。

混合所有制与股份制之间，有着密不可分的联通关系。从上面对混合所有制概念的分析，我们了解到在目前国家改革方向中所指的混合所有制，既不是指在以前已经存在的多种经济成分简单的联合或并存，也不是指简单的产权混合。具体运用到企业产权里，混合所有制可以通过股份制的形式得以实现，只是在混合所有制的股份制中，更强调不同性质的出资主体之间的融合。原有的股份制中并未强调出资主体的性质。党的十八届三中全会的决议①指出，我国基本经济制度的重要实现形式是大力发展混合所有制，主要是为了在现代股份制企业的框架下，使各种非公有和公有的产权充分在分散的市场主体内部实现融合，使得现有企业的所有制形式不再是单一的国有独资或是民营企业，而是在内部产权结构中融合了其他的所有制性质，使得不同性质的资本之间相互吸收各自的长处，弥补对方的不足，以企业作为整体发挥出最大的优势，实现不同性质的投资主体之间的共赢，从而进一步释放出社会的潜在活力，进一步解放和发展生产力。

混合所有制与股份制、公私合营（Public-Private Partnership，PPP）之间存在着天然贯通的关系。我们可以详细分析一下党的十八届三中全会改革部署背后的逻辑，其中涉及了几个重要的概念。第一，“现代国家治理”，即提升现代化的国家治理能力和治理水平，按照现代化的国家来发展并治理好我们的国家。第二，“现代化”的治理水平，意味着需要充分发挥市场在资源配置中的决定作用，从而在我国构建起“现代市场体系”。第三，怎样才能充分发挥市场的“决定”资源配置的作用呢？这就需要对产权制度进行改革，因为产权制度是市场经济顺畅运行的基础。改革明确要首推“混合所有制”。现代企业制度的典型——股份制，可以把非国有和国有、私有和公有的不同性质的所有者融合在一个个现代化的企业内部，实现共赢。配合以完善的法律产权保护，则能实现不同资本之间的相互融合，从而将各自的潜力完全释放，这与公私合营（PPP）有共通之处。

在产权方面，一个公私合营项目（PPP 项目）没有任何选择上的局限。公私合营项目（PPP 项目）是指在完善的法律保护环境下，不同产权主体之间形成的契约。通常，负责运营 PPP 项目的是特殊目的公司（Special Purpose Vehicles，SPV）。特殊目的公司产权归属清晰，每一股份的股东也很明确，极少会产生难以处置的纠纷。这些股东聚集在一起，共同追求超额回报，最终

① 详见2013年11月12日党的十八届三中全会通过的《中共中央关于全面深化改革若干重大问题的决定》。

实现共赢。混合所有制的特征在SPV的股权结构中与生俱来，然而SPV结构又不会出现国有股“一股独大”的现象。其主要原因是，政府参股特殊目的公司的目的是发挥乘数效应，起到“四两拨千斤”的作用，继而引发、带动民间资本大幅进行投资。例如，国家设立了400亿元的新兴产业创投基金，希望用这400亿元基金，同时吸纳数倍于400亿元的民间资本，共同成立SPV基金项目，共同投资于新兴的有发展前景的企业，从而推动社会的发展进步。政府部门的业绩与该乘数效应成正相关关系。该乘数效应越大，则其业绩评价越好。在PPP项目中，民营企业和社会资本往往占股份的大头，有时还占到绝大多数股份比例。

由此可见，在我国对国有企业进行全面改革，并逐步走向现代化的过程中，为了更有效地解放和提高现有的生产力水平，发展混合所有制的战略性首选可以是PPP公私合营项目。PPP公私合营项目不仅能满足融资的需要，还在制度供给层面进行了创新。如果混合所有制的目的仅仅用来满足融资的需要，则仅局限于短期、功利地解决政府资金短缺的问题。当政府资金不再短缺的时候，这种融资层面的合作会导致在此时摆脱民间资本。实质上，引入民营资本和外资不仅可以解决融资难题，还能提升企业的绩效水平、管理水平和技术创新能力。这种混合所有制是从融资层面升级为创新水平和管理模式的华丽转身。此外，辅以市场经济相关产权基石（如法律对产权的保护等）的全面且系统的改革，客观上为我国未来经济发展提供了良好的制度环境。

反观世界历史，步入中等收入阶段的经济体在全球范围内有上百个。然而，跨越了中等收入阶段，顺利迈进高收入阶段的国家却很少。我国要实现高质量发展，并顺利跨过“中等收入国家陷阱”，就需要进行全面而完善的配套制度改革，将各种有利因素充分融合在一起，发挥其各自优势，化解所遇到的矛盾，一起攻坚克难，从而创造出新的生产力。作为一种创新的制度供给，混合所有制能够使各方更加认同市场的资源配置作用，将各种资源要素聚集到一起，从而更好地发挥其作用。推进混合所有制改革，不仅是为了满足融资的需要，还是对现有企业管理模式创新的改革，是我国进行全面改革所必需的举措。混合所有制是我国在制度供给方面的一项重大创新。

2.2.2 国外发展混合所有制的经验借鉴

纵观当今世界，混合所有制已经成为国有资本的重要组织形式。其中，最值得我国在进行混合所有制改革时借鉴的，有新西兰、法国、新加坡的混合所有制改革。

2.2.2.1 混合所有制的新西兰模式

新西兰于2012年6月26日开始对国内一家航空公司和4家能源公司进行全新模式的改革，即进行混合所有制模式改革。其通过的议案中明确了采取混合所有制模式的前提：保持国家的控股地位。对国有企业进行改革，新西兰是先行者之一。然而，新西兰早期对国有企业的改革主要通过国有企业私有化的方式进行，使得其遭遇了惨痛的教训。典型的事件包括新西兰钢铁公司原本是新西兰拥有的一家国有企业。后来，新西兰开始对该钢铁公司进行完全私有化，出售了其89%的股权给 Equiticorp 公司。但是没多久，这家私有化了的国有企业就破产了。1989 年，新西兰政府将新西兰航空公司私有化。不幸的是，私有化后的公司在2002年又面临破产的威胁，结果新西兰政府在无可奈何的情况下又斥资购买了这家私有化后的公司 76.5%的股权，使其再一次成为国有企业。

新西兰也对部分国有企业进行了混合所有制改革，比如对新西兰航空公司、Tauranga 海港和奥克兰机场等大型国有企业进行部分私有化，实施混合所有制改革。这些实施了混合所有制改革的企业，在很长的时间内都运行良好，取得了显著而稳定增长的业绩，促进了民众就业，同时对新西兰国民经济的发展起到了带动作用。通过对比完全私有化和进行混合所有制改革的优劣势，新西兰政府发现对一些国有企业实施混合所有制改革比进行完全的私有化更有利，因此在新一轮的国有企业改革中，更多地采用了混合所有制改革模式，而不仅仅是对所有的国有企业一卖了之。此外，在新一轮的国有企业混合所有制改革中，新西兰政府鼓励更多的国民参与进来，同时还提高了改革过程的透明度。

历史上，新西兰政府曾经大量抛售过国有资产。当时正值工党执政期间（1980 年前后）。当时的工党在没有预先征询各方意见的情况下，只是通过紧急立法，就把大量的国有资产出售了。从 2011 年开始，新西兰国家党在汲取了以前改革成功的经验和失败的教训的基础上，开始在国有企业中推广诸如新西兰航空公司等国有企业混合所有制改革的成功经验。在混合所有制改革的过程中，新西兰国家党不仅广泛征询相关专家的意见，还通过在各地举办听证会的方式广泛听取民众关于怎样实施混合所有制改革的意见，充分保证民众的参与权和知情权。

在具体实施混合所有制改革的方案中，新西兰政府规定，国家拥有混合所有制企业的控制权，即国家拥有 51%的股权比例；其余的股份优先满足新西兰国民的认购权；剩余股份允许外国资本进行购买，但是外国资本在股权结构中的占比应低于 15%；除国有股东外，剩余的股东购买的股权比例应低于 10%。

新西兰新一轮的混合所有制改革颇有成效。国有资本和民营资本、外资各方参与到混合所有制中来都获益颇多。例如，混合所有制改革可以为民营资本塑造更完美的外部形象，通过采用更加严格的商业准则，使得民营企业更为透明。对于政府来说，通过采用混合所有制，其资金发挥了财务杠杆的撬动作用，政府可以拥有更多的资源用来投资更多的好项目。例如，假设政府拥有 100 份的资源，如果采用国有独资的形式，将 100 份资源全部用于投资一家国有独资企业，则远不如采取混合所有制形式，分别投资 20 份资源于 5 个较好的企业，同时在这 5 个企业中分别吸纳剩余的 80 份民营资本和外资。那样整个社会就拥有了 5 个好企业，而不仅仅是国有独资情况下的一个企业。

同时，采用混合所有制的经营方式可以使企业获利更多，不断成长壮大，而不再完全依靠政府，因为政府的资金也是有限的。新西兰这一轮混合所有制改革是成功的，它使得新西兰的经济变得更加强大，经济实力明显增强。这不仅为新西兰民众提供了更多的就业机会，也使得他们享受到政府提供的更高质量的公共服务，居民收入也得到大幅提高。

2.2.2.2 混合所有制的法国模式

混合所有制企业首先诞生在德国。在第一次世界大战和第二次世界大战期间，法国也开始出现混合所有制企业。法国的混合所有制企业在第二次世界大战之前取得了一定的成功。例如，法国政府先在法国石油公司、法国多瑙河航运公司和莱茵河航运总公司拥有少数股权。当一些公司遭遇危机袭击，陷入财务危机时，国家就开始取得这些公司的控制权，如大西洋海运公司、大西洋航运总公司等。

第二次世界大战以后，在城市工业领域和国土治理领域，混合所有制企业盛行。这期间，法国政府设立了较多的混合所有制企业，主要集中于承接市政等基础设施建设，如高速公路修筑和运营、农业开发、旅游设施的新设、工厂和住宅的兴建、居住区和工业区的基础设施建设等。同时，在传统公用事业的经营中，混合所有制企业也风靡一时，如在供水、供电等领域。

近年来，除新西兰摒弃私有化，对国有企业实施混合所有制、实行部分私有化外，法国等国有企业产值在国内生产总值中占比较高的欧洲国家，也采用混合所有制改革这种部分私有化的方式，成功进行了国有企业改革，比如对法国电力集团的改革。

法国电力集团自 1946 年起就一直垄断着法国电力的供应，法国绝大部分的供电业务、全部的输电业务和 90%以上的发电量都被法国电力集团控制。经过半个多世纪的发展，法国电力集团成为一个国际性的能源集团。随着经济社会的深刻变化，法国开始对国有企业进行私有化改革，以实现结构调整，从而提高整个国家的竞争力。

2004 年 5 月，法国政府将法国天然气公司和法国电力公司的改制法案（又称为“1613 号法案”）提交给议会。在审议过程中，该法案遭到了部分议会党团的反对。反对者认为，引入资本的私有化是为资本谋利，只能使少数人受益。最终，修正后的法案得以通过。修正的部分内容包括内部职工持股从 10%增加到 15%，允许引入资本的比例由 50%降低为 30%。

法国电力集团于 2005 年 10 月正式开始实施改革。法国政府设立对法国电力集团的跟踪委员会，监督合同履行情况，每三年进行一次总结。议会负责审批合同执行总结报告，从而保证法国电力集团为公众提供高质量的电力服务。

随后，法国电力集团在 2005 年年底整体上市成功。这是自 2001 年以来法国最大的上市公司。截至 2014 年年底，在法国电力集团中，法国政府持有 84.5%的股份，员工持有 1.7%的股份。

2.2.2.3 新加坡的淡马锡模式

1974 年，新加坡的淡马锡公司成立，该公司由新加坡财政部 100%控股。因此，淡马锡公司是政府投资公司，同时它的运营完全是以市场化方式进行的。若以市值计算，淡马锡公司拥有新加坡股市市值的47%左右，其营业收入占新加坡国内生产总值的13%。淡马锡公司是新加坡政府对国有资产进行经营管理的操盘手，它也在实际上掌握着新加坡的经济命脉，

淡马锡模式主要是指政府通过成立国有资产运作平台，对企业进行投资，从而形成三层架构。淡马锡模式的精髓在于企业经营权与所有权的分离。企业经理层在微观层面负责企业的运营，而政府负责宏观方面的把握。

新加坡的淡马锡模式之所以能取得巨大成功，有如下原因：首先，淡马锡公司完全按照市场化的方式运营，政企实现了分离。淡马锡公司和其下属企业之间是商业化的关系，主要以产权为纽带，政企实现了分开。其次，通过建立董事会，治理结构将被投资企业、淡马锡公司、政府三者之间的权责边界划清。在被投资企业中，董事会真正发挥了阻隔新加坡政府的不当干预的“防火墙”作用。最后，在人才选聘机制方面，淡马锡公司坚持采用高度市场化的方式进行，举贤任能，从市场中选聘最合适的经理经营其投资的公司。总结起来，政府不干预企业的经营决策、无为而治、完善的经理人市场，是淡马锡模式的特点。正是这些独特之处使得淡马锡模式取得了优异的业绩。

2.2.2.4 国外混合所有制经验总结

新一轮的私有化浪潮使得混合所有制成为国际上许多国有企业改革的重要形式。之所以能在全球范围内得以顺利开展，归结起来，实施混合所有制具有如下方面的经验：首先，国家通过立法，明确民营资本、外资与国有资本之间的平等主体关系；其次，对同国有企业建立起了分类监管的制度，同时还拥有完善而清晰的国家所有权政策，并且这些政策在一定的时间内保持不变，具有持续性，使得民营资本、外资和民众等对参与国有企业改革的结果有清晰的预期；最后是混合所有制发展得较好的国家基本上都使其国有企业实现了市场化。这些国家遵照商业化的方式，设立了公司治理标准，成立了独立的、专业的董事会，并且重视对民营资本、外资等投资者权利的平等保护。

2.2.3 我国为什么要对国有企业进行混合所有制改革?

我国目前的经济增长速度已经开始放缓。如果我们不改变经济增长模式，

我国经济很容易陷入“中等收入国家陷阱”，导致很难持续保持健康快速的经济增长。此外，国有企业占据关键的垄断行业，并在这些行业内获得较高的盈利，但其经营效率却有待提高。混合所有制改革可以促进不同资本之间相互取长补短，提高国有企业的运营效率，从而为我国经济寻找新的增长点。

为了更好地理解我国为什么要对国有企业进行混合所有制改革，我们必须首先了解我国民营企业的崛起历程和国有企业的改革历程。国有企业的改革历程已在前文的国有企业改革历程中进行了详细介绍。下面我们来谈谈我国民营企业的崛起历程。

伴随着对我国国有企业的改革，民营企业得到了发展。在中华人民共和国成立后很长的一段时间内，受限于当时的意识形态和历史背景，我国曾一度认为在社会主义社会就应该只存在公有制企业，财产应统一归国家和集体所有，消灭私有制，因此我们组建的企业也是国有企业和集体企业。经历了漫长的历史进程之后，民营企业才得以合法化。个体户合法地位的获得是在20世纪80年代初期。直到1988年之后，随着我国对社会主义认识的新变化，我国才在法律上承认了民营企业的合法地位。

1992年之后，民营企业的发展得到了政府的鼓励。很多中小型的国有企业在经过改制之后也变成了民营企业。自此之后，民营企业得到飞速发展。2001年，民营企业在工业增加值中的占比只有6.1%，而到了2010年，该比例就达到了30.5%[①]。快速增长的民营企业背后，是一群优秀的、敢为时代先的企业家。他们的来源主要有熟悉本土环境、土生土长、实干型的农民企业家；先从政后经商的具有官员背景的企业家；具有工程师背景，或者是留学归来的企业家。他们虽然背景各不相同，理念也相差较大，但他们共同构成了推动中国经济不断增长的新生力量。

自2003年以来，国有企业经历了从后退到扩张的转变。国有企业普遍朝着规模扩大、实力增强的方向发展，国资委也在2003—2010年将原来的196家央企改制重组为120家，使得在某些关键行业内国有企业变得更加强大。在石油、天然气等国有垄断行业，国有企业向上下游延伸了其产业链。在民航和钢铁行业，国有企业进行了产业链上下游的兼并重组，使得在这些产业内国有企业实力更强。这种现象被称为“国进民退”现象。在2008年席卷全

① 数据来源：2011年《中国统计年鉴》。

球的金融危机中，以强大的国有经济为支撑的“中国模式”对世界经济产生了稳定器的作用，国有经济再次显示出其魅力所在。

自 1978 年改革开放以来，40 多年的经济改革使得中国企业的所有制结构发生了巨大变化。虽然“国进民退”的现象几度盛行，但纵观整个改革开放以来的趋势，不难发现，民营企业在不断发展壮大。在工业增加值中，1978 年国有企业的占比为 80.7%；而到了 2010 年，国有企业的占比仅为 26.6%。与之呈鲜明对比的是，民营企业占工业增加值的比例从零迅速增加到 30.5%。截至 2014 年年底，国有企业从原来的 39 个行业中退出了其中的 20 个行业。目前，国有企业对国内生产总值的贡献不到 40%。在国内生产总值中，非国有企业的贡献超出了 60%。

虽然国有企业在国内生产总值中的比重下降，但国有企业仍掌握我国经济的命脉。因为在重要行业，国有企业仍发挥着至关重要的作用，如装备制造、原材料和能源行业。此外，在公用事业、石油、天然气、通信、金融等领域，国有企业依然占据垄断地位。

那么，在现阶段，我国为何必须对国有企业进行混合所有制改革呢?

首先，只有对国有企业进行混合所有制改革，彻底改变经济增长模式，我国的经济才有可能保持高质量发展。过去几十年，我国依靠人口红利、出口等使经济获得了高速增长。然而，随着劳动力成本的不断攀升，我国产品的制造成本越来越高，进而使得产品出口后竞争力有限。依靠我国廉价劳动力和廉价资源获得竞争优势的时代已经一去不复返了。我国企业要想提高竞争优势，必须变得更具有创新性。那么，怎样才能使得我国企业更具有创新性呢? 总体而言，相比国有企业的管理层，民营企业家具有更强的活力。如果能够充分激发出民营企业家的活力，并将其引入国有企业中来，也就是通过混合所有制的组织形式，最终提高国有企业改制后的混合所有制企业的创新水平。如果国有企业仅仅是不断扩张，而不从内部调整来改变其创新性，那么还是很难提高技术创新水平。只有引入民营资本和外资等更具活力的基因，才能从内因层面提高国有企业的创新能力，使得混合所有制企业具有原国有企业无可比拟的创新水平，从而在日趋激烈的国际竞争中获得优势地位。

其次，将国有企业改制为混合所有制企业，有助于提高全民的福利。垄断导致低效率。曾有一段时间，居民对国有企业较高的产品价格和较差的服务质量颇有微词。一些国有企业腐败频发。对国有企业实施混合所有制改革，可以降低上述弊端的影响，提高国有企业的公司治理水平，为社会带来更好的产品和服务，为国家做出更多的贡献，从而为社会带来更多的福利。

再次，国有企业效率有待提高。许多研究表明，民营企业的效率比国有企业的效率更高。部分国有企业拥有高额利润，但主要原因不是其效率更高，而是享有了许多免费的资源和特权，并且过去一段时间资源不断升值。此外，垄断也是形成部分国有企业高利润的原因。除这部分垄断性国有企业外，大多数国有企业在经历了过去的过度扩张之后，由于积累了较多的银行贷款而变得负债累累。近年来，我国经济增长开始放缓，部分国有企业的利润可能出现大幅下降，甚至开始出现亏损，进而使银行的不良贷款也快速增加。基于此，我们必须对国有企业进行混合所有制改革，以提高其运营效率，优化全社会的资源配置。

最后，我国正在尝试建立起一个覆盖全国城乡居民的、完善的社会保障体系。我们必须提高国有资产的运营效率，以实现资金开源。例如，我国通过出售部分国有企业的股份，将其转化为混合所有制企业，不仅筹措到部分资金，可以将这部分资金用于盈利性更强的其他增值项目，同时又能通过引入民营资本、外资等方式激发混合所有制企业自身的潜力，实现混合所有制企业价值最大化，提升其资本运作水平。

总之，对国有企业进行混合所有制改革有利于提高国有企业的创新水平和运营效率，提高全体国民的福利。因此，国有企业混合所有制改革是我国现阶段积极推行的重要政策措施之一。

2.2.4 我国国有企业实施混合所有制改革试点

2014 年 7 月中旬，国资委在一场专门的新闻发布会上公布“四项改革”试点，其中包括在央企开展在“四项改革”试点工作的有关情况。国资委选择在几家央企进行改革试点，即对国家开发投资公司和中粮集团有限公司进行改组国有资本投资公司的试点；在中国建筑材料集团公司、中国医药集团总公司开展混合所有制经济试点；在中国节能环保公司、中国建筑材料集团公司、中国医药集团总公司、新兴际华集团有限公司开展董事会行使高级管理人员选聘、薪酬管理职权和业绩考核试点；选择 2～3 家央企，向其派驻纪检组。

在国资委发布“四项改革”试点的当日，作为发展混合所有制经济的试点公司，中国建筑材料集团公司的股价上涨了5%，中国建筑材料集团有限公司旗下上市公司瑞泰科技的股价上涨了9.97%，中国医药集团的股价上涨了4.91%，而当日上证指数只上涨了0.18%。可见，在得知这两家公司即将进行混合所有制试点时，资本市场普遍看好这两家公司的混合所有制改革，对其持肯定态度。

产权改革是新一轮国有企业混合所有制改革的核心。对中小国有企业进行改革，可以通过整体出售的方式推进；对大型国有企业和特大型国有企业进行改革，可以通过混合所有制和股权多元化等方式推进。由此，我们可以看出，混合所有制在我国大型国有企业改革的蓝图中发挥着重要的作用。

2.2.5 我国进行混合所有制改革的作用

我国对国有企业进行混合所有制改革，具有重要的作用：

首先，实行混合所有制可以使得我国的经济活力得以提升，也可以吸收更多社会上的资本，从而使得国有资本的实力增强。对国有企业进行混合所有制改革后，国家投入少部分的国有资本，就能盘活社会上较多的资金量，优化了资源配置，提高了国有资本的运营效率。此外，对国有企业进行混合所有制改革可以更好地发挥国有资本的带动力、影响力和控制力，将国有资本的功能放大。实施混合所有制改革能使国有企业更好地与市场接轨，用市场机制使国有资本保值增值，有利于巩固我国的基本经济制度。

混合所有制可以最大限度地将社会上的闲置资本吸收进来，形成一个个大的集团公司。当前，跨国公司日益发展，世界已形成了一个经济共同体，许多大型外国集团公司进入了我国，并对我国原有的国有品牌造成巨大冲击。面对来自一流跨国公司的竞争，我国企业怎样才能获得更多的市场份额，而不是在竞争中消逝？归根结底，国际市场上的竞争不仅仅要靠智慧，还要靠资本和实力。我国应通过将社会上闲置的资本吸收进混合所有制企业中，组成实力雄厚的大型企业集团，进而将民营资本主体和外资主体的智慧引入混合所有制企业中，由此形成我国企业独特的竞争优势和强大的实力。这样我国企业才能与发达国家的工业巨头相抗衡，从而在国际市场的竞争中处于有利地位。

其次，在对国有企业进行混合所有制改革的过程中，我国通过引入民营资本、外资等股东，使得产权主体更加多元化，推动股份向分散化方向发展。多元化的产权主体对建立完善的现代企业制度和健全的国有企业法人治理结构具有显著的促进作用；同时，有利于政企进一步实现分离，部分解决所有者缺位问题，推进员工、技术骨干和经营团队持股，培育出大批优秀的职业经理人。

最后，我国通过实施混合所有制，形成民营资本、外资和国有资本相互融合、交叉持股，形成利益共同体，从而促进我国经济的持续健康发展。在实行混合所有制后，我国通过对民营企业发展空间的拓展，促进民间投资，从而将民间过剩的资本运用起来，实现共赢。

2.3　我国企业技术创新状况分析

当前，我国经济增长向高质量发展迈进。怎样促进我国经济持续增长？企业技术创新是一条可行的路径。不断地进行企业技术创新是我国保持持续稳定经济增长的微观原动力。

那么，我国现有企业的技术创新状况如何？本节首先介绍不同企业组织形式的技术创新状况，再对比分析不同所有权性质的企业技术创新状况。

2.3.1　不同组织形式的混合所有制企业技术创新状况分析

在我国的统计年鉴中，按照企业组织形式划分，混合所有制企业包括股份有限公司、有限责任公司、股份合作制企业以及联营企业。笔者分别从这四类企业的技术创新投入（科研人员占从业人员的比例、科研经费支出占主营业务收入的份额、科研人员人均科研经费支出）、企业技术创新产出（发明专利申请数/总产值、专利申请数/总产值、新产品产值占总产值的份额）、企业技术创新效率（发明专利申请数/科研经费支出、专利申请数/科研经费支出、新产品产值/科研经费支出）进行分析。

笔者考察这四种组织形式企业的技术创新投入。从科研人员占从业人员的比例来看，笔者通过数据分析发现，股份有限公司的科研人员占比最高，其次是有限责任公司，联营企业排在第三位，股份合作制企业的科研人员占比最低。从科研经费支出占主营业务收入的份额进行分析，其趋势与科研人员占从业人员的比例大致相同，依然是股份有限公司最高，有限责任公司排名第二，联营企业排名第三，股份合作制企业科研经费支出占主营业务收入的比例最低。

在科研人员人均科研经费支出方面，股份有限公司、有限责任公司和股份合作制企业相差不大，股份合作制企业略高于股份有限公司和有限责任公司。联营企业的人均科研经费支出最高，但也呈现出与其他三种组织形式公司趋同的趋势。

总之，从企业技术创新投入方面来看，股份有限公司这种组织形式可以汇集众多的投资者，规模通常较大，实力较为雄厚，因此其科研人员占比较高，科研经费支出比例也较高。从科研人员人均科研经费支出来看，联营企业的科研人员人均科研经费支出较高。

笔者再从企业技术创新产出方面对这四种组织形式进行对比分析。从发明专利申请数和专利申请总数占总产值的比例来看，股份有限公司遥遥领先，有限责任公司排名第二，股份合作制企业排名第三。

从新产品产值占总产值的份额来看，股份有限公司依然位居第一，其后是有限责任公司和联营企业且两者不相上下，股份合作制企业的新产品产值占总产值的比例最低。笔者从企业技术创新效率方面对这四种组织形式进行对比分析。从发明专利申请数与科研经费支出的比例关系来看，每投入一亿元的科研经费，股份有限公司获得的发明专利申请数最多，其次是有限责任公司，再次是股份合作制企业，最后是联营企业。

综上所述，在企业技术创新投入、产出和效率方面，股份有限公司由于聚集了众多的资源，因此其企业技术创新投入、产出和效率均较优，在四种混合所有制形式中最易于促进企业技术创新。有限责任公司的股东来源没有股份有限公司广泛，实力不如股份有限公司雄厚，获得的资源也不如股份有限公司丰富，导致有限责任公司这种企业组织形式对企业技术创新的促进作用弱于股份有限公司。股份合作制企业由于规模较小，股东范围具有一定的局限性，使得其技术创新投入、产出和效率都相对较低。近年来，联营企业的企业技术创新效率迅速上升，是一种能促进企业技术创新的有潜力的混合所有制组织形式。

2.3.2 不同所有权性质的企业技术创新状况分析

上文对比分析了不同组织形式的混合所有制企业之间的技术创新状况，发现股份有限公司相对更能促进企业技术创新。下面笔者对比分析不同所有权性质的企业技术创新状况。笔者对如下四种性质的企业的技术创新能力进行比较：混合所有制企业、国有独资企业、民营企业和外资企业。其中，混合所有制企业包括《中国科技统计年鉴》中的股份有限公司、其他有限责任公司、其他联营企业和股份合作企业。

如果用专利申请数对企业技术创新进行度量，在以总产值进行企业规模的调整后，笔者通过数据分析发现，混合所有制企业的技术创新能力高于其余三种性质的企业（国有独资公司、民营企业和外资企业）。如果用发明专利申请数来度量企业技术创新，以总产值进行规模的调整后，混合所有制企业的技术创新能力依然明显高于国有独资企业、民营企业和外资企业。这充分展现了混合所有制企业这种组织形式在促进技术创新方面的优越性。

改革开放以来，我国民营企业发展势头迅猛，其创新效率和能力都得到大幅提升。例如，我国民营企业申请国际专利数量连续攀升，很多年份每年增长速度大于30%。

《中国科技统计年鉴》的数据显示，国有企业的技术创新效率不如外资企业和民营企业。但是，由于国有企业与政府存在天然的政治联系，因此国有企业通常比民营企业更容易以低廉的价格获得更多重要的资源，从而使其拥有更多的创新资源和经济资源。这会造成资源配置的扭曲，对民营企业和外资企业形成“挤出效应”，不利于创新。国有企业的垄断优势正是其技术创新能力较差的原因之一。受到资源和政策等各方面保护的国有企业，缺乏破釜沉舟的压力，也就缺少进行技术创新的动力。实施混合所有制改革之后，混合所有制企业聚集了国有企业和民营企业各自的优势，像国有企业那样拥有更多的资源，又如民营企业那样拥有更多的创新活力，人力、物力、智力俱全，混合所有制企业更容易促进企业技术创新。

总之，发展混合所有制企业，有利于国有资本充分分享民营资本和外资的创新活力，形成的混合所有制企业也有利于提升民营企业、外资企业进行技术创新的实力，从而提升整个社会的技术创新水平，促进我国经济持续健康发展。

2.4 本章小结

首先，本章回顾了中国模式的国有企业改革历程，包括对国有企业的控制权改革阶段和渐进的所有权改革阶段，详述了这两个阶段改革的历史背景及改革内容。其次，本章介绍了混合所有制的定义及相关概念、国外混合所有制的发展状况，再分析我国为什么要对国有企业进行混合所有制改革以及现阶段我国国有企业实施的混合所有制改革试点。最后，本章阐述了我国进行混合所有制改革的作用。

此外，本章对我国企业的创新状况进行了分析，发现在企业技术创新投入、企业技术创新产出和企业技术创新效率方面，股份有限公司由于聚集了众多的资源，因此其企业技术创新投入、产出和效率均较优，在四种混合所有制形式中最易于促进企业技术创新。有限责任公司的股东来源没有股份有限公司广泛，实力不如股份有限公司雄厚，获得的资源也不如股份有限公司丰富，导致有限责任公司这种企业组织形式对企业技术创新的促进作用弱于股份有限公司。股份合作制企业由于规模较小，股东范围具有一定的局限性，使得其创新投入、创新产出和创新效率都相对较低。近年来，联营企业的企业技术创新效率迅速上升，是一种能促进企业技术创新的有潜力的混合所有制组织形式。

在不同所有权性质的企业技术创新状况方面，本章初步对比分析了四类不同所有权性质的企业（混合所有制企业、国有独资企业、民营企业和外资企业）的企业技术创新情况，发现混合所有制企业的技术创新水平最高。本章通过对“中国科技统计年鉴”的数据分析，发现民营企业和外资企业的创新效率远高于国有企业，为在国有企业中引入民营资本和外资、进行混合所有制改革提供了实践基础。

综上所述，本章为本书的后续研究提供了较为详细的制度背景，为后续章节的实证研究也起到了铺垫作用。

3
理论分析

关于混合所有制与企业技术创新之间的关系，主要有经理人观和政治观两种理论。本章从促进企业技术创新最重要的因素——决策者的效用函数出发，对两种理论进行深入分析。在经理人观中，本章进一步对经理人职业生涯关注理论和经理人追求安逸生活理论进行分析。此外，本章也对其他相关理论进行介绍，为分析混合所有制对企业技术创新的影响提供较全面的理论基础。

3.1 经理人观

什么决定了企业技术创新？从本质上讲，一切创新活动都受人的行为的影响。在企业的生产经营中，经理人在很大程度上影响着一个企业进行创新投入。研发支出属于酌量性固定成本，可以随经理人的决策而改变。此外，经理人也可以通过重视研发来影响企业技术创新的效率，比如通过经常到其研究所进行视察、在会议上强调研发的重要性、对研发成功的研究员给予重赏等。如果研发成功，公司经理人有可能成为企业界名人，有利于其未来职业经理人生涯的发展。由于具有短期业绩的压力以及面临被解雇的威胁，而且还需要付出额外的努力，这使得追求安逸生活的经理人不愿意进行企业技术创新。本节从信息不对称理论出发，分析经理人的决策过程以及采取混合所有制的组织形式后经理人决策的理性变化，从而形成混合所有制影响企业技术创新的分析框架。

3.1.1 基本分析框架

在企业的生产经营活动中，经理人负责企业的日常经营活动，也有权决定是否进行企业技术创新。我们参照 Holmstrom（1999）的职业经理人职业生涯关注模型进行理论分析。在该模型中，一共有两个期间，即 $t=1$，2。负责经营企业的经理的能力是不可观测的，即经理人的能力未知，用 θ 来表示经理的能力。假定 θ 的取值范围为 $\theta \in \{\underline{\theta}, \bar{\theta}\}$，即经理人的能力最差为 $\underline{\theta}$，最好能力为 $\bar{\theta}$。在没有任何其他信息时，我们对 θ 的先验概率是运营公司的经理

人是能力强的经理人与能力低的经理人的概率相等，即

$$\Pr(\theta=\bar{\theta})=\Pr(\theta=\underline{\theta})=\frac{1}{2} \tag{3.1}$$

在实际分析中，我们将 $\underline{\theta}$ 标准化为0，以使分析更为简单。

首先，在第一阶段，经理人决定是否进行企业技术创新。我们用 $i \in \{0, 1\}$ 来代表经理人是否进行企业技术创新的决策。如果经理不进行企业技术创新（$i=0$ 时），这时我们假设该经理人的能力无法观测，因为这时第一阶段实现的收入与其能力无关。我们将经理人不进行企业技术创新时实现的收入标准化为0。

如果经理人决定进行企业技术创新（用 $i=1$ 来表示），那么其必须承担进行企业技术创新的成本 I。在决定进行企业技术创新之后，如果经理人能力较强（$\theta=\bar{\theta}$ 时），则在第一阶段的收益为

$$y_1=\begin{cases}1 & \text{概率为 } p \\ 0 & \text{概率为 } 1-p\end{cases} \tag{3.2}$$

如果经理人为低能力者，却又选择从事企业技术创新，在第一阶段其收益为

$$y_1=\begin{cases}1 & \text{概率为 } \alpha p \\ 0 & \text{概率为 } 1-\alpha p\end{cases} \tag{3.3}$$

这里有两点值得注意：第一，$p=1-\pi$，其中 π 为该经理人进行的创新成功后被模仿的概率。实践中不乏后来者居上的案例，比如发明高密度数字视频光盘（DVD）的厂商投入了大量资本用于研发，但是一旦DVD研发出来之后，其他厂商从市场上直接购买其DVD进行模仿，导致其他厂商在几乎没有研发成本的情况下，以极低的价格出售仿制的DVD，导致研发DVD的进行企业技术创新的厂家最后破产。日本是一个善于模仿产品的国度，并且他们的模仿水平一度较高，这使得其产品能以较低的成本迅速抢占市场。近年来，我国的仿制品市场也极其发达，这使得经理人在进行企业技术创新前不得不将其创新成果被模仿的概率考虑进去。在本节的模型中，参数 π 可以用来衡量产品市场（事后的）竞争激烈程度。当产品市场（事后的）竞争越激烈时，企业进行创新越可能遭遇失败的风险。第二，$\alpha<1$，表示一个高能力的经理人进行企业技术创新更容易获得成功。由于每位经理人具有不同的特质，因此在投入相同努力的情况下，有的经理人更容易创新成功，而有的经理人却不会那么幸运。模型的这点设计也符合现实情况。

3.1.2 经理人职业生涯关注理论

对于大多数经理人来说，其收益函数不仅仅来自当前明文规定的雇佣合同，还来自自身的声誉以及该声誉为其带来的未来再签约时的现金流的现值。因此，参照 Holmstrom（1999）和 Aghion 等（2013）的模型，我们假设经理人在做决策时关注的是自己的声誉及社会对其能力的认知，而该认知受其所做的决策的影响。在混合所有制企业中，引入民营资本、外资等非国有股东之后，混合所有制的股东会获得更多的信息，同时也会为经理人提供更多的收入保障。Manso（2011）的研究表明，在引入了民营资本和外资之后，企业的确为经理层进行创新提供了更多的收入保障。

在未引入民营资本、外资及员工持股之前，国资委等国有资产管理机构通过观察国有独资企业实现的收入来推断经理人的能力。这时，如果经理人进行技术创新，则他将面临创新失败后被降级的风险。国有企业系统及公务员系统求稳、明哲保身的风险厌恶特性使得在国有企业系统中的经理人不愿意冒险去进行创新。因为如果创新成功了，他的收益并不是很大；一旦创新失败，他将受到较大的影响，从此背上“污点”，很难再扶摇直上。基于这样的逻辑，国有独资企业中的经理人在潜意识中就不愿意更多地从事企业技术创新。在引入民营资本、外资等非国有股东后，民营资本、外资天然的逐利性促使其搜寻更多关于经理人能力的信息，从而对经理人进行监督；引入员工持股后，员工也会对经理人进行监督，并且员工的监督成本很低，便于实施。通过观察民营资本、外资股东的行为，市场也能够推断出经理人的能力水平。

在本节的模型中，为了简化纷繁复杂的现实状况，我们假设引入的民营资本和外资等非国有股东，其采取的策略是决定是否辞退经理人。实际上，混合所有制中的民营资本和外资可能在董事会中没有那么多的投票权。如果经理人的表现令他们很失望，虽然他们不能直接解雇经理人，但可以通过给董事会施压，从而达到解雇经理人的目的。他们也可以通过抛售手中的股权，使得股价下跌，从而促使董事会采取行动。因此，拥有更多信息的民营资本和外资股东的行为，可以向市场传递出经理人能力的信息，这样市场就可以通过观察第一阶段的收入情况，从而获知经理人的能力水平。

第一步：经理人首先决定是否要进行企业技术创新。如果要进行企业技术创新，他将需要支付创新成本 I。第二步：民营资本和外资等引入的混合所有制股东了解到经理人的实际能力，并投入 K 的监督成本。在搜集到额外信息后，他们决定是否解雇原有经理人。第三步：第一阶段的收益已经公布，市场更新原有对经理人能力的认知。第四步：根据第二阶段的期望薪酬和如果跳槽后的薪酬的对比，经理人决定是否继续在该企业工作。

为了使模型更为严密，我们首先提出假设 1：民营资本和外资股东仅仅在经理人进行创新时，才能搜集到足够的关于经理人能力高低的信息。该假设在本模型中是合理的。因为当且仅当经理人进行创新时，企业的收益才取决于他的能力。如果经理人不进行企业技术创新，那么投资者无法知道所出现的结果是运气还是由于经理人的能力而导致的。相比模仿现有的产品或进行日常生产经营，企业技术创新需要经理人付出更多的不懈努力，也需要经理人动用其更多的智慧。

参考 Aghion 等（2013）的做法，我们提出假设 2：如果经理人辞职，更换工作到另外一家公司，那么他将承担 δ 的转换成本。

也就是说，每当经理人被解雇而重新受雇于另一家公司的时候，他的期望效用变为

$$\underline{w} = \frac{1}{2}\bar{\theta} - \delta \tag{3.4}$$

式中，$\underline{w}$ 也是经理人心理上能承受的当前工作的最低工资。如果低于这个工资水平，则经理人将选择辞职去新的公司。

3.1.2.1 均衡时的工资以及在未引入民营资本和外资时的企业技术创新

我们首先考虑没有民营资本和外资股东搜集额外信息时的情形。此时，我们可以通过反向归纳法来求解该模型。假定经理人决定进行企业技术创新。根据第一阶段实现的收益，国资委等国有企业的上级管理机构用贝叶斯后验概率公式来推断管理层能力的高低。因此，如果在第二阶段经理人还留在公司，那么经理人的工资由下式给出：

$$w_2(y_1) = \Pr(\theta = \bar{\theta}/y_1)\bar{\theta} \tag{3.5}$$

式中，y_1 是第一阶段的收益。

如果第一阶段的收益 $y_1 = 1$，那么

$$\Pr(\theta = \bar{\theta}/y_1 = 1) = \frac{p}{p + \alpha p} = \frac{1}{1 + \alpha} \tag{3.6}$$

由此我们可以推导出

$$w_2(y_1 = 1) = \frac{\bar{\theta}}{1 + \alpha} \tag{3.7}$$

同理，我们可以得出

$$w_2(y_1 = 0) = \Pr(\theta = \bar{\theta}/y_1 = 0)\bar{\theta} = \frac{1 - p}{2 - p - \alpha p}\bar{\theta} \tag{3.8}$$

在此，我们提出假设 3：

$$\frac{\bar{\theta}}{1 + \alpha} > \frac{1}{2}\bar{\theta} - \delta = \underline{w} > \frac{1 - p}{2 - p - \alpha p}\bar{\theta} \tag{3.9}$$

该假设意味着：一旦经理人第一阶段的收入业绩表现较差，他将离开公司。再回到博弈的第一阶段，当且仅当满足下式时，经理人将会进行企业技术创新：

$$U(i = 0) < U(i = 1) - I \tag{3.10}$$

式中，$U(i=0)=\frac{1}{2}\bar{\theta}$ 是经理人不进行企业技术创新时的事前效用值。这时，由于没有关于经理人能力的信息，因此我们假设经理人仍然在原有职位上工作，不会被解雇。

当经理人选择进行技术创新时，其效用值为

$$U(i = 1) = \left(\frac{1}{2}p + \frac{1}{2}\alpha p\right)\frac{\bar{\theta}}{1 + \alpha} + \left[\frac{1}{2}(1 - p) + \frac{1}{2}(1 - \alpha p)\right]\underline{w} \tag{3.11}$$

式中，$\left(\frac{1}{2}p + \frac{1}{2}\alpha p\right)\frac{\bar{\theta}}{1 + \alpha}$ 部分代表经理人在第一阶段选择进行企业技术创新后，企业技术创新成功的先验概率，乘以在企业技术创新成功后第二阶段经理人获得的工资。$\left[\frac{1}{2}(1-p) + \frac{1}{2}(1 - \alpha p)\right]\underline{w}$ 代表经理人在第一阶段选择进行企业技术创新后，企业技术创新失败的先验概率，乘以在企业技术创新失败后的第二阶段经理人跳槽后获得的工资。整理上式后，我们得到

$$U(i = 1) = \frac{1}{2}p\bar{\theta} + \frac{1}{2}(2 - p - \alpha p)\underline{w} \tag{3.12}$$

当企业技术创新投入 I 和企业进行创新研发出新产品后被别的厂家模仿的

概率 π 并不是太大时，进行企业技术创新带给经理人的效用会大于不进行企业技术创新，即

$$U(i=1)-I>U(i=0) \tag{3.13}$$

3.1.2.2 引入民营资本和外资等混合所有制股东对企业技术创新的影响分析

在国有独资企业中引入民营资本、外资等非国有股东之后，这些新股东通过搜集更多的信息，从而了解到经理人的真实能力水平，他们就可能会解雇低能力的经理人。令 Π 代表在第一阶段收益实现前辞退能力较差的经理人而获得的净收益。如果混合所有制中的民营资本和外资等非国有股东拥有公司股份的比例为 ψ，那么在满足下式条件时，这些股东将愿意支付 K 的成本用于获知经理人的真实能力水平：

$$\psi\Pi>K \tag{3.14}$$

如果民营资本和外资等非国有股东持有混合所有制企业的比例 ψ 越大，则他们越有可能去搜集关于经理人真实能力水平的信息。因为此时搜集信息的收益大于不去搜集信息情况下的收益。在这种情形下，经理人进行企业技术创新的效用值变为

$$U(i=1\mid \text{接受监督})=\frac{1}{2}\bar{\theta}+\frac{1}{2}\underline{w} \tag{3.15}$$

从上式我们可以推导出

$$\Delta U=U(i=1\mid \text{monitor})-U(i=1)=\frac{1}{2}[\bar{\theta}(1-p)-(1-p-\alpha p)\underline{w}] \tag{3.16}$$

我们知道，当经理人为高能力者时，有 $\bar{\theta}>\underline{w}$，意味着 ΔU 为正。我们对 ΔU 等式的两边求产品市场竞争程度 π 的导数，可得

$$\frac{\mathrm{d}}{\mathrm{d}\pi}(\Delta U)=\frac{1}{2}[\bar{\theta}-(\underline{w}+\alpha\underline{w})] \tag{3.17}$$

在假设 3 中，一旦经理人第一阶段的收入业绩表现较差，他将离开公司，即 $\frac{\bar{\theta}}{1+\alpha}>\underline{w}$。这使得上述经理人的增量效用对产品市场竞争求导的结果为正，由此我们得出结论 1：

结论 1：在混合所有制中引入民营资本和外资股东后，当民营资本和外资

等非国有股东的持股比例越高时，这些非国有股东可以分享的混合所有制企业的利润比例就越高，从而越有可能会对经理人的行为进行监督。该监督增加了经理人从企业技术创新中获得的收益。如果产品市场竞争越激烈，则经理人获得的由于监督带来的增量正效应就越大。

也就是说，在民营资本和外资股东对经理人进行监督后，经理人的效用水平提高了。在混合所有制中引入了民营资本和外资等混合所有制股东之后，民营资本和外资股东的股权比例越大，他们就越有可能会对经理人进行监督。这种监督增加了经理人自身进行企业技术创新所获得的收益。

另外，对于经理人来说，只有在满足接受民营资本和外资等混合所有制股东监督的情况下进行企业技术创新的效用减去不进行企业技术创新的效用的差值大于企业技术创新的成本时，他们才会进行企业技术创新。也就是说，要让经理人自动选择进行企业技术创新，需要满足下式：

$$U(i=1 \mid \text{monitor}) - U(i=0) > I \tag{3.18}$$

而在未实行混合所有制、未引入民营资本和外资股东对经理人进行监督时，经理人在满足下式时会进行企业技术创新：

$$U(i=1) - U(i=0) > I \tag{3.19}$$

前文已推出 $U(i=1 \mid \text{monitor}) - U(i=1) = \Delta U > 0$，即 $U(i=1 \mid \text{monitor}) > U(i=1)$，可知在进行监督后，进行企业技术创新的固定成本范围 I 增大了。由下式也可以得出同样的结论：

$$\frac{1}{2}(p-1)\bar{\theta} + \frac{1}{2}(2-p-\alpha p)\underline{w} < I < U(i=1 \mid \text{monitor}) - U(i=0) = \frac{1}{2}\underline{w} \tag{3.20}$$

又知 $\frac{\mathrm{d}}{\mathrm{d}\pi}(\Delta U) > 0$，因此当产品市场竞争越激烈时，经理人可以承担的企业技术创新的固定成本范围越大。

在混合所有制企业中引入民营资本和外资等股东后，如果在前期经理人进行创新投入而导致业绩表现较糟糕时，这些股东由于搜集了更多关于经理人的信息，对经理人前期业绩表现较差的行为的包容度更大，因此使经理人免受坏名声的风险，从而激励经理人进行企业技术创新。当产品市场竞争越激烈时，民营资本和外资等股东对经理人前期业绩较差的容忍效应更大。

上述分析和 Manso（2011）的研究结论一致。他研究了能激励企业进行创新的最优合约。他的研究表明，掌握了相关信息的委托人通过提供信息反馈、使代理人免受负面冲击影响的方式，可以使代理人进行更多的企业技术创新。委托人越了解代理人的实际运营情况，代理人越倾向于开展企业技术创新活动。在混合所有制企业中，相比原有的监管机构（国资委），新引入的民营资本和外资、员工等股东更了解混合所有制企业的实际情况，他们花费了更多的时间和精力用于搜集关于经理人经营管理的信息，或者说他们更容易搜集到这些信息（如员工持股时）。因此，我们可以将他们看成 Manso 理论中的拥有更多信息的委托人，混合所有制中的民营资本和外资股份越多，越能促进企业技术创新。

3.1.3 经理人追求安逸生活理论

上述经理人职业生涯关注理论基于这样一种假设：经理人本身是很勤奋、上进、关注其职业发展的。与之相反，另一种假设认为经理人本身并不上进，他们是懒惰的，他们追求安逸的生活。如果没有“大棒”的威胁（被辞退），经理人将不愿意付出更多的努力。Bertrand 和 Mullainathan（2003）在研究中对此理论做了较好的总结。他们认为，并不是所有的经理人都希望建立自己的事业帝国，有的经理人更喜欢追求平静而安逸的生活，他们希望获得更多的闲暇。笔者将此理论与本书的研究联系起来，则有：经理人本来不喜欢进行企业技术创新，但是在引入民营资本和外资等股东后，这些股东加强了对经理人的监督，并且经理人担心失去当前的工作，相应地会失去当前工作带给自己的种种好处，从而迫使经理人开展企业技术创新活动。

在构建理论模型时，我们假设如果经理人继续在当前职位上工作，他获得的私人收益是 B，而如果该经理人进行企业技术创新，那么他将付出 I 的私人成本。假设民营和外资等非国有的混合所有制股东对经理人进行监督的概率是 m。m 是混合所有制中民营与外资持股比例的函数。民营资本和外资等股东进行监督的结果是他们能判断出经理人是否在进行企业技术创新，并决定是否要解雇经理人。当然，如果经理人选择不进行企业技术创新，而其他的厂商选择对企业技术创新进行模仿（假设该概率为 π，即产品市场竞争的激烈程度），那么经理人也会由于在竞争中失败而遭到解雇或降职。因此，混合所有制中引入的民营资本和外资股东通过解雇和降职的威胁迫使经理人开展企业技术创新活动。

在本书的分析框架下，如果经理人选择进行技术创新，那么其净收益为 $B-I$。如果经理人选择不进行技术创新，那么其净收益为：$B(1-\pi)(1-m)$。只有当进行技术创新的净收益大于不进行技术创新的净收益时，经理人才会选择进行技术创新。也就是当满足下式时，经理人才会选择进行技术创新：

$$B - I > B \times (1 - \pi) \times (1 - m) \tag{3.21}$$

在经理人职业生涯关注和经理人追求安逸生活这两种理论框架下，如果在混合所有制中引入更多的民营资本和外资，那么民营资本和外资股东对经理人进行监督的概率 m 就越大，经理人也就越有可能进行企业技术创新。但是，在经理人追求安逸生活这种理论框架下，产品市场的竞争激烈程度 π 越大，越会降低接受监督带给经理人从企业技术创新中获得的边际收益。因为经理人进行企业技术创新相对于不进行企业技术创新的差额收益为 $B - I - B \times (1 - \pi) \times (1 - m)$，所以，不同于3.1.2经理人职业生涯关注理论中的结论，在经理人追求安逸生活的理论框架下，当产品市场的竞争程度越强时，越会减弱民营资本和外资股东对管理层从事企业技术创新活动的促进效应。

因此，通过观察产品市场竞争的激烈程度与混合所有制中引入的民营资本和外资股东比例的交互效应，分析该效应是否增大了民营资本和外资股东对企业技术创新的促进作用，即可区分在我国是由于经理人的职业生涯关注原因促进了混合所有制股东对企业技术创新的正向效应，抑或是经理人追求安逸生活，降低了混合所有制中引入的民营资本和外资股东对企业技术创新的促进效应。

此外，关于产品市场竞争与企业技术创新的关系，主要有两种作用机制：第一种机制认为，产品市场竞争越激烈，则企业越会降低支付给其经理人的工资，以此降低成本（Schmidt，1997）。这可能会降低民营资本和外资股东对企业技术创新的促进效应。第二种机制认为，产品市场竞争程度越激烈，则企业破产的概率越大，使得经理人偷懒的概率越小，经理人不得不更加努力地工作（Hart，1983），从而会促进企业技术创新。如果经理人不努力工作，则企业将会破产，经理人名声也将受损，同时还失去了目前的工作。这种压力会转变成经理人进行企业技术创新的动力。

3.2 政治观

上一节中我们重点分析了混合所有制对企业技术创新影响的一种理论——经理人观。将经理人观应用于解释混合所有制企业和国有独资企业两者在企业技术创新方面孰优，则该理论认为，因为缺乏对国有企业管理者的有效激励和监督机制，所以国有企业普遍效率较为低下。国有企业的产权虽然从理论上讲属于全体公民共同所有，但由于没有直接的收益和直接的授权，使得普通民众缺乏对国有企业管理者实施监督的意愿和能力。此外，国有企业的委托代理链条过长，导致在其中工作的员工的所有者缺位。也正因为如此，相比于混合所有制企业，国有企业中对管理层的监督和激励机制不够有效，导致其代理成本较高，代理问题也更严重（李寿喜，2007）。因此，相比于混合所有制企业，国有企业中的公司治理结构更难以完善，国有企业经理人的道德风险更高，从而使得国有企业更不愿意开展企业技术创新活动。

在与经理人观的对比中，我们引出政治观。政治观认为，政府干预国有企业的经营活动是使得该企业效率和技术创新能力低下的根本原因。国有企业之所以经营目标扭曲，并且背负较重的政策性任务，是因为政府强行附加在国有企业身上部分社会职能，从而实现政府的政治目标（Lin 等，1998）。在政府的干预下，国有企业倾向于过度投资（程仲鸣等，2008），比如投资于一些收益率低于资本成本的项目。此外，在政府干预下，部分国有企业还容易出现支付过高的工资、雇员冗余等非市场化的行为（陆正飞等，2012；薛云奎和白云霞，2008）。政治观认为，政府会干预国有企业的生产经营决策，从而帮助自身达成既定的政治目标（Shleifer 和 Vishny，1994）。因此，为了完成政府分派下来的政治任务，国有企业可能不得不放弃投资于高风险、高回报的企业技术创新项目，以保证其政治职能的实现。基于国有企业经理人的角度，其做出这样的选择也较容易理解。如果不进行企业技术创新，其职位和晋升都不会受到影响。但是，如果政府下达的政治任务不能完成，其仕途将会受到较大的影响。因此，作为具有一定行政级别的官员，很多国有企业的经理人会选择首先满足实现政府分派给国有企业的政治职能，其次再考虑是否进行企业技术创新。因此，相比于混合所有制企业，国有企业由于受到更多的政府干预，更难开展更多的企业技术创新活动，从而抑制了其价值增值能力的提升。

3.3　其他相关理论

上述经理人观和政治观理论为分析混合所有制企业与国有独资企业哪一种组织形式更能促进企业技术创新提供了理论基础，也可以用于分析混合所有制企业中引入民营资本和外资的比例对企业技术创新的影响。在混合所有制企业与民营企业对技术创新影响差异的理论中，资源基础理论（Resource-based View）为我们提供了一个分析此问题的较好的理论框架。当然，资源基础理论也可以用于分析混合所有制企业与外资企业对技术创新的不同影响。

资源基础理论（以下简称“资源观”）最早由沃纳菲尔特（Wernerfelt）于 1984 年提出，是指企业为了寻求自身的生存和发展，想方设法获得外部最为关键的资源，并寻找可以将这些关键资源牢牢掌控的方法。

资源观提供了理解工业组织及其竞争策略的一种方法。资源观认为，企业是其拥有的资源的一个广义集合体。沃纳菲尔特（1984）将资源定义为不完全永久系于企业的（有形的和无形的）资产。传统的工业组织经济学家通常着重依赖于对竞争环境的分析，而资源观则聚焦于分析企业拥有的资源。由于许多资源是企业特有，并且不易传递，也不易模仿，因此从资源视角来说，企业总是具有异质性。持久的企业资源的异质性成为其独特竞争优势的重要来源，导致其得到超额异常回报。

资源观认为，企业采取混合所有制形式是为了将企业能够获得的资源整合起来，从而实现价值增值。一些企业资源的特征，如不完全流动性、不易模仿性和不可替代性，使得这样的企业具有更强的价值增值能力，混合所有制宜引入这类企业。

传统观点认为，企业应该通过分析其自身的优劣势，结合环境中的机会和威胁，以寻求结合（SWOT）分析法。这种分析强调企业的竞争环境和竞争地位。资源基础理论则更强调充分利用并引进有利于企业长远发展的各项资源优势。例如，企业家精神不易传递，也很难在市场上购买到。如果通过引入民营企业家到国有控股企业，让其拥有一定份额的股份，并使其发挥出其特长，则可以实现企业价值最大化，使国有资本实现增值。因此，在国有控股的混合所有制企业中，通过引入更多的民营资本和外资，可以为该混合所有制企业带来更多的资金、智力、社会关系网络、企业家精神等资源，这些资源会为原有的混合所有制企业带来新的活力。获得这些资源后，原有的混合所有制企业有更多的资本和能力去从事技术创新活动。同时，引入了更多的民营资本和外资后，管理层受到了更强有力的监督，因此更有动力去进行技术创新。

图 3-1 显示了混合所有制企业的资源状况。在混合所有制企业内部，在企业价值最大化共同目标的引导下，优秀的经理人可以整合由国有股权、民营资本股东、外资股东、集体股东和企业员工带来的资源，比如廉价的土地、优惠的信贷政策、与政府部门的良好关系、丰厚的政府补助（国有股权带来的资源）；熟悉国内的风土人情、人际关系网络、对市场精准了解和快速反应、企业家精神（民营资本股东带来的资源）；一流的管理经验和管理团队、先进的技术、充裕的资金（外资股东带来的资源）；员工工作积极性的提高、主人翁意识带来的生产力的提高（员工持股带来的资源）。总体来看，国有企业拥有资本优势，而民营企业对市场的反应更迅速，外资企业拥有先进的技术和国际化的视野。通过对这些资源的整合和优化，混合所有制企业比原来的国有独资企业的实力大大增强，从而有更多的资金和人力用于技术创新，由此大幅提升其技术创新能力。

混合所有制企业通过一系列的契约，将资本、智力和劳动力集合起来，形成了混合所有制企业整体的创新能力。这种整体的创新能力大于各个生产要素的创新能力之和。阿尔钦和登姆塞茨（1972）认为，为了提高生产效率，资源所有者可以通过专业化的协作来实现。因此，社会上需要这种可以促进合作从而提高资源使用效率的组织。混合所有制就是这种组织之一。如果通过混合所有制企业所获得的企业创新能力大于投入的各生产要素的创新能力之和，那么就应使用混合所有制企业这种组织形式。混合所有制整合了多种类型的资源，充分利用了其比较优势，从而促进了企业技术创新能力的提高。

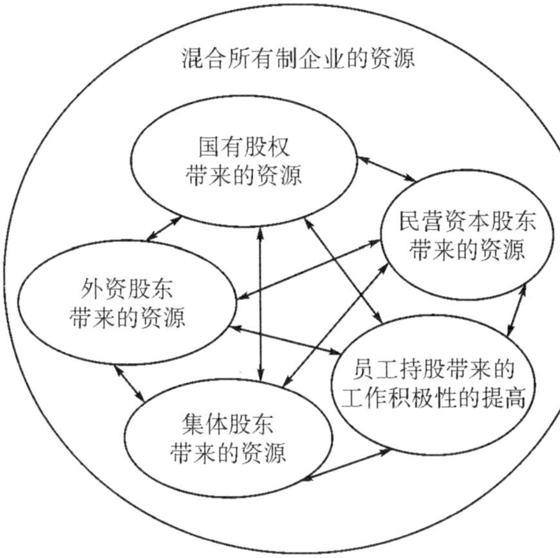

图 3-1 混合所有制企业的资源状况

总结起来，相比于纯民营企业、外资企业、港澳台资企业和集体企业，混合所有制企业由于拥有国有企业的背景，拥有千丝万缕的政治关联，因此混合所有制企业更容易获得更多优惠的银行贷款、更多廉价的土地，在与政府打交道时也获得更多的便利。相比于国有独资企业，混合所有制企业由于引入了民营资本、外资、员工等股东，就等于在企业中引入了民营资本、外资等优秀的企业家精神，从而增强了混合所有制企业的实力，也增强了混合所有制企业的创新能力，最终使得混合所有制企业的技术创新水平得以提升。

此外，在公司治理方面，也有关于混合所有制与企业技术创新之间关系的理论。在现代公司中，股东与管理层的代理问题（第一类代理问题）、大股东与中小股东的代理问题（第二类代理问题）比较常见。如果在国有企业中引入民营资本和外资等混合所有制股东，形成混合所有制企业，混合所有制企业通过加强监督、订立契约等方式，改善了原有国有独资企业的公司治理模式，同时还缓解了企业的融资约束，为企业技术创新提供了较好的氛围和物质基础，从而促进企业技术创新。

3.4 本章小结

本章从理论上探讨了混合所有制对企业技术创新的影响，为后文提供了理论支撑。本章从经理人观、政治观以及其他相关理论（如资源基础理论）等角度，分析了混合所有制对企业技术创新可能的影响。

首先，本章分析了经理人观。本章以信息不对称理论为基础，对经理人的理性行为进行分析，得出混合所有制促进企业技术创新的微观机理。本章从信息不对称理论出发，通过构建经理人的效用函数，分析经理人的决策过程以及采取混合所有制的所有制形式后经理人决策的理性变化。在引入民营资本和外资等混合所有制股东后，新股东通过搜集更多的信息，了解到经理人的真实能力水平，使得真正有能力的经理人在企业技术创新过程中得到更多的支持。在民营资本和外资股东对经理人进行监督后，本章从理论模型分析得出经理人的效用水平提高了的结论。混合所有制中民营资本和外资股东的股权比例越大，他们就越有可能会对经理人进行监督。这种监督增加了经理人自身进行企业技术创新所获得的收益，从而促进了企业技术创新。在经理人观内部，本章进一步提出经理人职业生涯关注理论和经理人追求安逸生活理论。

其次，本章从政治观的角度分析了混合所有制企业和国有企业对技术创新的影响以及混合所有制企业中引入民营资本和外资股东对混合所有制企业可能的促进作用。政治观认为，国有股权比例越高，政府干预企业的程度会越严重，从而阻碍了进行技术创新等企业价值最大化行为的实施。政府干预越严重，企业越有可能会将其宝贵的资源用于实现政府的社会职能和社会目标，从而对企业的技术创新活动形成了阻碍。在混合所有制中引入更多的民营资本和外资等非国有资本，提高混合主体的多样性、深入性和制衡度，可以降低政府干预程度，使企业更多地从事为企业创造价值的技术创新活动。

最后，本章分析了混合所有制影响企业技术创新的其他理论。本章重点分析了资源基础理论。本章通过对资源基础理论的分析，发现与国有独资企业相比，混合所有制企业引入了民营和外资等股东，使企业获得了与民营资本和外资股东相联系的资源，比如民营资本股东的企业家精神、刻苦拼搏的特性、良好的社会关系网络；外资股东带来的先进技术、科学的管理经验、充裕的资金；员工持股带来的员工工作积极性的提高等。相比于民营企业和集体企业，混合所有制企业拥有特殊的国有背景，便于获得更多的政治资源，比如廉价的土地、优惠的贷款、更多的政府补助、良好的政商关系等，并且吸收了其他资本后的混合所有制企业比单纯的民营企业实力明显更强大，因此有更多的资源用于企业技术创新。相比于外资企业，混合所有制企业更熟悉中国的国情，更了解在中国经营企业的方式方法，拥有更多的政治关联，同时也能获得更多的政治资源，因此混合所有制企业具有独特的资源优势。总体来说，整合了各种资源优势后的混合所有制企业的实力更强大，经营运作更便利，可以有更多的资源用于企业技术创新，因此混合所有制企业有助于促进技术创新。

混合所有制影响企业技术创新的理论路径如图 3-2 所示。

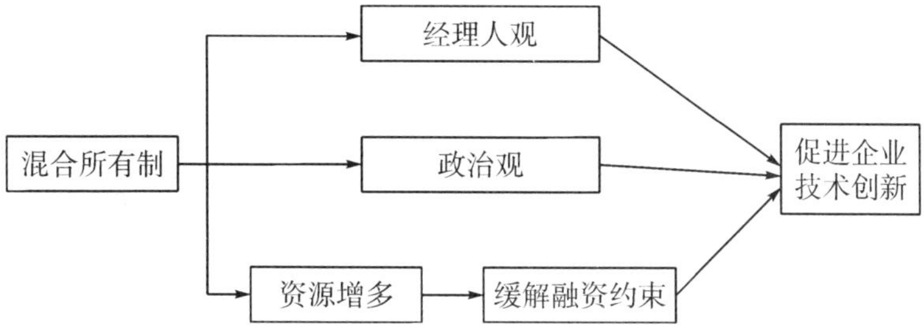

图 3-2 混合所有制影响企业技术创新的理论路径

总之，本章从经理人观、政治观的视角，分析了混合所有制对企业技术创新的影响机理，解释了混合所有制企业为何能够促进技术创新，为后文的实证研究提供了较为清晰的理论框架。至于究竟是经理人观还是政治观在起主导作用，则有待后文的实证检验。

4
企业所有制形式与技术创新

上文从理论上探讨了混合所有制会对企业技术创新产生怎样的影响。为了验证上述理论能否经受住实践的检验，本章对混合所有制与企业技术创新之间的关系进行实证分析。我们分析不同所有制类型的企业与其技术创新之间的关系，对比混合所有制与国有独资企业、民营企业、外资企业、集体企业、港澳台资企业中哪一种所有制形式更能促进技术创新。

为了研究混合所有制对企业技术创新的影响，我们选择其他性质的企业作为比较的基准，如只具有单一所有权性质的国有独资企业、民营企业和外资企业等。中国工业企业数据库将企业所有制形式区分为混合所有制企业、国有企业、民营企业、集体企业以及外资企业等几种类型，并且包含这些企业的研发投入和新产品产值，这为我们研究混合所有制对企业技术创新的影响提供了较好的数据来源，也为分析企业所有制形式与技术创新提供了自然实验样本，使我们能较科学地对比企业所有制形式与技术创新之间的关系。

本章用企业技术创新投入、技术创新产出和技术创新效率来衡量技术创新。本章将混合所有制企业的技术创新水平分别与国有独资企业、民营企业、外资企业、集体企业以及港澳台资企业的技术创新水平进行比较。为了使比较结果更为科学，本章控制了文献中出现的会影响企业技术创新的变量，如企业规模、盈利能力、固定资产投资、资产负债率、市场势力、行业竞争程度、行业竞争程度的平方、地理位置、公司年龄、现金流量、行业、年度。表 4-1 列示了企业所有制形式与技术创新相关变量定义。

表 4-1　企业所有制形式与技术创新相关变量定义

变量	变量描述	符号
技术创新投入	研发投入/销售额	INNOVINPUT
技术创新产出	新产品产值/总资产	INNOVOUTPUT
	新产品产值/销售额	INNOVOUTPUT2
技术创新效率	新产品产值/研发投入	INNOratio
混合所有制企业虚拟变量 1	若为含有国有成分的混合所有制企业，则取值为 1；若为国有独资企业，则取值为 0	Statemix
混合所有制企业虚拟变量 2	若为含有国有成分的混合所有制企业，则取值为 1；若为民营企业，则取值为 0	Statemixmy

表4-1(续)

变量	变量描述	符号
混合所有制企业虚拟变量 3	若为含有国有成分的混合所有制企业，则取值为 1；若为外资企业，则取值为 0	Statemixwz
混合主体多样性 1	股东中包含如下股东种类的数目：国有、民营、外资、法人、集体、港澳台。取值为 1~6	Diversity
企业规模	ln（总资产）	LnTA
盈利能力	净利润/总资产	ROA
固定资产投资	固定资产净值/总资产	PPETA
资产负债率	总负债/总资产	Lev
市场势力	广告支出/销售额	MPOW
行业竞争程度	基于年销售收入计算的赫芬达尔-赫希曼指数	HHI
行业竞争程度的平方	基于年销售收入计算的赫芬达尔-赫希曼指数的平方	HHIsquare
地理位置	东部、中部、西部和东北	Location
公司年龄	ln（1+公司年龄）	Lnage
现金流量	经营活动产生的现金流量净额/总资产	Cashr
行业	行业虚拟变量，取企业前二位行业代码分类	Ind
年度	年度虚拟变量	Year

4.1 混合所有制企业和国有企业的技术创新水平比较分析

4.1.1 问题的提出

现阶段，我国经济迈向高质量发展阶段。市场结构、资本、制度以及环境等瓶颈制约着我国经济的增长，使得我国经济面临较大的下行压力。在这种情况下，进行技术创新成为经济增长的重要源泉。在国家大力倡导“大众创业，万众创新”的今天，什么企业所有制形式更能促进企业技术创新？是国有独资企业还是混合所有制企业？如果混合所有制企业更能促进技术创新，则我国在国有企业改革的过程中，可以更多地引入混合所有制的形式，通过渐进的所有权改革提高国有企业的活力和创新能力，从而更好地促进我国经济的发展。从历史数据中分析混合所有制企业和国有企业对企业技术创新的影响，能得出较客观的结论，从而更好地指导国有企业改革和培育企业技术创新能力。据此，本节通过实证研究的方式重点考察混合所有制企业和国有企业的技术创新水平，并进行比较分析。

4.1.2 理论分析与研究假说的提出

混合所有制企业更能促进技术创新还是国有企业更能促进技术创新？企业技术创新绩效和企业技术创新行为都是由“人”决定的，而企业的产权性质又在很大程度上影响了相关方的行为，因此企业的创新绩效和创新行为在很大程度上取决于企业的产权性质。国有企业的所有权属于全体国民。政府代表全体国民行使对国有企业的控制权。通过国资委等组织，政府再将手中的控制权委托代为行使。国资委通过企业集团对为数众多的国有企业实行控制。如此长的控制链条，再加上所有者的缺位，导致国有企业缺乏明确承担责任的企业监管人。在私营企业中，承担责任的企业监管人通常是非常明确的。在缺乏有效监督和激励的双重影响下，国有企业的经营者（他们通常是具有一定行政级别的官员）理性的决策是将任期内自身利益最大化作为目标来追求。他们追求的并不是企业价值最大化。因此，作为理性的经济人与政治人，国有企业经营者们通常都不会选择在其任职期间无法获得回报的、投资回收期较长的企业技术创新项目，而是会选择能够突出其政绩的、短期内能带来显著收益的生产性项目（Fan J P H，Wong T J 和 Zhang T，2014）。由于技术创新具有较大的风险性，同时还伴随着巨大的不确定性，如果国有企业的经营者选择较多地从事企业技术创新活动，则一旦创新失败，他们将面临较高的成本，因此他们通常不愿意积极进行创新。总体说来，国有企业自身的产权性质导致其经营者的行为趋向于短期化。国有企业的经营者们很少有激励致力于企业技术创新，从而不利于企业的长远发展。总体说来，在企业技术创新方面，国有企业没有较大的竞争优势。

由原来的集体企业和国有企业改制而成的混合所有制企业，虽说其具有较为复杂的所有权成分，但总体说来，由于混合所有制企业产权归属清晰，并且其中有许多的私有股份，因此混合所有制企业类似私营企业，具有较强的进行企业技术创新的动力。更为微妙的是，由原来的集体企业或国有企业改制而成的混合所有制企业，与其原有母体及其社会网络具有千丝万缕的联系，延续了其原有体制下的部分资金优势和资源优势。在中国这样一个“关系型”社会，这些无形的关系资源可以为混合所有制企业带来更多的物质资源和价值。混合所有制企业既继承了原有集体企业或国有企业的优点，又摈弃了母体的一些缺点，使得其在企业技术创新上具有较强的竞争优势。

基于上述分析，我们提出如下假说：

假说 H_{4-1}：在其他条件相同的情况下，混合所有制企业比国有独资企业更能促进技术创新。

4.1.3 研究设计

混合所有制企业与国有独资企业哪一种企业所有制形式更能促进企业技术创新？本节选用了两种检验方法：一种是 Tobit 回归分析法，另一种是倾向得分匹配后的双重差分回归分析（PSM+DID）方法。

4.1.3.1 Tobit 回归分析法

为了较科学地比较混合所有制企业和国有独资企业中哪种企业所有制形式更能促进企业技术创新，我们选取了规模以上的混合所有制企业和规模以上的国有独资企业作为回归的样本，构建如下 Tobit 回归模型进行实证分析：

$$\begin{aligned}\text{Innovation}_{it} = {} & \beta_0 + \beta_1 \times \text{Statemix}_{it} + \beta_2 \times \text{lnTA}_{it} + \beta_3 \times \text{ROA}_{it} \times T + \\ & \beta_4 \times \text{PPETA}_{it} + \beta_5 \times \text{Lev}_{it} + \beta_6 \times \text{MPOW}_{it} + \beta_7 \times \text{HHI}_{it} + \\ & \beta_8 \times \text{HHI}_{it}^{\ 2} + \beta_9 \times \text{Location}_{it} + \beta_{10} \times \text{Lnage}_{it} + \beta_{11} \times \text{Cashr}_{it} + \\ & \beta_{12} \times \sum \text{Ind} + \beta_{13} \times \sum \text{Year} + \varepsilon_{it} \end{aligned} \tag{4.1}$$

在式（4.1）中，公式左边的企业技术创新 Innovation 用企业技术创新投入、企业技术创新产出和企业技术创新效率进行度量。公式右边的变量 Statemix 为混合所有制企业的虚拟变量，若该企业为混合所有制企业，则 Statemix 取值为 1；若该企业为国有独资企业，则取值为 0。如果回归结果中混合所有制企业的虚拟变量 Statemix 前的系数 β_1 显著为正，则表明相比国有独资企业，混合所有制企业的创新水平更高。其余变量为控制变量，包括企业规模、盈利能力、固定资产投资、资产负债率、市场势力、行业竞争程度、行业竞争程度的平方、地理位置、公司年龄、现金流量、行业、年度（见表 4-1）。

本节的研究目的是试图找出什么样的国有企业形式比较好，是国有独资企业形式好，还是包含有国有成分的混合所有制企业形式好。因此，本节选取的混合所有制企业全是包含国有股份的混合所有制企业，不包括与国有股权无关的混合所有制企业。本节所指的混合所有制企业都是指含有国有股份的混合所有制企业。

4.1.3.2 倾向得分匹配后的双重差分回归分析（PSM+DID）方法

在评估某项政策的实施效果时，目前较前沿的方法为倾向得分匹配后的双重差分回归分析（PSM+DID）方法。为了更为客观可靠地评估实施混合所有制对企业技术创新的影响，本书也采用了倾向得分匹配后的双重差分回归分析（PSM+DID）的方法。

在进行倾向得分匹配后的双重差分回归分析（PSM+DID）时，我们首先需要选择实验组和对照组。在本节，我们将在样本期间从国有独资企业转变为混合所有制企业的这些样本设定为实验组（令其组别变量 $G=1$），而将其余在样本期间一直未转变为混合所有制企业的国有独资企业设定为对照组（令其组别变量 $G=0$）。对在样本期间从国有独资企业转变为混合所有制企业的实验组，我们令其转变为混合所有制企业前的时间维度变量 $T=0$，改制为混合所有制企业后，则令其时间维度变量 $T=1$。

划分好组别（G）和时间维度（T）之后，本节选用企业规模、总资产收益率、资本支出和资产负债率四个维度作为倾向得分匹配的依据。倾向得分匹配完成后，我们再进行如下回归，以区分出实施混合所有制对企业技术创新的较为准确的影响。

$$\begin{aligned}\text{Innovation}_{it} = {} & \beta_0 + \beta_1 \times G + \beta_2 \times T + \beta_3 \times G \times T + \beta_4 \times \text{MPOW}_{it} + \\ & \beta_5 \times \text{HHI}_{it} + \beta_6 \times \text{HHI}_{it}{}^2 + \beta_7 \times \text{Location}_{it} + \beta_8 \times \\ & \text{Lnage}_{it} + \beta_9 \times \text{Cashr}_{it} + \varepsilon_{it} \qquad (4.2)\end{aligned}$$

在式（4.2）中，被解释变量 Innovation 是指用企业技术创新投入、技术创新产出和技术创新效率进行度量的企业技术创新。公式右边的变量 G 为是否实施混合所有制改革的组别虚拟变量，如果该公司从国有独资企业转变为混合所有制企业，则令其取值为 1；如果该公司一直为国有独资企业，则令其为 0。时间虚拟变量 T 表示实施混合所有制改革前后的虚拟变量，在实施混合所有制改革前，令其为 0；转变成混合所有制企业后，令其为 1。组别虚拟变量 G 与时间虚拟变量 T 的交乘项 $G\times T$ 前的系数 β_3，即国有企业转变为混合所有制企业后，混合所有制这种所有制形式对企业技术创新的影响。该影响是在总影响中扣除了时间趋势造成的影响 β_2 和组间差异造成的影响 β_1 后的净效应，因此是实施混合所有制对企业技术创新影响的较准确的制度效应度量。

在进行配对样本的双重差分回归后，如果回归结果中组别虚拟变量 G 与时间虚拟变量 T 的交乘项 $G\times T$ 前的系数 β_3 显著为正，则表明相比国有独资企业，进行混合所有制改革后，企业技术创新显著提高了，则验证了假说 H_{4-1}：在其他条件相同的情况下，混合所有制企业比国有独资企业更能促进企业技术创新。其余变量为控制变量，由于已在倾向得分匹配（PSM）过程中使用了企业规模、盈利能力、固定资产投资和资产负债率这四个变量，因此此处的控制变量仅包括市场势力、行业竞争程度、行业竞争程度的平方、地理位置、公司年龄、现金流量。

4.1.4 实证结果与解释

本节选取工业企业数据库中的国有独资企业与含有国有成分的混合所有制企业进行技术创新方面的比较。为了消除极端值对结果导致的不利影响，本节对所有变量进行了 1%（99%）水平上的 winsorize 处理。

4.1.4.1 混合所有制企业与国有独资企业的技术创新差异 t 检验

混合所有制企业和国有独资企业在创新水平上存在显著差异吗？我们首先对混合所有制企业和国有独特企业的企业技术创新进行均值差异的 t 检验，以直观地显示结果。表 4-2 列示了混合所有制企业和国有企业技术创新均值差异 t 检验的结果。

表 4-2 混合所有制企业和国有独资企业的技术创新均值差异 t 检验

变量	样本数	国有企业	混合所有制企业	均值差异（后-前）	差异 t 检验
技术创新投入	55 827	0.001 544 1	0.003 340 8	0.001 796 7	25.080 7
技术创新产出	56 847	0.023 372	0.067 651 4	0.044 279 4	30.626 8
技术创新效率	9 904	66.030 44	91.574 27	25.543 84	4.476 3

数据来源：通过对中国工业企业数据库的数据人工整理所得。

如表 4-2 所示，国有独资企业的技术创新投入均值为 0.001 544 1，而混合所有制企业的技术创新投入为 0.003 340 8，即混合所有制企业的技术创新投入比国有独资企业的技术创新投入高出 0.001 796 7，两者均值差异 t 检验的值为 25.080 7。由此我们可以看出，混合所有制企业的技术创新投入显著大于国有独资企业。

我们再从企业技术创新产出的角度来分析国有独资企业和混合所有制企业的差异。从表 4-2 可以看出，国有独资企业的技术创新产出为 0.023 372，而混合所有制企业的技术创新产出为 0.067 651 4，混合所有制企业的技术创新产出比国有独资企业高出 0.044 279 4，其均值差异的 t 检验值为 30.626 8。这表明，混合所有制企业的技术创新产出也显著大于国有独资企业。

从企业技术创新效率方面来看，国有独资企业和混合所有制企业孰优呢？为此，我们构建了企业技术创新效率指标，用新产品产值除以研发投入来进行度量。表 4-2 同样也列示了混合所有制企业和国有独资企业技术创新效率的 t 检验对比。

表 4-2 显示，国有独资企业的创新效率为 66.030 44，而混合所有制企业的创新效率为 91.574 27，两者相差 25.543 84，其均值差异的 t 检验值为 4.476 3。这表明，混合所有制企业的技术创新效率略高于国有独资企业的技术创新效率，但是差异并不如技术创新投入和技术创新产出显著。由此我们也可以看出，相对于国有独资企业，混合所有制企业在研发方面投入更多，研发效率更高，因此使得其技术创新产出显著高于国有独资企业。

据此，从上述数据分析我们可以初步得出结论：相比国有独资企业，混合所有制企业更愿意投入更多的资源用于技术创新，其技术创新效率也优于国有独资企业，从而使得混合所有制企业的整体技术创新水平更高。

4.1.4.2 描述性统计

表 4-3 列示了混合所有制企业与国有独资企业相关变量的描述性统计。

表 4-3 混合所有制企业与国有独资企业相关变量的描述性统计

变量	N	平均值	中位数	标准差	最小值	最大值
INNOVINPUT	55 818	0.002 2	0	0.008 1	0	0.051 3
INNOVOUTPUT	55 818	0.039 1	0	0.166 1	0	1.643 4
INNOratio	9 891	79.324 3	0	284.242 9	0	2 000
Statemix	55 818	0.345 6	0	0.475 6	0	1
LnTA	55 818	10.716 5	10.687 3	1.759 2	7.030 9	14.043 3
ROA	55 818	0.023 5	0.005 8	0.112 1	−0.222 9	0.996 8
PPETA	55 818	0.402	0.372 5	0.246 2	0.007 6	0.907 5
Lev	55 818	0.619 1	0.622 2	0.297 7	0.007 9	1.351 4
MPOW	55 818	0.000 7	0	0.002 8	0	0.020 7
HHI	55 818	0.020 9	0.009 7	0.024 9	0.001	0.135 4
HHIsquare	55 818	0.001 1	0.000 1	0.002 7	0	0.018 3
Location	55 818	2.052 5	2	1.039 1	1	4
Lnage	55 818	3.270 5	3.218 9	0.569 7	2.079 4	5.010 6
Cashr	55 818	0.040 8	0.004	0.143 9	−0.436 2	1.132

从表 4-3 可以看出，我国的混合所有制企业和国有独资企业整体的技术创新投入水平都比较低，均值仅为 0.002 2，还有很大的提升空间。

我们接着进行主要变量的相关系数分析（见表 4-4）。

表 4-4 混合所有制企业与国有独资企业相关变量的 spearman pairwise 相关系数

Panel A	INNOVINPUT	INNOVOUTPUT	INNOratio	Statemix	LnTA
INNOVINPUT	1				
INNOVOUTPUT	0.259***	1			
INNOratio	−0.184***	0.315***	1		
Statemix	0.106***	0.126***	0.045***	1	
LnTA	0.161***	0.121***	0.119***	0.182***	1
ROA	0.054***	0.075***	−0.016	0.133***	0.076***
PPETA	−0.156***	−0.145***	−0.046***	−0.186***	0.017***
Lev	−0.045***	−0.019***	0.041***	−0.089***	0.009**
MPOW	0.168***	0.084***	−0.026**	0.122***	0.102***
HHI	0.086***	0.058***	0.015	−0.027***	0.076***
HHI^2	0.061***	0.041***	0.01	−0.013***	0.027***
Location	−0.062***	−0.063***	0.016	−0.081***	−0.028***
Lnage	−0.025***	−0.057***	0.031***	−0.301***	0.024***
Cashr	0.004	0.015***	0.011	0.034***	0.047***
Panel B	ROA	PPETA	Lev	MPOW	HHI
ROA	1				
PPETA	−0.122***	1			
Lev	−0.271***	−0.079***	1		
MPOW	0.025***	−0.079***	−0.039***	1	
HHI	0.055***	−0.035***	−0.018***	0.072***	1
HHI^2	0.052***	−0.059***	−0.015***	0.060***	0.922***
Location	−0.053***	0.112***	0.040***	−0.031***	0.001
Lnage	−0.129***	0.079***	0.103***	−0.032***	0.002
Cashr	0.217***	0.007	−0.073***	0.010**	0.025***
Panel C	HHI^2	Location	Lnage	Cashr	
HHI^2	1				
Location	−0.004	1			
Lnage	−0.008*	0.011**	1		
Cashr	0.019***	−0.008*	−0.025***	1	

注：*、**、*** 分别表示在 10%、5%和 1%的水平上显著。

表 4-4 列示了混合所有制企业与国有独资企业相关变量的 spearman pairwise 相关系数。从表 4-4 可以看出，所有变量之间的相关系数均不超过 0.4，说明回归变量之间不存在严重的多重共线性。此外，混合所有制企业的虚拟变量 Statemix 与技术创新投入（INNOVINPUT）、技术创新产出（INNO-VOUTPUT）、技术创新效率（INNOratio）的相关系数均在 1%的显著性水平上显著为正，直观上说明相比国有独资企业，混合所有制企业的确能显著促进企业的技术创新投入、创新效率和创新产出，初步验证了混合所有制对企业技术创新的促进作用。

4.4.4.3 回归分析

为了更准确地分析混合所有制企业和国有独资企业之间在技术创新水平上的差异，我们进行了 Tobit 回归分析。从表 4-5 可以看出，相比国有独资企业，混合所有制企业会投入更多的资源用于技术创新，且其技术创新效率也更高，由此使得其技术创新产出更高。因此，相比国有独资企业，混合所有制企业的技术创新水平更高。在控制了行业和年度的影响后，该结论依然成立。由此验证了假说 H_{4-1}。

表 4-5 混合所有制企业与国有独资企业的技术创新比较分析结果（Tobit 回归）

变量	m1	m2	m3	m4	m5	m6
	INNOVINPUT		INNOVOUTPUT		INNOratio	
Statemix	0.005*** [13.651]	0.001** [2.383]	0.169*** [17.710]	0.072*** [7.631]	96.126*** [7.869]	57.504*** [4.607]
LnTA	0.006*** [59.305]	0.006*** [60.337]	0.125*** [42.829]	0.129*** [43.274]	75.105*** [18.479]	86.358*** [20.014]
ROA	0.003* [1.674]	0.006*** [3.818]	0.043 [0.970]	0.259*** [5.928]	-378.158*** [-5.384]	-181.619** [-2.488]
PPETA	-0.031*** [-40.897]	-0.008*** [-10.636]	-0.813*** [-36.902]	-0.264*** [-11.452]	-546.534*** [-16.412]	-222.488*** [-5.989]
Lev	-0.006*** [-9.221]	-0.007*** [-12.342]	0.013 [0.794]	-0.033* [-1.953]	50.815** [1.976]	28.014 [1.073]
MPOW	1.286*** [30.539]	1.009*** [23.662]	16.765*** [13.477]	12.355*** [9.485]	-601.486 [-0.475]	-815.144 [-0.565]
HHI	0.246*** [15.393]	0.138*** [7.901]	4.882*** [10.747]	3.186*** [6.220]	1 884.312*** [3.118]	1 770.494*** [2.638]
HHI^2	-1.512*** [-10.713]	-1.101*** [-7.501]	-31.146*** [-7.700]	-26.968*** [-6.214]	-13 117.45** [-2.545]	-13 438.85** [-2.444]

表4-5(续)

变量	m1	m2	m3	m4	m5	m6
	INNOVINPUT		INNOVOUTPUT		INNOratio	
Location	-0.001*** [-8.984]	-0.001*** [-7.148]	-0.029*** [-6.744]	-0.018*** [-4.242]	11.351** [2.007]	8.463 [1.486]
Lnage	0.001*** [2.939]	0.000* [1.896]	0.020** [2.520]	-0.002 [-0.313]	42.199*** [4.263]	33.470*** [3.318]
Cashr	-0.001 [-0.975]	0.001 [1.220]	-0.051 [-1.597]	0.026 [0.855]	31.391 [0.690]	70.197 [1.540]
Ind	NO	YES	NO	YES	NO	YES
Year	NO	YES	NO	YES	NO	YES
Constant	-0.086*** [-54.329]	-0.099*** [-53.762]	-1.983*** [-44.604]	-2.588*** [-42.858]	-1 198.182*** [-21.101]	-1 905.10*** [-22.596]
N	55 818	55 818	55 818	55 818	9 891	9 891
R^2	0.181	0.146	0.147	0.233	0.113	0.226

注：*、**、*** 分别代表在10%、5%、1%的水平下显著。回归方法为Tobit。被解释变量为以企业技术创新投入、企业技术创新产出和企业技术创新效率三个方面进行衡量的企业技术创新。括号内为其t值。

此外，使用倾向得分匹配方法（PSM）可以提高混合所有制企业和国有独资企业的可比性，部分解决实施混合所有制改革企业的自选择和内生性问题。因此，本章在上述样本中进一步选取了国有独资企业转变为混合所有制企业的样本公司作为混合所有制改革的实验组，同时选取一直保持国有独资这种所有制形式的企业作为对照组，使用倾向得分匹配后的双重差分回归分析（PSM+DID）方法分析混合所有制对企业技术创新的影响。从表4-6可以看出，无论是以企业技术创新投入、技术创新产出还是技术创新效率度量企业技术创新，混合所有制改革组别虚拟变量 G 与时间虚拟变量 T 的交乘项 $G\times T$ 的回归系数 β_3 均显著为正，表明实施混合所有制改革的确促进了企业技术创新。再次验证了假说 H_{4-1}：在其他条件相同的情况下，混合所有制企业比国有独资企业更能促进技术创新。

表 4-6　混合所有制企业与国有独资企业在技术创新水平上的配对样本双重差分回归结果

变量	(1)	(2)	(3)
	INNOVINPUT	INNOVOUTPUT	INNOratio
T	0. 001 [1. 595]	-0. 001 [-0. 278]	4. 624 [0. 360]
G	0. 001*** [2. 935]	0. 018*** [7. 211]	14. 838*** [3. 101]
$G \times T$	0. 001** [2. 368]	0. 002*** [3. 615]	11. 516*** [3. 632]
MPOW	0. 402*** [20. 972]	1. 390*** [3. 564]	-1 482. 468 [-1. 105]
HHI	0. 049*** [10. 687]	0. 103 [1. 096]	316. 238 [0. 667]
HHIsquare	-0. 334*** [-7. 879]	1. 105 [1. 279]	1 273. 565 [0. 308]
Location	-0. 000*** [-7. 079]	-0. 012*** [-12. 897]	0. 716 [0. 158]
Lnage	0. 001 [0. 794]	-0. 007*** [-4. 048]	-1. 584 [-0. 207]
Cashr	0. 001 [-0. 382]	0. 042*** [6. 054]	-6. 897 [-0. 182]
Constant	0. 001*** [3. 717]	0. 068*** [10. 639]	62. 299** [2. 025]
N	29 554	29 554	3 716
Adj. R^2	0. 024	0. 013	0. 004

注：*、**、*** 分别代表在 10%、5%、1%的水平下显著。分析方法为进行倾向得分匹配后的双重差分回归（PSM+DID）。倾向得分匹配的匹配标准为资产规模（LnTA）、总资产收益率（ROA）、资本支出（PPETA）和资产负债率（Lev）。被解释变量为以企业技术创新投入、企业技术创新产出和企业技术创新效率三个方面进行衡量的企业技术创新。括号内为其 t 值。

总体来看，本节的实证分析验证了混合所有制企业在促进企业技术创新上优于国有独资企业。相比国有独资企业，混合所有制企业会投入更多的资源用于技术创新，并且其企业技术创新效率也更高，由此使得其技术创新产出更高。因此，混合所有制企业比国有独资企业更能促进技术创新。

4.2 混合所有制企业和民营企业的技术创新水平比较分析

伴随着我国改革开放的进程，民营企业迅速发展壮大，与混合所有制企业形成了并存的局面。那么，在提升企业技术创新方面，民营企业和混合所有制企业孰优呢？如果民营企业比混合所有制企业更能促进技术创新，那么我国可以大力鼓励发展民营企业以促进技术创新；如果混合所有制企业比民营企业更能促进技术创新，那么在具体的改革实践中，我国就可以将国有资本参股民营企业，或者是让民营资本参股国有企业，形成混合所有制企业的形式，以促进企业技术创新，从而推动我国创新型国家的建设。

4.2.1 理论分析与研究假说的提出

当前，我国金融市场和生产要素市场还不够完善，仍需不断深化其市场化改革。在这种市场环境下，民营企业由于实力较弱、规模也较小，其面临更严峻的融资难、生产要素供给紧张等问题，制约着其生存和健康发展，也限制了民营企业进行企业技术创新的投入。再者，民营企业由于实力较弱、规模也较小，其更容易在劳动密集型行业中聚集。而劳动密集型行业不需要大规模的新产品研发。再加上民营企业的营销能力和开拓新产品市场的能力较弱，导致其对新产品的需求较低，因此新产品产值在民营企业中占比较低。

相比普通的民营企业，混合所有制企业由原有的集体企业或国有企业改制而来，与其原有母体及其社会网络具有千丝万缕的联系，延续了其原有体制下的部分资金优势和资源优势。在一个“关系型”社会，这些无形的关系资源可以为混合所有制企业带来更多的物质资源和价值。因此，与普通的民营企业相比，混合所有制企业通常治理结构更完善、规模更大、融资渠道更广，为其企业技术创新提供了良好的物质和制度基础，使得其创新能力更强、创新效率更高。正因为如此，相比民营企业，混合所有制企业具有更强的企业技术创新水平。

基于上述分析，我们提出如下假说：

假说 H_{4-2}：在其他条件相同的情况下，混合所有制企业比民营企业更能促进企业技术创新。

4.2.2 研究设计

为了较科学地比较混合所有制企业和国有独资企业中哪种企业组织形式更能促进企业技术创新，我们选取了规模以上的混合所有制企业和规模以上的民营企业作为回归的样本，构建如下 Tobit 回归模型进行实证分析：

$$\begin{aligned}\text{Innovation}_{it} = {} & \beta_0 + \beta_1 \times \text{Statemixmy}_{it} + \beta_2 \times \text{lnTA}_{it} + \beta_3 \times \text{ROA}_{it} + \\ & \beta_4 \times \text{PPETA}_{it} + \beta_5 \times \text{Lev}_{it} + \beta_6 \times \text{MPOW}_{it} + \beta_7 \times \text{HHI}_{it} + \\ & \beta_8 \times \text{HHI}_{it}^{\ 2} + \beta_9 \times \text{Location}_{it} + \beta_{10} \times \text{Lnage}_{it} + \beta_{11} \times \text{Cashr}_{it} + \\ & \beta_{12} \times \sum \text{Ind} + \beta_{13} \times \sum \text{Year} + \varepsilon_{it} \end{aligned} \tag{4.3}$$

在式（4.3）中，公式左边的企业技术创新 Innovation 用企业技术创新投入、技术创新产出和技术创新效率进行度量。公式右边的变量 Statemixmy 为混合所有制企业的虚拟变量，若该企业为混合所有制企业，则 Statemixmy 取值为 1；若该企业为民营企业，则取值为 0。如果回归结果中混合所有制企业的虚拟变量 Statemixmy 前的系数 β_1 显著为正，则表明相比民营企业，混合所有制企业的技术创新水平更高。其余变量为控制变量，包括企业规模、盈利能力、固定资产投资、资产负债率、市场势力、行业竞争程度、行业竞争程度的平方、地理位置、公司年龄、现金流量、行业、年度（见表 4-1）。

4.2.3 实证结果与解释

4.2.3.1 混合所有制企业与民营企业技术创新能力均值差异t检验

均值差异的t检验便于我们直观地看到混合所有制企业和民营企业技术创新水平的差异，因此本节先对混合所有制企业和民营企业的技术创新水平进行均值差异t检验（见表4-7）。

表4-7 混合所有制企业和民营企业的技术创新水平均值差异t检验

变量	样本数	民营企业	混合所有制企业	均值差异（后-前）	差异显著性t检验
技术创新投入	418 442	0.000 967 7	0.003 340 8	0.002 373 1	56.054 7
技术创新产出	418 967	0.047 852 3	0.067 651 4	0.197 991	12.369 1
技术创新效率	37 222	53.909 66	91.574 27	37.664 61	10.629 4

数据来源：通过对中国工业企业数据库的数据人工整理所得。

我们首先分析混合所有制企业和民营企业在创新投入方面的差异。表4-7的第二行列示了混合所有制企业和民营企业在技术创新投入方面t检验的结果。从该列可以看出，混合所有制企业的技术创新投入平均为0.003 340 8，而民营企业技术创新投入平均只有0.000 967 7，可见混合所有制企业的技术创新投入显著高于民营企业技术创新投入，两者均值差异检验的t值为56.054 7。

我们再从企业技术创新产出方面来分析。表4-7的第三行列示了混合所有制企业和民营企业在以新产品产值来衡量企业技术创新产出方面的均值差异t检验。结果显示，民营企业平均的技术创新产出为0.047 852 3，而混合所有制企业平均技术创新产出为0.067 651 4，两者均值差异t检验的t值为12.369 1。这说明，混合所有制企业在技术创新产出方面显著高于民营企业。

在企业技术创新效率方面，我们也对比了混合所有制企业和民营企业的差异。表4-7的第四行列示了混合所有制企业和民营企业技术创新效率的差异。企业技术创新效率用新产品产值除以研发投入来进行衡量。结果显示，民营企业的技术创新效率均值为53.909 66，而混合所有制企业的技术创新效率均值为91.574 27，两者均值检验的t值为10.629 4。这说明，混合所有制企业的技术创新效率显著高于民营企业。

综合上述分析我们发现，相比民营企业，混合所有制企业投入了更多的资源进行企业技术创新，其企业技术创新效率也更高，因此使得其企业技术创新产出更高。融合了更多资源的混合所有制企业，在企业技术创新方面优于民营企业。

4.2.3.2 回归分析

为了更准确地分析混合所有制对企业技术创新的影响，本节选取了民营企业作为参照组，通过构建混合所有制企业的虚拟变量（Statemixmy：若该企业为混合所有制企业，则取值为1；若该企业为民营企业，则取值为0），进行 Tobit 回归分析。从表4-8可以看出，混合所有制企业的企业技术创新投入显著高于民营企业；混合所有制企业的企业技术创新效率略高于民营企业，但是差异不是特别显著；混合所有制企业的企业技术创新产出显著高于民营企业。由此我们可以看出，与民营企业相比，混合所有制企业投入了更多的资源用于企业技术创新，从而导致其企业技术创新产出更高。由此验证了假说 H_{4-2}：在其他条件相同的情况下，混合所有制企业比民营企业更能促进技术创新。

表4-8 混合所有制企业和民营企业的技术创新水平比较分析

变量	m1	m2	m3	m4	m5	m6
	INNOVINPUT		INNOVOUTPUT		INNOratio	
Statemixmy	0.004*** [13.824]	0.004*** [15.209]	0.077*** [5.600]	0.106*** [7.624]	5.218 [0.563]	17.983* [1.919]
LnTA	0.006*** [97.466]	0.006*** [97.552]	0.165*** [60.987]	0.178*** [63.929]	63.438*** [27.650]	66.107*** [28.104]
ROA	0.001 [1.278]	0.003*** [5.552]	0.434*** [24.210]	0.527*** [29.172]	-91.807*** [-3.739]	-57.386** [-2.318]
PPETA	-0.017*** [-44.270]	-0.009*** [-24.651]	-0.458*** [-28.765]	-0.237*** [-14.536]	-177.061*** [-10.636]	-109.835*** [-6.288]
Lev	-0.008*** [-26.585]	-0.007*** [-21.841]	-0.171*** [-13.299]	-0.139*** [-10.738]	-61.351*** [-4.518]	-55.022*** [-4.004]
MPOW	2.066*** [93.539]	1.803*** [84.306]	40.265*** [37.532]	32.339*** [29.712]	-2 322.67*** [-3.578]	-2 006.6*** [-2.958]

表4-8(续)

变量	m1	m2	m3	m4	m5	m6
	INNOVINPUT		INNOVOUTPUT		INNOratio	
HHI	0. 304*** [34. 106]	0. 121*** [12. 838]	6. 818*** [17. 630]	3. 217*** [7. 579]	1 849. 014*** [5. 432]	915. 297** [2. 432]
HHIsquare	-1. 975*** [-22. 763]	-0. 812*** [-9. 311]	-43. 804*** [-11. 530]	-22. 060*** [-5. 565]	-13 090. 6*** [-4. 166]	-7 147. 41** [-2. 157]
Location	-0. 001*** [-16. 235]	-0. 001*** [-8. 161]	0. 012*** [3. 537]	0. 051*** [14. 213]	-10. 169*** [-2. 975]	-4. 294 [-1. 227]
Lnage	0. 004*** [20. 520]	0. 003*** [16. 687]	0. 135*** [15. 799]	0. 094*** [10. 825]	58. 780*** [8. 198]	59. 299*** [8. 108]
Cashr	0. 007*** [16. 597]	0. 007*** [18. 430]	0. 182*** [10. 641]	0. 213*** [12. 498]	12. 963 [0. 739]	22. 702 [1. 286]
Ind	NO	YES	NO	YES	NO	YES
Year	NO	YES	NO	YES	NO	YES
Constant	-0. 103*** [-115. 676]	-0. 120*** [-93. 458]	-3. 461*** [-93. 927]	-4. 230*** [-84. 154]	-1 012. 58*** [-34. 060]	-1 589. 3*** [-23. 008]
N	418 375	418 375	418 375	418 375	37 216	37 216
R^2	0. 151	0. 198	0. 182	0. 196	0. 081	0. 106

注：*、**、*** 分别代表在10%、5%、1%的水平下显著。回归方法为Tobit。被解释变量为以企业技术创新投入、企业技术创新产出和企业技术创新效率三个方面进行衡量的企业技术创新。括号内为其t值。

综上所述，与民营企业相比，混合所有制企业投入了更多的资源用于企业技术创新，从而导致其技术创新产出更高。这说明，混合所有制企业比民营企业更能促进技术创新。

4.3 混合所有制企业和外资企业的技术创新水平比较分析

在大力鼓励引进外资的今天，是外资企业更有利于促进技术创新，还是混合所有制企业更有利于促进技术创新？如果外资企业更有利于促进企业技术创新，那么我们在引入外资时就更适宜采用外商独资企业这种组织形式。

相反，如果混合所有制企业更有利于促进技术创新，那么我们就可以在国有企业中引入外资，将国有企业改制成含有外资的混合所有制企业，或者让国有资本参股外资企业中形成混合所有制企业，充分发挥混合所有制企业促进创新的作用。

4.3.1 理论分析与研究假说的提出

外资企业和混合所有制企业之间，哪种企业更能促进技术创新？从资源基础理论的角度进行分析，混合所有制企业中不仅仅包括国有成分，还包括外资、民营等成分。也就是说，外资企业拥有一流的生产技术和科学的管理经验，而混合所有制企业通过引入外资，同样拥有了外资企业先进的技术和管理经验，在这一点上两者并无差异。此外，混合所有制企业中还包含了国有成分，由此拥有了国有成分带来的政治资源，如优惠的土地使用权、廉价的贷款、与政府更为密切的关系等。混合所有制企业中还包含了民营成分，由此拥有了民营企业家的企业家精神、踏实肯干、勇于创新以及对中国本土市场和文化的深入理解。这些资源为混合所有制带来了更有利于其进行创新的物质基础和智力支持，从而最终促进混合所有制企业在技术创新方面的提高。基于此，本文提出如下假说：

假说 H_{4-3}：在其他条件相同的情况下，混合所有制企业比外资企业更能促进技术创新。

4.3.2 研究设计

为了较客观地比较混合所有制企业和外资企业中哪种企业组织形式更能促进技术创新，我们选取了规模以上的混合所有制企业和规模以上的外资企业作为回归的样本，构建如下 Tobit 回归模型进行实证分析：

$$\begin{aligned}\text{Innovation}_{it} = {} & \beta_0 + \beta_1 \times \text{Statemixwz}_{it} + \beta_2 \times \ln\text{TA}_{it} + \beta_3 \times \text{ROA}_{it} \times \text{ROA}_{it} + \\ & \beta_4 \times \text{PPETA}_{it} + \beta_5 \times \text{Lev}_{it} + \beta_6 \times \text{MPOW}_{it} + \beta_7 \times \text{HHI}_{it} + \\ & \beta_8 \times \text{HHI}_{it}^{2} + \beta_9 \times \text{Location}_{it} + \beta_{10} \times \text{Lnage}_{it} + \beta_{11} \times \text{Cashr}_{it} + \\ & \beta_{12} \times \sum \text{Ind} + \beta_{13} \times \sum \text{Year} + \varepsilon_{it} \qquad (4.4)\end{aligned}$$

在式（4.4）中，公式左边的企业技术创新 Innovation 用企业技术创新投入、企业技术创新产出和企业技术创新效率进行度量。公式右边的变量 Statemixwz 为混合所有制企业的虚拟变量，若该企业为混合所有制企业，则 Statemixwz 取值为 1；若该企业为外资企业，则取值为 0。如果回归结果中混合所有制企业的虚拟变量 Statemixwz 前的系数 β_1 显著为正，则表明相比外资企业，混合所有制企业的技术创新水平更高。其余变量为控制变量，包括企业规模、盈利能力、固定资产投资、资产负债率、市场势力、行业竞争程度、行业竞争程度的平方、地理位置、公司年龄、现金流量、行业、年度（见表 4-1）。

4.3.3　实证结果与解释

4.3.3.1　混合所有制企业和外资企业的技术创新水平均值差异 t 检验

我们对混合所有制企业和外资企业的技术创新水平进行均值差异的 t 检验，以较直观地发现两者的差异（见表 4-9）。

表 4-9　混合所有制企业和外资企业技术创新水平均值差异 t 检验

变量	样本数	外资企业	混合所有制企业	均值差异（后-前）	差异显著性 t 检验
技术创新投入	72 788	0.001 259 2	0.003 340 8	0.002 081 6	33.543 5
技术创新产出	72 868	0.046 070 2	0.067 651 4	0.021 581 2	11.911 7
技术创新效率	10 923	42.702 35	91.574 27	48.871 92	9.723 4

数据来源：通过对中国工业企业数据库的数据人工整理所得。

表 4-9 第二行列示了混合所有制企业和外资企业技术创新投入均值差异的 t 检验结果。从该行可以看出，外资企业技术创新投入的均值为 0.001 259 2，而混合所有制企业的技术创新投入的均值为 0.003 340 8，两者之间的均值差异 t 检验值为 33.543 5。这表明，混合所有制企业的技术创新投入显著高于外资企业。

表 4-9 第三行列示了混合所有制企业和外资企业技术创新产出 t 检验结果。从该行技术可以看出，外资企业技术创新产出的均值为 0.046 070 2，而混合所有制企业的技术创新投入为 0.067 651 4，两者之间的均值差异 t 检验值为 11.911 7，这表明，混合所有制企业的技术创新产出显著高于外资企业。

表 4-9 第四行展示了混合所有制企业和外资企业技术创新效率 t 检验结果。从该行可以看出，外资企业技术创新效率的均值为 42.702 35，而混合所有制企业的创新效率均值为 91.574 27，两者之间的均值差异 t 检验值为 9.723 4。这表明，混合所有制企业的技术创新效率显著高于外资企业。

综上所述，混合所有制企业在企业技术创新投入、企业技术创新效率、企业技术创新产出方面都显著优于外资企业，因此体现出混合所有制企业的优越性。

4.3.3.2 回归分析

为了更全面地分析混合所有制企业和外资企业在促进企业技术创新方面孰优，我们以外资企业为参照组，通过构造虚拟变量（Statemixwz：当企业为混合所有制企业时，令其为 1；当企业为外资企业时，令其为 0），进行 Tobit 回归分析。从表 4-10 可以看出，相比外资企业，混合所有制企业技术创新投入更多，创新效率也更高，从而导致其技术创新产出也显著高于外资企业。由此验证了假说 H_{4-3}：在其他条件相同的情况下，混合所有制企业比外资企业更能促进技术创新。

表 4-10 混合所有制企业与外资企业技术创新水平比较分析

变量	m1	m2	m3	m4	m5	m6
	INNOVINPUT		INNOVOUTPUT		INNOratio	
Statemixwz	0.011*** [30.256]	0.013*** [34.233]	0.304*** [20.142]	0.404*** [25.566]	213.27*** [14.518]	230.70*** [15.274]
控制变量	YES	YES	YES	YES	YES	YES
Cashr	0.002** [2.228]	0.003*** [3.262]	0.051 [1.355]	0.082** [2.194]	3.72 [0.086]	18.294 [0.425]
Ind	NO	YES	NO	YES	NO	YES
Year	NO	YES	NO	YES	NO	YES
Constant	−0.088*** [−55.775]	−0.099*** [−43.211]	−2.630*** [−41.495]	−3.657*** [−31.834]	−1，250*** [−21.016]	−1，903*** [−18.033]
N	72 775	72 775	72 775	72 775	10 918	10 918
R^2	0.181	0.104	0.156	0.186	0.141	0.195

注：*、**、*** 分别代表在 10%、5%、1%的水平下显著。回归方法为 Tobit。被解释变量为以企业技术创新投入、企业技术创新产出和企业技术创新效率三个方面进行衡量的企业技术创新。括号内为其 t 值。

如何理解外商投资企业的企业技术创新水平不如混合所有制企业？我们知道，我国的外商投资企业很多为跨国公司，跨国公司在我国进行投资的目的，很大程度上是为了获取我国廉价的资源、劳动力和广阔的市场。它们通常将研发等价值增值较多的部门放在其国内，在我国更多的是设立分公司进行生产，以充分利用我国相对廉价的劳动力，并将厂址设立在接近原材料、劳动力和接近最终消费市场的地方，生产出来的产品可以在我国广阔而潜力巨大的市场进行销售。很多时候，外商投资企业甚至可以寻找自己的代工厂。这种背景使得外商投资企业的企业技术创新水平整体上不如混合所有制企业。

此外，上文中分别用混合所有制样本与其他所有制样本分组一一回归。为了使研究方法更为严谨，本书还设定多个度量所有制性质哑变量后将所有样本放在一起回归。研究结果发现，混合所有制企业虚拟变量与企业技术创新投入、企业技术创新产出和企业技术创新效率均显著正相关，从而使得本书的研究结果更具严谨性。限于篇幅，此处不再一一列示回归结果。

进一步地，为使本书的结果更加稳健，我们使用普通最小二乘回归方法进行稳健性检验，得出同上文一致的结论：相比外资企业，混合所有制企业投入了更多资源用于企业技术创新，其创新效率也更高，使得其企业技术创新产出水平更高。本书还采用倾向得分匹配后的双重差分回归方法进行检验，检验结果与上述结论一致。

从上述实证研究中，我们可以得出如下结论：混合所有制企业比外资企业更能促进技术创新。相比外资企业，混合所有制企业技术创新投入更多，创新效率也更高，从而使得其创新产出也显著高于外资企业。

参照上述的方法，我们对比了混合所有制企业和集体企业、混合所有制企业和港澳台资企业的企业技术创新差异。结果发现，混合所有制企业比集体企业更能促进企业技术创新。相比集体企业，混合所有制企业研发投入更多，企业技术创新效率更强，因而导致其技术创新产出也显著高于集体企业；混合所有制企业也比港澳台资企业更能促进技术创新。混合所有制企业的技术创新投入、创新产出和创新效率均显著高于港澳台资企业，说明相比港澳台资企业，混合所有制企业具有企业技术创新方面的优势，更能够促进企业技术创新。同时我们也对上述结论进行了稳健性测试，发现该结论是稳健的，即混合所有制比集体企业和港澳台资企业更能促进技术创新。

4.4 本章小结

本章实证分析不同企业所有制形式对技术创新的影响。本章使用工业企业数据库关于企业所有制形式、技术创新方面的数据，具体分析了混合所有制企业和其余五类企业（国有独资企业、外资企业、民营企业、集体企业和港澳台资企业）在技术创新方面的差异，比较分析了技术创新投入、技术创新产出和技术创新效率方面的区别。本章综合运用 Tobit 回归、倾向得分匹配后的双重差分分析（PSM+DID）等方法进行分析发现，相比国有独资企业、外资企业、集体企业和港澳台资企业，混合所有制企业在技术创新投入、技术创新产出和技术创新效率方面都有显著优势，因此混合所有制企业更有利于促进技术创新。

若以民营企业为参照，本章的研究结论显示，混合所有制企业的技术创新投入显著高于民营企业；混合所有制企业的技术创新效率略高于民营企业，但是差异并不是特别显著；混合所有制企业的技术创新产出显著高于民营企业。由此我们可以看出，与民营企业相比，混合所有制企业投入了更多的资源用于技术创新，从而导致其技术创新能力更强。这说明，混合所有制企业由于吸收了不同股份性质的所有者，因此比单一性质的民营企业拥有更强的实力，也愿意为技术创新承担更大的风险，从而有利于促进技术创新。

总之，在六类不同的所有制企业中（混合所有制企业、国有独资企业、外资企业、民营企业、集体企业和港澳台资企业），混合所有制企业的技术创新水平最高。正因为如此，在我国倡导大力进行技术创新的今天，混合所有制企业成了中坚力量。

5
混合特征与企业技术创新

上一章分析了企业所有制形式与技术创新之间的关系，具体考察了混合所有制企业与国有独资企业、外资企业、民营资本、集体企业和港澳台资企业中哪一种所有制形式更能促进技术创新，得出混合所有制企业最有利于促进技术创新的结论。本章接着考察在混合所有制企业内部不同混合特征怎样影响技术创新，具体分析混合主体多样性、混合主体深入性、混合主体制衡度怎样影响技术创新以及哪一种股权性质（国有股份、民营股份和外资股份）更能促进企业技术创新，继而分析在混合所有制企业中实施股权激励计划、管理层持股和经理人合约形式对其技术创新的影响，为促进企业技术创新提供混合所有制组织形式内部适当的制度安排。

5.1 混合主体多样性、深入性、制衡度与企业技术创新

高质量技术创新驱动经济稳步增长是我国经济实现可持续发展的途径之一。发展混合所有制、引入其他非国有资本参与改革，成为我国国有企业改革的目标和方向。进行混合所有制改革，关键在于怎么“混”。混合所有制改革政策可以鼓励其他所有制资本进行战略投资、资本投资，而不仅仅是财务投资，以此调动其他所有制资本参与混合所有制改革的积极性。

那么，怎样进行混合所有制改革？在混合所有制改革的实践方面，中联重科、中国医药、格力电器、中国建材等率先探索混合所有制改革尝试，且取得了较大的成功，成为行业的领跑者。此外，也有较为精彩的央企引入民营股权实现技术创新的案例。例如，腾讯斥资 11.7 亿元，从中国四维购得四维图新的部分股权，从而使得腾讯成为该公司的第二大股东。此案例是央企引入民营企业进行混合所有制改革的范例。在该部分股权转让之后，四维图新没有实际控制人。腾讯对四维图新的持股比例与中国四维的持股比例数量相当，两者之间的持股比例只相差 1.3%。此例中，央企向民营企业的股权转让，没有受传统思维定势“必须保持国有绝对控股地位”的束缚，是对混合所有制改革的一项实践创新。此前的混合所有制改革，多数是在濒临破产、负债累累的公司中引进其他性质的股东，且新引入的股东持股比例也多数有不高于 30%的限制等。这些条款，使得不少战略投资者和民营企业家不愿意

参与混合所有制改革。要想充分调动起其他性质资本的积极性，使其参与混合所有制改革，国资委可以对混合所有制企业适当放权，使选聘经营者、企业的运营都按照市场化方式进行，同时允许其他性质资本成为股权占比较高的股东，提升其话语权。四维图新放弃实际控股的地位，不用绝对控股作为门槛将腾讯排斥在门外，实际上是颇有智慧的决策，充分彰显出其开明与眼光长远，同时也达到了国有资本和民营资本双赢。四维图新通过将腾讯作为战略投资者引入进来，且与腾讯保持相当的股权比例，顺利与腾讯合作，从而大幅提升其地位和影响力。引入腾讯也使四维图新能迅速建立更加符合市场要求和市场化发展战略的公司经营机制。从腾讯的角度来看，通过和四维图新建立战略合作伙伴关系，腾讯可以充分利用四维图新在专业领域内的优势（如汽车导航），使腾讯能够高效、迅速且全面地进入汽车导航领域，从而在与阿里、百度等互联网巨头的竞争中处于上风地位。四维图新之所以引入腾讯成为战略合作伙伴，主要是基于腾讯的品牌、市场和技术等多方面的考虑，而不仅仅是引入 11.7 亿元的资本。通过与腾讯多角度、全方位的合作，四维图新开辟了广阔的发展空间。该案例也成为其他央企发展混合所有制时可以参考的案例，其探索出了一条混合所有制改革的新路。

民营企业和外资企业在对市场的快速反应和把控、机制体制等方面可能优于国有企业，而国有企业尤其是央企在资本、技术和市场方面也具有其独特的优势。因此，大力发展混合所有制企业，有利于国有企业、民营企业、外资企业等各方在了解各自优劣势的基础上，扬长避短、优势互补、实现共赢，产生“1+1>2”的效果，从而提升企业竞争优势、整体绩效和技术创新水平。

上述企业的成功经验和进行混合所有制改革的逻辑，为未来的国有企业混合所有制改革提供了较好的借鉴。从混合所有制改革成功的企业实践，我们发现其具备以下特点：首先，多元化的股东结构。这些企业通过引入非国有股东，真正形成了混为一体、利益一致的股权结构。其次，民营资本和外资占比较高，而国有股权比例相对较低，董事会在公司治理中发挥决定性作用，而不再依赖于股权治理。最后，市场化程度越高，混合所有制改革的成效越大。在我国现有企业中，部分国有企业已通过引入民营资本、外资等形成了混合所有制企业，也有部分民营企业、外资企业通过引入国有资本形成混合所有制企业，构成了彼此交织、你中有我、我中有你的股权结构。我们该怎样总结并运用上述企业混合所有制改革的经验，提升我国整体的企业技术创新水平呢?

在国有企业中引入非国有资本，改制成混合所有制企业，可以加速国有企业的市场化步伐，使得国有资本同市场更为密切地结合，还有利于实现政企分开，使国有企业真正按照市场机制运营。换一个角度看，实行混合所有制改革有利于充分分享民营企业快速增长潜力，从而提高国有资本收益率和活力，使国有资本与民营资本保持齐头并进的增速，有利于放大国有资本的影响力和控制力。

发展混合所有制企业，也为民营资本和外资等提供了新的投资机会，使其能够进入原本属于国有企业垄断或半垄断的特定领域，从而使资本市场更公开公平，加速资本流动和资源配置的优化。

那么，不同混合所有制的特性与企业技术创新之间的关系如何？什么比例范围的非国有资本最能促进企业技术创新？非国有股东对国有股东的不同制衡度会影响企业技术创新吗？现有关于混合所有制的文献鲜有涉及上述问题，也较少关注在转型经济国家中混合所有制企业的混合特征对企业技术创新水平的影响。本节在现有文献的基础上，利用国有上市公司（竞争类）中不同性质股权比例的变动这样的天然实验，详细考察混合所有制企业的各个混合特征对企业技术创新水平的影响，从而找出混合所有制改革的规律，更好地指导实践。

5.1.1 理论分析及研究假说的提出

股权结构是混合所有制企业最核心的构架之一。混合所有制企业运营状况的好坏在很大程度上取决于国有股东和民营、外资等非国有股东的融合度好坏。民营、外资等股东除可以有效地监督国有股东之外，还可以将核心资源要素带给混合所有制企业，如智力和资本等。我国正处于转型经济时期，大部分混合所有制企业的运营也正逐步摆脱行政模式，开始更多地利用市场的力量。在混合所有制企业中，国有、民营和外资等股东的相互合作、制衡与融合情况，决定了混合所有制企业内部的体制机制，从而决定了该企业的技术创新水平。

在组建混合所有制企业的过程中，权力各方进行博弈，博弈的结果是形成了混合所有制企业的股权结构，它影响着企业内部的权力分配，也会对公司的决策产生影响。混合所有制企业通过形成独特的经营机制和管理体制，作用于公司员工进行技术创新的积极性，从而进一步影响企业技术创新水平。股东性质不同，会形成公司独特的体制机制和投资策略。混合所有制企业通过充分调动起各种性质股东的积极性，使其为企业技术创新水平的提高建言献策，对企业发展至关重要。

参照马连福等（2015）的研究结论，本书认为，混合所有制至少可以通过以下三种途径对企业技术创新产生影响：

首先，混合主体多样性。混合所有制企业中混合主体越多样，也就是混合股权性质越丰富，越可以为企业带来相关的各种资源，从而弥补市场的不足。此外，参与混合的股东性质越多，为了保障自己的利益，他们越会从各方面对经理人进行监督，使经理人有激励从事更多的企业技术创新活动。

其次，混合主体深入性。混合主体深入性是指在混合所有制企业中参股的非国有股东的持股比例。非国有股东在国有企业中的持股比例越高，即混合主体的深入性越强，则其越有动力为企业带来资源及监督经理人的行为。因此，混合主体的深入性越强，预期企业的技术创新水平越将得到较大提升。

最后，混合主体制衡度。一个高效运营的组织，除拥有有效的监督机制外，良好的制衡机制也至关重要。制衡是监督的前提，制衡可以解决“监督者谁来监督”这个问题，它使得该组织能够和谐健康发展。在本书中，混合主体制衡度是指在混合所有制企业中，非国有股东对国有股东的制衡能力，具体用混合所有制中非国有股东的持股比例减去国有股东的持股比例得出的差额来衡量。在国有股权比重较高的混合所有制企业中，如果非国有股东的持股比例也相对较高，则其话语权也相应增大，从而可以制衡国有股东，制止国有股东低效率的投资和经营行为。此外，非国有股东的制衡度越高，则其主人翁意识将会越强，从而越有可能为混合所有制企业带来更多企业所需的不同资源要素，最终促进技术创新水平的提高。图 5-1 列示了混合所有制影响企业技术创新的路径。

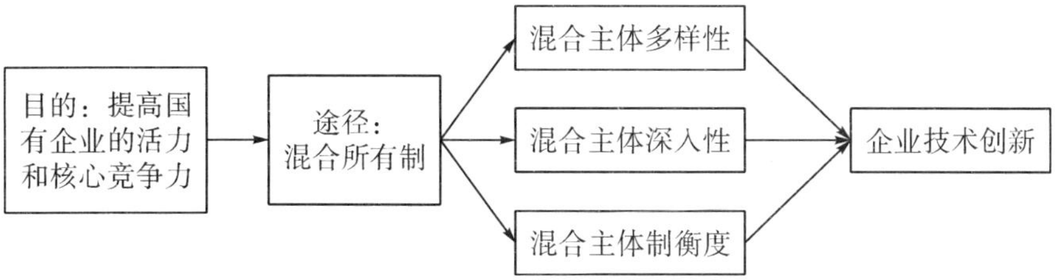

图 5-1 混合所有制影响企业技术创新的路径

5.1.1.1 混合主体多样性与企业技术创新

纵观世界经济改革史，各国为了提高国有企业的效率，激发国有企业的活力，纷纷对国有企业进行了民营化改革，将对企业的控制权转让给民营企业，取得了一定成果。实际上，民营化并不是包治百病的良方，并不能解决我国经济发展中遇到的所有问题。如果对大部分国有企业都进行民营化改革，那么国有经济在整个国家经济中的影响力和带动力将会大幅减弱，这种做法显然不符合我国的国情和改革的初衷。此外，国有资本在结构调整、技术、资源方面仍有独特的竞争优势，而发展混合所有制企业正好能够充分利用这些优势。因此，解决国有企业低效率问题的关键，不在于简单粗暴地让国有资本彻底退出国有企业，而在于通过一种较好的组织形式充分发挥各种性质资本的作用，将国有资本市场化，进而提高其运作效率。混合所有制正是能较好地实现此目的的一种企业组织形式。

对国有企业的改革，我国采取的是“摸着石头过河”的方式进行的。我国通过减持部分股权的方式，将国有企业转变为混合所有制企业，在提高企业运营效率的同时防止产权剧变对社会的巨大冲击。相比国有股份，外资股份和民营股份更能显著地激励公司生产率的提高（胡一帆等，2006）。此外，如果混合所有制企业中各种不同股权性质的股东越多，其产权主体来源越丰富多样，可以从一定程度上使得政府对企业的干预更难，从而使企业能更专注于增加企业价值的技术创新项目。综上所述，当混合所有制企业中股权主体性质类别越多，则混合所有制企业的活力越强，其带来的资源也越丰富，从而使得其技术创新水平越高（见图 5-2）。

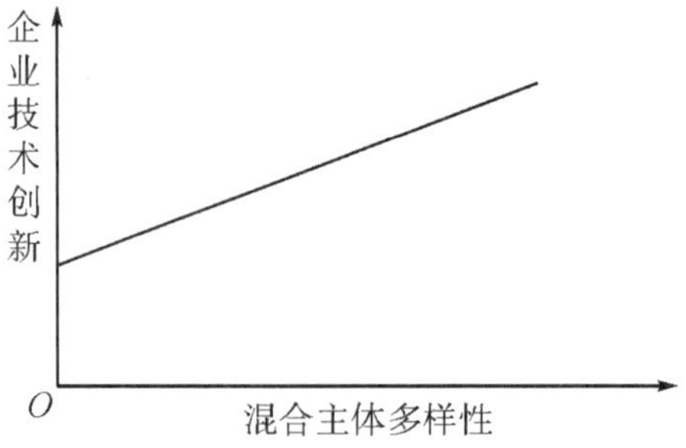

图 5-2　混合主体多样性与企业技术创新

基于上述分析，本书提出如下假说：

假说 H_{5-1}：在混合所有制企业中，混合主体多样性越丰富，越能促进其技术创新。

5.1.1.2　混合主体深入性与企业技术创新

前已述及，在混合所有制企业中，混合主体多样性越丰富，越能促进其技术创新。促进技术创新的程度，可能也与混合主体的深入性有关。股权结构越分散，越能对大股东形成一定的制衡，大股东越难一股独大，从而更有利于公司治理的完善，使得控制权的私有收益降低。混合主体的融合程度越深，民营股东、外资股东等的话语权越大，这越有助于充分激发民营资本和外资的活力，发挥其建设性作用，为技术创新提供资源和创意，从而促进企业技术创新。如果混合所有制企业中国有股的比重过高，而民营资本和外资等非国有资本占比太低，即混合主体的深入性较低，则民营资本和外资等非国有资本就没有较大的激励为混合所有制企业技术创新水平的提高而贡献较多的资源和创意，从而导致混合所有制企业的技术创新水平不够高。因此，民营资本、外资等股权比例的适当提高有助于促进企业技术创新。

引入更多的民营资本和外资可以提高混合所有制企业中混合主体的深入性，可以为该混合所有制企业带来更多的资金、智力、社会关系网络、企业家精神等资源。这些资源会为原有的混合所有制企业带来新的活力。获得这些资源后，原有的混合所有制企业有更多的资本和能力去从事企业技术创新活动。同时，引入了更多的外资和民营资本后，企业管理层受到了更强有力的监督，从而更有动力去从事企业技术创新。基于上述分析，我们提出如下假说：

假说 H_{5-2}：在混合所有制企业中，混合主体深入性越强，越能促进其技术创新。

企业在进行技术创新时，会受到制度环境的影响。在制度环境不完善的地区，民营资本和外资的比例并非越高越好。由于民营股东和外资股东存在天然的逐利性，当在混合所有制中引入的民营和外资大于国有资本，尤其是当国有股东还继续肩负政治和社会责任时，民营控股股东更有可能会掏空公司（涂国前和刘峰，2010）。部分民营化在国有企业跟随模式与国有企业同步决策模式下为最优策略（欧瑞秋等，2014）。此外，在民营企业中引入部分国有股权有助于充分发挥国有股带来的天然政治资源优势，从而在非国有股持股比例达到一定程度时，企业获得的资源最多，技术创新水平也相应提升。创新环境理论的创始人梅尔特拉（1986—1991 年创立了该理论）认为，在制度环境较好的地区，无形资源和有形资源组合成一种本地化的网络结构，通过信息和各个行为主体的功能密切结合，形成一种稳固的关系网，从而减少企业面临的不确定性。企业可以通过向外部环境学习，促进其技术创新。本书推断在制度环境较差的地方，由于产权保护不完善，市场化程度不高，因此非国有股东的持股比例并非越高越好，其与技术创新之间的关系应呈现为开口向下的抛物线（见图 5-3）。

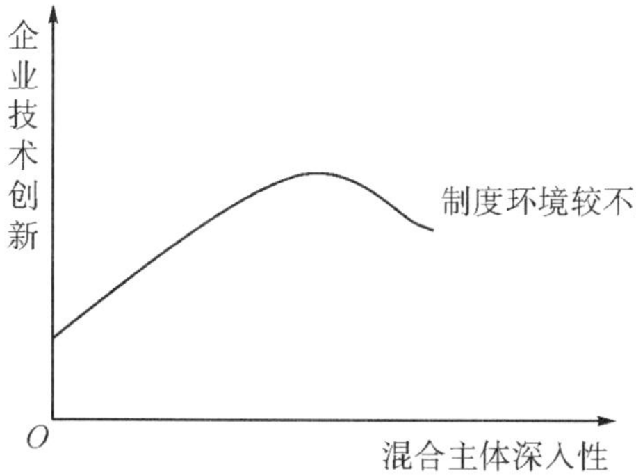

图 5-3　制度环境、混合主体深入性与企业技术创新

基于上述分析，笔者提出如下假说：

假说 H_{5-3}：在制度环境较差的地方，混合主体深入性与企业技术创新之间存在倒 U 形关系。

5.1.1.3 混合主体制衡度与企业技术创新

相比高度分散的股权结构，如果存在制衡股东且股权适度集中，则能够较好地激励大股东。此时，由于存在制衡股东，因此企业能够对大股东的行为形成一定监督，使得大股东不会肆意侵害其他股东和公司的利益，从而在一定程度上能够促进企业技术创新。有研究显示，第二大股东的制衡作用越显著，越能促进企业治理机制的优化和技术创新水平的提高。

Maury 和 Pajuste（2005）研究了同时存在多个大股东对公司价值的影响。他们发现，当公司中存在投票权大致相当的几个大股东时，这种情况会提升企业价值。在混合所有制企业中，非国有股东制衡国有股东的程度也会影响公司价值和技术创新。Cheng 等（2013）使用来自中国资本市场的数据，发现当公司的非控股大股东与控股股东存在关联时，公司的价值更低；在考察多个大股东对公司治理或公司价值的影响时应考虑到这些非控股股东的性质。在混合所有制企业中，如果控股股东为国有股东，由于所有权缺位，国有股东的真正所有者与其经营管理者之间的委托代理关系复杂，控制链条过长导致其对技术创新的激励作用减弱。此外，政府作为国有股东的权力行使者，不仅仅追求企业价值最大化，还要兼顾许多社会目标（Shleifer 和 Vishny，1994），使得在其控制下的企业较难实现最优的技术创新水平。

非国有股东的效用函数与国有股东不同，当非国有股东加入混合所有制企业时，其希望自己的投资能够获得最高的回报，且投资风险尽量降至最低。为了保护自己的利益，非国有股东通常会充分运用自己的权力，从事能够提升企业价值的活动。因此，在国有控股的混合所有制企业中，提高混合主体的制衡度，可以有效降低该混合所有制企业的低效率投资行为，从而促进企业技术创新。由此，我们提出如下假说：

假说 H_{5-4}：在国有控股的混合所有制企业中，混合主体制衡度越高，越能促进其技术创新。

也就是说，随着民营资本和外资不断加入混合所有制企业之中，非国有股东逐渐形成一股较大的力量，对国有控股股东的低效率投资行为形成制约和监督，最终体现为企业技术创新水平的提高。

5.1.2 研究设计

5.1.2.1 样本选取

本节首先选取2008年年底已在上海证券交易所上市的公司代码，从这些代码中剔除在2008年这一年该上市公司不属于国有控股的公司，使得剩下的公司均为国有控股公司。本节选取这些公司2009—2023年的数据，从而能够更好地展示整个国有企业混合所有制改革的进程。本节参考马连福等（2015）的做法，剔除金融类上市公司，邮政行业等重要公共产品及服务提供公司，航空航天等关系国家安全的公司，燃气、自来水、基础电信、电力等自然垄断类公司，曾被ST的上市公司等，最后得到228个公司的共3 208个观测值作为样本。此外，本节还对连续变量进行了Winsorize处理，以降低异常值给结果带来的影响。

5.1.2.2 变量定义和说明

（1）对混合主体多样性的衡量。由于现有Wind和CSMAR数据库中关于股东性质划分的数据不够详细，因此本节人工搜集了2009—2023年样本公司前十大股东股权性质的数据，通过逐一查阅前十大股东中每个股东实际控制人的最终性质（信息来源为公司官方网站、定期报告等），分别确定每一个样本公司各类股权性质持股的数据。本节将公司的股权性质划分为如下五类：自然人、机构投资者、民营股东、外资股东和国有股东（主要关注民营股东、外资股东和国有股东的持股比例）。本节参照马连福等（2015）的分类，用上市公司前十大股东中民营股东、外资股东和国有股东的种类对混合主体的多样性进行度量。如果前十大股东中既没有民营股东，也没有外资股东和国有股东，只包含自然人和机构投资者时，混合主体多样性取值为0；当前十大股东中只包含国有股东、外资股东和民营股东中一种性质的股东时，混合主体多样性取值为1；当前十大股东中包含民营股东、国有股东和外资股东中的两种性质的股东时，混合主体多样性取值为2；当前十大股东中中同时包含国有股东、外资股东和民营股东三种性质的股东时，混合主体多样性取值为3。

本节根据上市公司前十大股东中上述不同股权性质的组合分布，进一步将公司进行如下分类：第一类，前十大股东中只含有自然人和机构投资者，不包含民营股东、外资股东和国有股东；第二类，前十大股东中只包含民营股东，不包含国有股东和外资股东；第三类，前十大股东中只包含国有股东，不包含民营股东和外资股东；第四类，前十大股东中包含民营股东和外资股东；第五类，前十大股东中包含民营股东和国有股东，没有外资股东；第六类，前十大股东中包含外资股东和国有股东，没有民营股东；第七类，前十大股东中同时包含民营股东、外资股东和国有股东。

（2）对混合主体深入性的衡量。本节首先通过搜索前十大股东官网、查阅定期报告等分别确定前十大股东的股权性质，然后分别汇总前十大股东中国有股东、外资股东和民营股份的持股比例。由于本节在选择样本时选取了2008年年底的国有控股公司，因此在样本的前期国有股份的持股比例较高。在这种情况下，混合主体的深入程度主要体现在民营股东和外资股东混入原国有控股企业内部的程度以及民营股东和外资股东是否在后来的混合中具有了相应的话语权。鉴于此，我们采用前十大股东中民营股东和外资股东持股比例之和对混合主体的深入性进行衡量。

（3）对混合主体制衡度的衡量。单纯的混合主体深入性只能说明外资和民营资本在混合所有制企业中的绝对占比，不能综合衡量混合程度。本节进一步定义混合主体制衡度，用以度量民营股东和外资股东相对于国有股东的权力，使用前十大股东中民营股东和外资持股比例之和再减去国有股权比例进行度量。混合主体制衡度能较好地衡量混合所有制企业内非国有股东和国有股东之间的股权制衡关系。

（4）企业技术创新水平的测度。现有关于企业技术创新的文献主要从技术创新的投入和产出两方面进行衡量。通常，为了使结果更稳健，已有文献主要从公司当年自主开发的新产品数量（Kochhar 和 David，1996）和公司申请的专利数量（He 和 Tian，2013）来对企业技术创新进行度量。考虑到数据的可获得情况，我们没有使用公司当年自主开发的新产品数量作为企业技术创新的度量，而是使用公司当年申请的专利数量和发明的数量作为企业技术创新的主要度量方式。在稳健性测试中，我们使用了企业技术创新投入来度量企业技术创新。公司专利申请数据来自国家知识产权局。参考现有文献，本节使用研发投入来衡量企业技术创新投入（Aghion 等，2013；Amore 等，2013），公司当年研发支出数据从企业每年的年报中搜集。考虑到年末股权混合的状态对下一年的企业技术创新影响更为显著，而产生专利和发明通常需要一段时间，为了解决内生性问题，本节用 t+2 期的专利及发明数量衡量企业技术创新，使得观测值变为了 2 752 个，也就是在原来的基础上减少了 456 个。

（5）对制度环境的度量。本节以樊纲的市场化指数作为外部环境的衡量指标。如果公司注册地的市场化指数大于全国市场化指数的中位数，则认为其制度环境较好，令其取值为 1，否则令其取值为 0。

（6）控制变量。本节选取的控制变量包括：公司规模（用总资产的自然对数来衡量），公司年龄（用观测年度减去公司成立年份加上 1 的自然对数来度量），产权性质，公司的盈利能力（资产回报率 ROA），固定资产比例（用固定资产净值除以总资产来衡量），杠杆率，资本支出，行业、年度虚拟变量等。不同混合特征与企业技术创新相关变量定义如表 5-1 所示。

表 5-1　不同混合特征与企业技术创新相关变量定义

变量	变量描述
Patent	公司当年申请并最终获得授予的发明专利的数量
TPatent	公司当年申请并最终获得授予的专利数量，包括发明、实用新型和外观设计
Mix	混合主体多样性：前十大股东中只含有自然人和机构投资者，不包含民营股东、外资股东和国有股东时，赋值为 0；当前十大股东中只含有民营股东、外资股东、国有股东中的一类时，赋值为 1；当前十大股东中存在民营股东、外资股东和国有股东中的两类股东时，赋值为 2；当前十大股东中同时存在民营股东、外资股东和国有股东时，赋值为 3
Mixtype	混合种类：当前十大股东中只含有自然人和机构投资者，不包含民营股东、外资股东和国有股东时，记为 1；只有民营股东时，记为 2；只有国有股东时，记为 3；同时存在民营股东和外资股东时，记为 4；同时存在民营股东和国有股东时，记为 5；同时存在外资股东和国有股东时，记为 6；同时包含民营股东、外资股东和国有股东时，记为 7
Mixra	混合主体深入性。计算公式：混合主体深入性=（前十大股东中民营股东持股比例+前十大股东中外资股东持股比例）×100
Restr	混合主体制衡度。计算公式：混合主体制衡度=（民营股东持股比例+外资股东持股比例-国有股东持股比例）×100
Soer	国有股东持股比例：国有股东汇总的持股比例（限于前十大股东）×100
Minyingr	民营股东持股比例：民营股东汇总的持股比例（限于前十大股东）×100

表5-1(续)

变量	变量描述
Waizir	外资股东持股比例：外资股东汇总的持股比例（限于前十大股东）×100
LnTA	ln（总资产）
ROA	净利润/总资产
RD	研发支出/总资产
PPETA	固定资产净值/总资产
Lev	总负债/总资产
CAPEXTA	资本支出/总资产
HHI	基于年销售收入计算的赫芬达尔-赫希曼指数
HHIsquare	基于年销售收入计算的赫芬达尔-赫希曼指数的平方
TobinQ	托宾 Q 值
Lnage	ln（1+从公司上市到该年的年数）
Cashr	经营活动产生的现金流量净额/总资产
Ind	行业虚拟变量。参照 2001 版证监会行业分类代码设定
Year	年度虚拟变量

5.1.3 实证检验结果与分析

5.1.3.1 描述性统计

本节样本跨越 15 年，较详细地展示了从国有控股企业逐步转换成混合所有制企业的过程。实际控制人转变的有 49 家公司（公司总数为 228 家），其中有 38 家由国有控股公司转变为民营控股公司。国有股权比例逐渐降低的公司有 173 家，一直保持国有股绝对控股的公司有 46 家。表 5-2 列示了不同国有股东持股比例公司的技术创新比较。从表 5-2 可以看出，国有股东持股比例小于 30%的混合所有制公司的专利总数及发明专利总数的均值都最高，国有股东绝对控股的企业技术创新水平最低。从直观角度来看，国有持股比例越低，企业技术创新水平越高。

表 5-2 不同国有股东持股比例公司的技术创新水平比较

国有股东持股比例	专利总数/项	发明专利数/项	样本量/家
小于 30%	51.06	17.68	761
30%~50%	29.59	9.09	947
大于 50%	23.49	6.28	1 044
合计	35.14	11.31	2 752

数据来源：人工整理 CSMAR 数据库中的前十大股东性质数据和国家知识产权局的专利数据获得。

表 5-3 列示了不同非国有股东持股比例企业的技术创新水平比较。从表 5-3可以看出，随着民营股东和外资股东持股比例之和的增加，专利总数和发明专利数均呈现增多的趋势，直观上显示混合主体深入性与企业技术创新呈现正相关的关系。这表明，在国有控股企业中引入外资和民营股权而形成的混合所有制企业有利于促进技术创新水平的提高。

表 5-3 不同非国有股东持股比例企业的技术创新水平比较

外资股东、民营股东总计持股比例	专利总数/项	发明专利数/项	样本量/家
小于 30%	33.35	11.19	2 422
30%~50%	57.42	11.80	216
大于 50%	96.99	22.25	114
合计	35.14	11.31	2 752

数据来源：人工整理 CSMAR 数据库中的前十大股东性质数据和国家知识产权局的专利数据获得。

表 5-4 列示了不同混合特征与企业技术创新相关变量描述性统计。总体来说，国有持股比例依然较高，均值为 39.38%，而民营和外资股权在混合所有制企业中的占比还不高。其具体表现为：从均值来看，混合主体深入性仅为 9.18。即使考虑外资和民营股权的联合，混合主体制衡度的均值也仅为 -33.20，国有股东持股比例远高于外资股东和民营股东持股比例之和。因此，我们有必要进一步深化国有企业混合所有制改革。

表 5-4　不同混合特征与企业技术创新相关变量描述性统计

变量	均值	标准差	最小值	最大值
TPatent	35. 15	55. 00	0. 00	167. 99
Patent	11. 32	20. 57	0. 00	63. 00
Mixra	9. 18	15. 48	0. 00	87. 66
Restr	-33. 20	22. 11	-82. 34	86. 17
Soer	39. 38	16. 22	0. 00	82. 34
Waizir	2. 20	6. 30	0. 00	67. 88
Minyingr	7. 98	14. 34	0. 00	86. 56
LnTA	22. 29	1. 28	18. 78	25. 27
ROA	0. 04	0. 04	-0. 37	0. 41
RD	0. 00	0. 00	0. 00	0. 00
PPETA	0. 23	0. 14	0. 00	0. 76
lev	0. 51	0. 21	0. 07	1. 09
CAPEXTA	0. 04	0. 05	0. 01	0. 27
HHI	0. 24	0. 21	0. 02	1. 00
HHIsquare	0. 10	0. 19	0. 00	1. 00
TobinQ	1. 54	1. 63	0. 19	10. 17
Lnage	2. 70	0. 34	1. 39	3. 26
Cashr	0. 05	0. 07	-0. 19	0. 27

5.1.3.2　混合主体多样性对企业技术创新的影响分析

（1）混合主体多样性与企业技术创新。

本节构建了模型（5.1），以验证假说 H_{5-1}。

$$\text{Innovation}_{it+2} = \alpha + \beta_1 \times \text{Mix}_{it} + \beta_2 \times \sum \text{Control}_{it} + \beta_3 \times \sum \text{Ind}_{it} + \beta_4 \times \sum \text{Year}_{it} + \varepsilon_{it} \tag{5.1}$$

本节用企业申请的专利总数和发明专利数量来衡量企业技术创新。由于期末股权混合结构对下一期的企业技术创新影响更为显著，并且进行技术创新活动到形成专利和发明需要一段时间，因此本节选取 t+2 期申请的专利总数及发明专利数量对企业技术创新进行衡量。式（5.1）右边的自变量 Mix 为混合主体多样性。如果回归之后的系数 β_1 显著为正，说明混合主体越多样，越能促进企业技术创新。此外，模型还控制了影响企业技术创新的相关因素，如在前十大股东中民营股东、外资股东和国有股东持股比例，公司年龄，竞争激烈程度，公司规模，行业与年度等以往文献中出现过的变量。

由于式（5.1）左边的因变量为大于或等于 0 的自然数，最适合使用泊松回归模型，因此本节首先用泊松回归模型进行实证检验。混合主体多样性与企业技术创新的泊松回归结果如表 5-5 所示。从表 5-5 中可以看出，无论用企业申请的专利数量还是申请的发明数量对企业技术创新进行度量，混合主体多样性（Mix）均与企业技术创新（$TPatent_{t+2}$、$Patent_{t+2}$）之间存在显著的正相关关系，表明混合所有制企业中股东性质种类越多，越能促进企业技术创新，并且该结论在 1%的显著性水平下依然较为显著，进而验证了假说 H_{5-1}：在混合所有制企业中，混合主体多样性越丰富，越能促进其技术创新。

表 5-5 混合主体多样性与企业技术创新的泊松回归结果

变量	m1	m2	m3	m4
	$TPatent_{t+2}$	$TPatent_{t+2}$	$Patent_{t+2}$	$Patent_{t+2}$
Mix	0.284 *** [17.116]	0.279 *** [16.379]	0.108 *** [3.704]	0.130 *** [4.330]
Soer	-0.009 *** [-13.063]	-0.006 *** [-8.621]	-0.005 *** [-3.972]	-0.008 ** [-2.116]
Waizir	0.019 *** [16.646]	0.018 *** [14.875]	0.002 [1.060]	0.002 *** [3.840]
Minyingr	0.055 *** [43.261]	0.033 *** [24.039]	0.053 *** [23.097]	0.026 *** [10.342]
LnTA	0.493 *** [55.213]	0.571 *** [52.006]	0.622 *** [37.243]	0.705 *** [33.570]
ROA	1.959 *** [8.780]	0.391 * [1.794]	3.148 *** [6.959]	0.636 [1.381]
PPETA	-2.001 *** [-21.957]	-3.254 *** [-32.437]	-1.305 *** [-8.247]	-2.623 *** [-15.176]
Lev	1.121 *** [19.291]	0.907 *** [14.492]	0.701 *** [5.543]	0.350 ** [2.477]

表5-5(续)

变量	m1	m2	m3	m4
	$TPatent_{t+2}$	$TPatent_{t+2}$	$Patent_{t+2}$	$Patent_{t+2}$
CAPEXTA	-0.561** [-2.389]	-1.544*** [-6.270]	-1.904*** [-4.407]	-2.899*** [-6.396]
HHI	0.748*** [5.984]	0.568*** [3.670]	0.793*** [3.556]	-0.476* [-1.705]
HHIsquare	-0.181 [-1.490]	-2.002*** [-9.013]	-0.335 [-1.551]	-1.101*** [-4.149]
TobinQ	-0.006 [-0.794]	0.013* [1.729]	-0.083*** [-5.126]	-0.052*** [-2.986]
Lnage	-0.645*** [-21.697]	-0.597*** [-11.585]	-0.636*** [-11.900]	-0.419*** [-4.571]
Cashr	0.367*** [3.142]	0.222* [1.775]	0.219 [1.031]	0.081 [0.349]
Ind	NO	YES	NO	YES
Year	NO	YES	NO	YES
Constant	-7.967*** [-37.348]	-11.731*** [-35.471]	-11.250*** [-28.779]	-15.862*** [-25.097]
N	2 752	2 752	2 752	2 752
R^2	0.47	0.574	0.428	0.527

注：*、**、*** 分别表示在10%、5%、1%的水平下显著，回归方法为泊松回归，Mix代表混合主体多样性，括号内为其t值。

此外，为了缓解股权结构与企业技术创新之间存在的内生性问题，我们用固定效应模型和Tobit模型进行稳健性检验。实证结果仍然支持上述结论：混合主体多样性促进了企业技术创新。

（2）制度环境、混合主体多样性与企业技术创新。

目前，我国各个地区的制度环境有着一定的差距，北上广深等一线城市已接近发达水平，而中西部、东北等地区的部分城市发展与上述一线城市差距较大。企业所处地区的制度环境的完善程度，影响在资源配置中市场机制作用的发挥，也会对公司采取的策略产生影响，最终影响企业技术创新水平。在进行混合所有制改革的过程中，我们应将企业所处的外部环境考虑在内，以制定适当的国有企业改革策略（夏立军和陈信元，2007）。如果投资者保护较好，资本市场也相对较发达，则企业自身就会专注于技术创新，对混合主体多样性的要求没有那么强烈（Boubakria 等，2005）；如果企业所处地区的制度环境较差，在这种情况下若企业还想进行技术创新，则需要较多的资源。为此，企业可以提高混合主体的多样性，引入不同性质的股东。这一举措可给企业带来更为丰富的资源，从而促进技术创新。

为了分析不同外部制度环境对企业技术创新与混合主体多样性之间关系的影响，我们将样本区分为制度环境完善组和制度环境欠完善组，分别用 evir=1和 evir=0 表示。区分的界线为所有地区市场化指数的均值，即高于均值的为制度环境完善组，evir 取值为 1；低于均值的为制度环境欠完善组，evir 取值为 0。我们分别考察不同制度环境下混合主体多样性对企业技术创新的影响（见表 5-6）。

表 5-6 制度环境、混合主体多样性与企业技术创新的泊松回归结果

变量	m1	m2	m3	m4	m5	m6
	$TPatent_{t+2}$	$TPatent_{t+2}$ (envir=1)	$TPatent_{t+2}$ (envir=0)	$Patent_{t+2}$	$Patent_{t+2}$ (envir=1)	$Patent_{t+2}$ (envir=0)
Mix	0.279***	0.016	0.560***	0.130***	0.054	0.158***
	[16.379]	[0.735]	[17.048]	[4.330]	[1.359]	[4.554]
Soer	-0.006***	-0.011***	-0.011***	-0.008**	-0.010***	-0.006*
	[-8.621]	[-8.861]	[-7.437]	[-2.116]	[-4.777]	[-1.813]
Waizir	0.018***	0.048***	0.020***	0.002***	0.038***	0.018***
	[14.875]	[19.138]	[10.171]	[3.840]	[3.379]	[4.198]
Minyingr	0.033***	0.028***	0.053***	0.026***	0.011***	0.072***
	[24.039]	[16.920]	[17.064]	[10.342]	[3.457]	[12.310]
LnTA	0.571***	0.750***	0.386***	0.705***	0.937***	0.717***
	[52.006]	[47.202]	[16.584]	[33.570]	[30.882]	[15.100]
ROA	0.391*	-0.318	1.606***	0.636	0.935	-0.972
	[1.794]	[-1.211]	[3.864]	[1.381]	[1.645]	[-1.021]
PPETA	-3.254***	-1.950***	-4.515***	-2.623***	-1.054***	-4.808***
	[-32.437]	[-14.978]	[-25.720]	[-15.176]	[-4.835]	[-14.056]
Lev	0.907***	0.967***	-0.663***	0.350**	0.827***	-2.312***
	[14.492]	[13.028]	[-4.436]	[2.477]	[5.370]	[-7.047]
CAPEXTA	-1.544***	-4.675***	-0.665*	-2.899***	-7.342***	-0.951
	[-6.270]	[-10.886]	[-1.747]	[-6.396]	[-9.385]	[-1.207]

表5-6(续)

变量	m1	m2	m3	m4	m5	m6
	$TPatent_{t+2}$	$TPatent_{t+2}$ (envir=1)	$TPatent_{t+2}$ (envir=0)	$Patent_{t+2}$	$Patent_{t+2}$ (envir=1)	$Patent_{t+2}$ (envir=0)
HHI	0.568*** [3.670]	-3.242*** [-13.945]	4.016*** [14.840]	-0.476* [-1.705]	-5.759*** [-13.339]	4.439*** [9.161]
HHIsquare	-2.002*** [-9.013]	-1.249*** [-10.540]	-2.457*** [-8.876]	-1.101*** [-4.149]	-0.339*** [-11.186]	-2.208*** [-4.329]
TobinQ	0.013* [1.729]	0.133*** [14.048]	-0.152*** [-9.136]	-0.052*** [-2.986]	0.127*** [6.555]	-0.245*** [-6.292]
Lnage	-0.597*** [-11.585]	-0.402*** [-4.272]	-0.899*** [-8.135]	-0.419*** [-4.571]	-0.648*** [-3.544]	0.611** [2.482]
Cashr	0.222* [1.775]	-0.08 [-0.468]	-0.963*** [-4.002]	0.081 [0.349]	-0.159 [-0.516]	-1.970*** [-4.005]
Ind	YES	YES	YES	YES	YES	YES
Year	YES	YES	YES	YES	YES	YES
Constant	-11.731*** [-35.471]	-14.493*** [-31.728]	-8.269*** [-8.631]	-15.862*** [-25.097]	-17.518*** [-20.897]	-15.780*** [-10.264]
N	2 752	1 635	1 117	2 752	1 635	1 117
R^2	0.574	0.614	0.675	0.527	0.571	0.688

注：*、**、***分别表示在10%、5%、1%的水平下显著，被解释变量为企业技术创新，Mix代表混合主体多样性，括号内为其t值。

表5-6列示了制度环境、混合主体多样性与企业技术创新的泊松回归结果。从表5-6可以看出，在制度环境越差的地区，混合主体多样性对企业技术创新的促进作用越明显。这说明，混合主体多样性可以替代较差的制度环境，通过混合主体多样化这样一种替代机制，企业在原本制度环境较差的地方，也能促进技术创新。这为促进企业技术创新提供了一种新的机制。究其原因，可能是由于在制度环境较差的情况下，企业较难通过市场获得更多的资源。引入多种性质的股东较容易为企业带来较多的资源，从而促进企业技术创新。在制度环境较好的地方，资源可以通过市场途径获得。因此，混合主体多样性对企业技术创新的促进作用，在制度环境较好的地方不如在制度环境较差的地方显著。

5.1.3.3 混合主体深入性对企业技术创新的影响分析

（1）混合主体深入性与企业技术创新。

根据前文的分析，我们得出假说 H_{5-2}：在混合所有制企业中，混合主体深入性越强，越能促进其技术创新。为了对假说 H_{5-2}进行检验，本节构建了如下待验模型：

$$\text{Innovation}_{it+2} = \delta + \eta_1 \times \text{Mixra}_{it} + \eta_2 \times \sum \text{Control}_{it} + \eta_3 \times \sum Ind_{it} + \eta_4 \times \sum \text{Year}_{it} + \varepsilon_{it} \quad (5.2)$$

在式（5.2）中，Mixra 代表混合主体深入性，即混合所有制企业的前十大股东中民营股东与外资股东持股比例之和。此外，式（5.2）还控制了资本结构、公司规模等变量（见表 5-1）。

表 5-7 列示了混合主体深入性与企业技术创新之间的泊松回归结果。从表 5-7 可以看出，混合主体深入性（Mixra）与企业技术创新之间的回归系数显著为正，说明大体上来看，混合主体越深入，越能促进企业技术创新，从而验证了假说 H_{5-2}：在混合所有制企业中，混合主体深入性越强，越能促进其技术创新。其他控制变量的回归系数显示，公司规模、盈利能力等与企业技术创新显著正相关，而公司上市年龄与企业技术创新显著负相关，企业所处的竞争环境与企业技术创新之间呈现倒 U 形的关系。这些结论与现有文献的研究结果基本一致。

表 5-7 混合主体深入性与企业技术创新之间的泊松回归结果

变量	m1	m2	m3	m4	m5	m6
	$TPatent_{t+2}$	$TPatent_{t+2}$	$TPatent_{t+2}$	$Patent_{t+2}$	$Patent_{t+2}$	$Patent_{t+2}$
Mixra	0.037*** [59.988]	0.028*** [36.769]	0.022*** [26.325]	0.031*** [28.175]	0.018*** [12.923]	0.009*** [5.801]
LnTA		0.481*** [57.371]	0.581*** [55.054]		0.605*** [39.184]	0.725*** [36.651]
ROA		2.123*** [9.858]	0.186 [0.872]		3.365*** [7.755]	0.255 [0.576]
PPETA		-2.245*** [-24.753]	-3.475*** [-34.789]		-1.434*** [-9.114]	-2.796*** [-16.173]
Lev		1.253*** [22.601]	0.943*** [15.497]		1.068*** [9.314]	0.495*** [3.769]

表5-7(续)

变量	m1	m2	m3	m4	m5	m6
	$TPatent_{t+2}$	$TPatent_{t+2}$	$TPatent_{t+2}$	$Patent_{t+2}$	$Patent_{t+2}$	$Patent_{t+2}$
CAPEXTA		0.196 [0.859]	-1.065*** [-4.386]		-0.959** [-2.270]	-2.518*** [-5.603]
HHI		1.181*** [9.928]	0.690*** [4.535]		1.336*** [6.332]	-0.293 [-1.059]
HHIsquare		-0.566*** [-4.995]	-0.225 [-1.585]		-0.683*** [-3.404]	-0.644** [-2.511]
TobinQ		0.012* [1.739]	0.027*** [3.530]		-0.047*** [-3.094]	-0.029* [-1.785]
Lnage		-0.657*** [-23.513]	-0.619*** [-11.998]		-0.560*** [-11.104]	-0.367*** [-3.983]
Cashr		0.536*** [4.643]	0.433*** [3.453]		0.228 [1.099]	0.218 [0.957]
Ind	NO	NO	YES	NO	NO	YES
Year	NO	NO	YES	NO	NO	YES
Constant	3.117*** [267.008]	-6.580*** [-35.710]	-11.028*** [-34.814]	2.056*** [100.992]	-10.707*** [-32.002]	-16.234*** [-26.873]
N	2 752	2 752	2 752	2 752	2 752	2 752
R^2	0.188	0.444	0.562	0.147	0.406	0.521

注：*、**、*** 分别表示在10%、5%、1%的水平下显著，被解释变量为企业技术创新，Mixra代表混合主体深入性，括号内为其t值。

（2）制度环境、混合主体深入性与企业技术创新。

在前文的理论分析中，我们提出假说 H_{5-3}：在制度环境较差的地方，混合主体深入性与企业技术创新之间存在倒U形关系。

为了检验假说 H_{5-3}，本节引入了混合主体深入性的平方项，构建了如下待验模型：

$$Innovation_{it+2} = \alpha + \beta_1 \times Mixra_{it}{}^2 + \beta_2 \times Mixra_{it} + \beta_3 \times \sum Control_{it} + \beta_4 \times \sum Ind_{it} + \beta_5 \times \sum Year_{it} + \varepsilon_{it} \tag{5.3}$$

式（5.3）中的Mixra也为混合主体深入性，衡量方法同式（5.2），即用混合所有制企业前十大股东中民营股东与外资股东持股比例之和进行度量。同样地，式（5.3）中也控制了表5-1中列出的相关控制变量。在混合所有制企业中，当混合主体的深入性较强，股权较分散时，有利于对国有大股东形成制衡，从而促进企业技术创新。如果在制度环境较差的地区，式（5.3）中 Mixra 平方项前的系数 β_1 为负。这说明，混合主体深入性与企业技术创新之间呈现倒 U 形关系，假说 H_{5-3}得以验证。

表 5-8 列示了制度环境、混合主体深入性与企业技术创新之间的泊松回归结果，模型 m3 列示的是在制度环境较差的地区混合主体深入性对企业技术创新的影响（企业技术创新用公司申请的所有专利来衡量）。从模型 m3 可以看出，混合主体深入性的平方项 Mixrasq 前的系数显著为负，表明在制度环境较差的情况下，混合主体深入性与企业技术创新之间呈现倒 U 形的非线性关系。模型 m6 用企业申请发明专利的数量来衡量企业技术创新，得到的结果与 m3 类似，即在制度环境较差的情况下，混合主体深入性与企业技术创新呈现倒 U 形关系。这验证了假说 H_{5-3}：在制度环境较差的地方，混合主体深入性与企业技术创新之间存在倒 U 形关系。这与潘越等（2015）的研究结论具有一致之处，他们的研究结论认为司法地方保护主义抑制了企业技术创新。在完善的制度环境下，混合主体与企业技术创新之间存在 U 形关系。从全样本来看，混合主体深入性也与企业技术创新之间呈现倒 U 形关系，从而进一步细化了前文得出的混合主体深入性与企业技术创新之间正相关的关系。

在较差的制度环境下，混合所有制企业适当引入民营股东和外资股东，提高混合主体的深入性有助于促进其技术创新。当然，引入的比例并不一定越高越好，还应同时考虑到企业所处的制度环境，寻找最有利于促进企业技术创新的股权制衡结构。如果制度环境较差，且非国有股东的深入性很高，即其持股比例较高时，倘若国有股东仍对混合所有制企业进行行政干预而非国有股东对此又无能为力，则非国有股东可能会基于自身利益的考虑，对混合所有制企业进行掏空，从而损害混合所有制企业整体的技术创新水平。

通过对各混合所有制企业的企业技术创新数据进行分析，我们发现，在制度环境较差的情况下，当混合主体深入性位于 35%左右时，混合所有制企业的技术创新水平最高。当混合主体深入性位于 35%左右时，非国有股东可以形成一股较强的力量，弥补制度环境的不足，制约国有股东的非效率投资行为，也可以有效减少国有股东不利于混合所有制企业的干预行为。因此，加快推进我国的市场化改革进程，对国有企业进行混合所有制改革，有助于企业技术创新水平的提高。

表 5-8　制度环境、混合主体深入性与企业技术创新之间的泊松回归结果

变量	m1	m2	m3	m4	m5	m6
	$TPatent_{t+2}$	$TPatent_{t+2}$ (envir=1)	$TPatent_{t+2}$ (envir=0)	$Patent_{t+2}$	$Patent_{t+2}$ (envir=1)	$Patent_{t+2}$ (envir=0)
Mixrasq	-0. 001** [-2. 575]	0. 001*** [4. 271]	-0. 002*** [-7. 427]	-0. 001*** [-2. 845]	0. 001* [1. 706]	-0. 003*** [-10. 441]
Mixra	0. 015*** [6. 123]	0. 015*** [4. 473]	0. 067*** [12. 571]	0. 022*** [4. 620]	0. 006 [0. 945]	0. 140*** [13. 074]
LnTA	0. 590*** [52. 970]	0. 706*** [46. 435]	0. 403*** [17. 631]	0. 706*** [33. 988]	0. 870*** [30. 294]	0. 661*** [13. 992]
ROA	0. 165 [0. 774]	-0. 254 [-0. 979]	2. 140*** [4. 963]	0. 294 [0. 664]	1. 201** [2. 148]	-0. 795 [-0. 831]
PPETA	-3. 498*** [-34. 829]	-2. 093*** [-15. 968]	-4. 653*** [-27. 737]	-2. 743*** [-15. 828]	-1. 215*** [-5. 576]	-4. 585*** [-13. 929]
Lev	0. 929*** [15. 159]	1. 070*** [15. 095]	-0. 864*** [-5. 790]	0. 525*** [4. 009]	0. 961*** [6. 616]	-2. 414*** [-7. 446]
CAPEXTA	-1. 048*** [-4. 315]	-4. 063*** [-9. 588]	0. 786** [2. 172]	-2. 554*** [-5. 688]	-6. 457*** [-8. 471]	-0. 365 [-0. 469]
HHI	0. 618*** [3. 988]	-3. 583*** [-15. 596]	3. 530*** [13. 606]	-0. 142 [-0. 508]	-5. 991*** [-14. 036]	4. 956*** [10. 329]
HHIsquare	-0. 164 [-1. 137]	2. 956*** [14. 434]	-1. 664*** [-6. 378]	0. 523** [2. 017]	5. 044*** [13. 364]	-2. 828*** [-5. 748]
TobinQ	0. 029*** [3. 823]	0. 123*** [12. 982]	-0. 139*** [-8. 981]	-0. 034** [-2. 047]	0. 105*** [5. 483]	-0. 284*** [-8. 096]
Lnage	-0. 592*** [-11. 211]	-0. 314*** [-3. 268]	-0. 608*** [-5. 377]	-0. 424*** [-4. 518]	-0. 662*** [-3. 531]	0. 765*** [3. 277]
Cashr	0. 430*** [3. 422]	-0. 225 [-1. 313]	-0. 951*** [-3. 915]	0. 228 [0. 997]	-0. 373 [-1. 213]	-1. 732*** [-3. 561]
Ind	YES	YES	YES	YES	YES	YES
Year	YES	YES	YES	YES	YES	YES
Constant	-11. 215*** [-34. 458]	-13. 252*** [-30. 522]	-7. 397*** [-7. 715]	-15. 837*** [-25. 628]	-15. 678*** [-20. 194]	-15. 874*** [-10. 308]
N	2 752	1 635	1 117	2 752	1 635	1 117
R^2	0. 563	0. 610	0. 651	0. 521	0. 567	0. 691

注：*、**、*** 分别表示在 10%、5%、1%的水平下显著，被解释变量为企业技术创新，Mixra 代表混合主体深入性，括号内为其 t 值。

5.1.3.4 混合主体制衡度对企业技术创新的影响分析

我们进一步分析混合主体制衡度对企业技术创新的影响。从表 5-4 不同混合特征与企业技术创新相关变量描述性统计中我们可以看出，目前我国民营股东在混合所有制企业中的持股比例还较低，平均值仅为 7.98%，而外资股东的持股比例更低，均值仅为 2.20%。相比起来，国有股东的持股比例较高，均值为 39.38%。在混合所有制企业中，国有股“一股独大”的现象较为普遍，国有股东大部分仍为混合所有制企业的实际控制人，在混合所有制企业中非国有资本持股比例不高。因此，为了更好地分析非国有股东的制衡效果以及混合主体深入性对企业技术创新的影响，本节先加总民营股东和外资股东持股比例，再减去国有股东持股比例，得到混合主体制衡度这一度量指标。本节在充分考虑不同股权性质混合类别的基础上，选取国有控股企业为样本，主要关注不同混合类型的企业技术创新状况，如国有股东加民营股东的混合股权结构（mixtype = 5）、国有股东加外资股东的混合股权结构（mixtype=6）、国有股东加外资股东加民营股东的混合股权结构（mixtype=7）共三种混合股权结构中的企业技术创新情况。为此，我们设定了如下待检验模型：

$$\text{Innovation}_{it+2} = \alpha + \beta_1 \times \text{Restr}_{it} + \beta_2 \times \sum \text{Control}_{it} + \beta_3 \times \sum \text{Ind}_{it} + \beta_4 \times \sum \text{Year}_{it} + \varepsilon_{it} \tag{5.4}$$

在式（5.4）中，公式左边为 t+2 期的企业技术创新，分别用企业申请的总专利数和发明专利数来衡量。自变量 Restr_{it} 为混合主体制衡度的代理变量。我们预期在国有控股企业中，混合主体制衡度越高，企业技术创新能力越强。如果 Restr_{it} 前的系数 β_1 显著为正，则说明在国有控股的混合所有制企业中，混合主体制衡度越高，越能促进其企业技术创新，即可验证假说 H_{5-4}。

表 5-9 列示了国有控股企业混合主体制衡度与企业技术创新之间的泊松回归结果。实证结果显示，模型 m1 到 m6 中，Restr 对专利总数、发明总数都具有显著的正向影响。这验证了假说 H_{5-4}：在国有控股的混合所有制企业中，混合主体制衡度越高，越能促进其企业技术创新。

在表 5-9 中，当国有控股企业中只有国有股和民营股时，即当 mixtype = 5 时，模型 m3 是以企业申请的专利总数衡量企业技术创新，模型 m6 是以企业申请的发明专利数量衡量企业技术创新。模型 m3 显示，在国有控股企业中，民营股东持股比例越高，以企业申请的专利总数衡量的技术创新水平越高；模型 m6 显示，在国有控股企业中，民营股东持股比例越高，以企业申请的发明专利数量衡量的技术创新水平也越高。因此，在国有控股的混合所有制企业中，适当提高民营股东持股比例，有助于其技术创新水平的提高。

当国有控股企业中只有外资股东和国有股东时，即当 mixtype 取值为 6 时，从模型 m2 和 m5 中我们同样可以看出，Restr 前的系数显著为正，说明外资股东的持股比例越高，企业技术创新水平越高。同时，当我们分别比较模型 m2 和 m3、模型 m5 和 m6 中 Restr 前的系数大小时，我们发现，mixtype 取值为 6 时 Restr 前的回归系数大于 mixtype 取值为 5 时 Restr 的回归的系数。这说明，在促进国有控股的混合所有制企业技术创新方面，外资股东优于民营股东。因此，我国在实施混合所有制改革时，应适当增加引入的外资比例。

表 5-9　国有控股企业混合主体制衡度与企业技术创新之间的泊松回归结果

变量	m1	m2	m3	m4	m5	m6
	$TPatent_{t+2}$	$TPatent_{t+2}$	$TPatent_{t+2}$	$Patent_{t+2}$	$Patent_{t+2}$	$Patent_{t+2}$
	mixtype=7	mixtype=6	mixtype=5	mixtype=7	mixtype=6	mixtype=5
Restr	0.014*** [22.270]	0.005*** [5.567]	0.001* [1.948]	0.015*** [11.789]	0.009*** [5.284]	0.005*** [3.009]
LnTA	0.435*** [26.698]	0.372*** [15.032]	0.697*** [32.631]	0.775*** [21.674]	0.628*** [12.823]	0.722*** [19.727]
ROA	0.551* [1.750]	2.594*** [5.813]	-1.847*** [-4.404]	-1.044 [-1.543]	-1.434 [-1.615]	1.372* [1.743]
PPETA	-4.014*** [-16.954]	-2.062*** [-5.680]	-1.800*** [-12.464]	-1.619*** [-3.734]	-1.830** [-2.516]	-1.098*** [-4.561]
Lev	1.115*** [11.372]	0.931*** [5.105]	0.154 [1.268]	1.226*** [5.623]	0.625* [1.841]	-0.749*** [-3.171]
CAPEXTA	2.001*** [3.965]	-1.351** [-2.134]	-3.975*** [-10.349]	1.979* [1.920]	-0.888 [-0.693]	-5.793*** [-8.785]
HHI	-1.290*** [-4.073]	-2.413*** [-5.914]	3.245*** [7.318]	-1.723*** [-2.928]	-1.238* [-1.682]	2.492*** [3.508]
HHIsquare	1.695*** [5.368]	2.773*** [7.252]	-8.970*** [-11.676]	2.184*** [3.754]	1.750** [2.537]	-7.537*** [-6.133]

表5-9(续)

变量	m1	m2	m3	m4	m5	m6
	$TPatent_{t+2}$	$TPatent_{t+2}$	$TPatent_{t+2}$	$Patent_{t+2}$	$Patent_{t+2}$	$Patent_{t+2}$
	mixtype = 7	mixtype = 6	mixtype = 5	mixtype = 7	mixtype = 6	mixtype = 5
TobinQ	-0. 003 [-0. 221]	0. 084*** [3. 781]	-0. 029** [-2. 292]	0. 034 [1. 124]	0. 161*** [3. 672]	-0. 245*** [-7. 904]
Lnage	-0. 133* [-1. 713]	0. 390*** [4. 022]	0. 812*** [9. 092]	0. 249 [1. 566]	0. 562*** [2. 867]	1. 294*** [7. 954]
Cashr	-0. 905*** [-4. 768]	-1. 282*** [-5. 773]	1. 322*** [6. 098]	-0. 708* [-1. 929]	-0. 752* [-1. 796]	1. 815*** [5. 036]
Ind	YES	YES	YES	YES	YES	YES
Year	YES	YES	YES	YES	YES	YES
Constant	-9. 529*** [-20. 134]	-9. 989*** [-14. 781]	-15. 264*** [-29. 235]	-22. 108*** [-19. 463]	-18. 490*** [-12. 850]	-18. 248*** [-16. 365]
N	181	303	1 242	181	303	1 242
R^2	0. 731	0. 796	0. 48	0. 729	0. 762	0. 465

注：括号内为其 t 值，回归方法为泊松回归，*、**、*** 分别表示在 10%、5%、1%的水平下显著。

从表 5-9 的回归结果中我们还可以发现，在国有控股企业中，当前十大股东中同时包含国有股东、外资股东和民营股东时，即 mixtype = 7 时，混合主体制衡度对企业技术创新具有显著的正向影响，且这时 Restr 的回归系数大于 mixtype 取值为 6 和取值为 5 时 Restr 的回归系数。这说明，当混合所有制企业中同时存在民营股东和外资股东时，比单独混合民营股东或单独混合外资股东时更能促进企业技术创新，即此时混合主体制衡度对企业技术创新的边际影响最大。

为了考察上述研究结论的稳健性，我们分别用 Tobit 模型和 OLS 模型进行稳健性检验，得到了一致的结论，即在国有控股的混合所有制企业中，混合主体制衡度越高，越能促进其企业技术创新，从而再次验证了假说 H_{5-4}。此外，为了增强本书结论的稳健性，我们进一步选取民营股东和外资股东持股比例之和达到重大影响的混合所有制企业（包含国有股份，且外资股东和民营股东的合计持股比例在 33%~50%），再次验证混合主体深入性、混合主体制衡度对企业技术创新的影响。结果和前文结论一致，进一步验证了前文结论的稳健性。

伴随着全球化的进程，我国企业面临的竞争日趋激烈，进行精益化管理、保持企业的核心竞争优势是基业长青的根本。外部环境日新月异，导致组织内自身的知识储备在应对这些变化时可能较为困难，这时企业可以考虑引入民营股东和外资股东。由于外资股东具有相对更先进的技术和一流的管理经验，引入外资股东可以为混合所有制企业带来知识的溢出效应、资金和更完备的监督以及对管理层技术创新失败的更多包容，从而能够有效促进混合所有制企业技术创新水平的提高（Tian 和 Wang，2014）。表 5-4 显示，目前我国外资股东持股比例的均值为 2.20%，还有很大的提升空间；民营股东持股比例的均值为 7.98%，约为外资股东的 3 倍。因此，我国不仅应加大混合所有制企业中民营股东的持股比例，更应在混合所有制企业中适当引入外资，以促进企业技术创新。

5.2 混合的股权性质与企业技术创新

在第四章中我们讨论了不同企业所有制形式对企业技术创新的影响，发现相比其他的企业所有制形式（如国有独资企业、民营企业、外资企业、集体企业和港澳台资企业），混合所有制企业更能促进技术创新。在上一节，我们讨论了在混合所有制企业内部，不同混合特征会对技术创新产生怎样的影响。那么，在混合所有制企业内部，混合的不同股权性质所占比例的多少又会怎样影响其技术创新？本节依次分析混合所有制中国有股东、外资股东、民营股东持股比例对企业技术创新的影响。

5.2.1 混合所有制企业中国有股东持股比例对技术创新的影响

混合所有制企业中国有股东持股比例和技术创新之间是什么关系？是国有股东持股比例越高越能促进技术创新，还是国有股东持股比例较低越会促进技术创新？如果在混合所有制企业中国有股东持股比例越高越能促进技术创新，那么我们在进行混合所有制改革时应保持较高的国有股东持股比例；如果在混合所有制企业中国有股东持股比例较低越能促进技术创新，那么我们在进行混合所有制改革的过程时应适当降低国有股东的持股比例，避免国有股一股独大，从而促进混合所有制企业的技术创新。

5.2.1.1 理论分析及研究假说的提出

在国有企业改革的过程中，国家通常采取渐进式的改革方式，即将国有独资企业中的一部分股权出售给民营企业或私人持有，政府保留剩余的股权比例，使该国有独资企业转化为混合所有制企业。怎样提高此类企业的核心竞争力？进行企业技术创新是较好的选择。

关于在混合所有制企业中国有股东持股比例对技术创新的影响，现有文献主要有两种不同的观点："支持之手"和"掠夺之手"（Frye 和 Shleifer，1997）。"支持之手"理论认为，混合所有制企业中国有股东持股比例越高，越能促进其技术创新。原因在于：第一，国有股东同时也是企业税收的征收方，掌握了混合所有制企业较全面的信息，降低了信息不对称的程度，从而能够有效防止公司管理层权力过大，避免出现"内部人控制"等不利于企业技术创新的行为（Bai，Lu 和 Tao，2006）。在公司治理机制不完善的情况下，政府监督能够较好地对管理层形成外部约束。第二，混合所有制企业中的国有股权还可以为企业带来更多的政府资源，从而使该企业有更多的资金用于技术创新。在我国特殊的制度背景下，由于存在政治关联，国有股权越多，使得混合所有制企业越容易获得银行贷款和政府补助。余明桂和潘红波（2008）的研究发现，地方政府有强烈的动机去干预银行信贷决策，从而为国有企业提供更多的贷款支持。这使得国有股权较多的企业融资约束更小，有更多的资金支持企业的投资，包括进行技术创新的投资。

"掠夺之手"理论认为，在混合所有制企业中国有股东持股比例越高，越不利于技术创新。原因在于：第一，政府作为国有股的最终股东，不仅仅追求经济目标，更追求政治目标。混合所有制企业中的国有股权比例越高，则政府越容易干预该混合所有制企业，占用其资源完成政治和社会职能，因此该企业不得不放弃更多的技术创新项目。第二，在混合所有制企业中，国有股东持股比例越高，政府对该混合所有制企业的行政干预越多，从而越有可能使得该混合所有制企业运营效率降低，最终使得公司资源难以达到最优化的配置（Shleifer 和 Vishny，1994），大大削弱该混合所有制企业的技术创新能力。第三，混合所有制企业中国有股东持股比例越高，则由于国有股的所有者不明确，终极所有者和员工之间的层级相隔太远，那么当公司的员工积极努力进行技术创新并取得较多的创新成果之后，也很难得到及时的奖励，从而损害了混合所有制企业员工进行技术创新的积极性。

此外，混合所有制企业中国有股东持股比例越高，那么企业愿意承担的风险水平越会下降，从而导致企业越不愿投资于高风险高回报的技术创新项目。利用来自57个国家被私有化了的381家公司的数据，Boubakri等（2013）的研究发现，公司股东的性质与其风险承担水平存在很强且稳健的关系。国有股东持股比例与公司的风险承担水平呈现显著的负相关关系。

基于上述分析，本书提出如下假说：

假说 H_{5-5}：在混合所有制企业中，在其他条件不变的情况下，国有股东持股比例越高，其企业技术创新水平越低。

5.2.1.2 研究设计

（1）样本的选取。本节以2009—2023年CSMAR数据库中所有的上市公司为样本，剔除了金融业上市公司和样本期间曾被ST的上市公司。为了避免极端值及异常值误导本研究的实证结果，我们在进行实证分析前，对相关连续变量进行了缩尾处理（Winsorize，1%，99%）。

（2）变量定义和说明。关于企业技术创新的衡量，我们参照现有文献（Seru，2014；Kogan等，2012），使用公司申请并最终获得授予的专利权来度量企业技术创新[①]。以前的文献也有用研究与开发支出来度量企业技术创新的，但由于用专利度量技术创新可以更好地捕捉企业实际技术创新产出，同时也能更好地反映一个企业技术创新投入的利用效果，因此用专利衡量企业技术创新优于用研究与开发支出度量企业技术创新。在稳健性测试中，我们也使用了企业技术创新投入度量企业技术创新。公司专利申请数据来自国家知识产权局[②]。参考现有文献，本书使用研发投入衡量技术创新投入（Aghion，Van Reenen和Zingales，2013；Amore，Schneider Zaldokas，2013）。公司当年研发支出数据从企业每年的年报中搜集。此外，对研发数据结果的解

---

① 参照现有文献（Thomas J Chemmanur等，2014），在构建企业创新的变量时，我们使用的是公司申请专利的年度。其原因在于，专利申请的年度相比专利授予年度，更接近于实际创新发生的时刻，因此能更好地度量企业创新。

② 公司专利申请查询网址为http://www.chofn.com/patent/inventionpatent/。该网站详细记录了每家公司每年申请专利的数量。申请的专利划分为三种类型：发明专利、实用新型、外观设计。

释应谨慎，因为在2010年前公司的研发支出中有很多数据缺失，数据缺失可能导致样本选择偏误。具体地，我们用Ln（1+Patents），也就是企业每年申请并最终获得授予的专利数量加1的自然对数来衡量企业技术创新。为克服专利漫长研发及申请过程的滞后性，参照现有文献的通常做法，我们采用第t+2期的专利总数和发明专利数来衡量企业技术创新。

值得注意的是，用企业申请的专利来度量其技术创新也有一定的局限性。企业技术创新在不同行业的重要程度和持续性有较大差异。另外，一些行业的小公司也可能不去申请专利。因此，一个行业的专利水平更低，并不一定意味着这个行业整体的技术创新水平更低。通过控制行业和公司的异质性，我们可以在一定程度上消除这种疑虑，从而得出可跨行业和公司的合理推断。

关于控制变量的选取，我们参照企业技术创新的文献，控制了影响企业技术创新产出、与公司特征相关的变量。基本回归模型中的控制变量包括企业规模［总资产的自然对数，Ln（TA）］，盈利能力（ROA），研发支出（研发支出除以总资产，RD）；固定资产比例（固定资产净值除以总资产，PPETA），资产负债率（Lev），资本支出比例（资本支出除以总资产，CAPEXTA），行业竞争程度（用基于年销售收入计算的赫芬达尔-赫希曼指数来度量，HHI），公司的成长机会（用托宾Q值来衡量，TobinQ），公司年龄（用公司成立时起算的公司年龄加1后取自然对数，Lnage）。为了缓解产品市场竞争激烈程度的非线性作用（Aghion等，2005），本节在回归模型中加入了赫芬达尔-赫希曼指数的平方（HHIsquare）作为控制变量。分析中用到的所有财务变量都在1%和99%的水平上进行了Winsorize，以缓解异常值对分析结果的影响。混合的股权性质及比例与企业技术创新相关变量定义如表5-10所示。

表5-10 混合的股权性质及比例与企业技术创新相关变量定义

变量	变量描述	符号
专利	ln［公司当年申请并最终获得授予的专利数量（包括发明、实用新型和外观设计）+1］	LnTPatent
发明	ln（公司当年申请并最终获得授予的发明专利的数量+1）	LnPatent
国有股东持股比例	混合所有制企业中国有股东持股比例	State

表5-10(续)

变量	变量描述	符号
外资股东持股比例	混合所有制企业中外资股东持股比例	Foreign
民营股东持股比例	混合所有制企业中民营股东持股比例	NonState
国内机构投资者持股比例	混合所有制企业中国内机构投资者持股比例	Institution
企业规模	ln（总资产）	LnTA
盈利能力	净利润/总资产	ROA
研发支出	企业研发支出/总资产	RD
固定资产比例	固定资产净值/总资产	PPETA
资产负债率	总负债/总资产	Lev
资本支出比例	固定资产净值/总资产	CAPEXTA
行业竞争程度	基于年销售收入计算的赫芬达尔-赫希曼指数	HHI
竞争程度的平方	基于年销售收入计算的赫芬达尔-赫希曼指数的平方	HHIsquare
公司的成长机会	托宾 Q 值	TobinQ
公司年龄	ln（1+公司年龄）	Lnage
行业	行业虚拟变量，参照 2001 年版中国证监会行业分类代码设定	Ind
年度	年度虚拟变量	Year

（3）模型设定。为了验证假说 H_{5-5}，本节设定了如下待检验模型：

$$Innovation_{it+2} = \alpha + \beta_1 \times State_{it} + \beta_2 \times \sum Control_{it} + \beta_3 \times \sum Ind_{it} + \beta_4 \times \sum Year_{it} + \varepsilon_{it} \quad (5.5)$$

在式（5.5）的中，$Innovation_{it+2}$ 表示第 t+2 年的企业技术创新水平；$State_{it}$ 表示第 t 年年末混合所有制企业中国有股东持股比例。本部分用企业申请的专利总数和发明专利数量来衡量企业技术创新，考虑到年末股权混合的状态对下一年的企业技术创新影响更为显著，其进行创新活动到形成专利和发明需要一段时间，因此参考现有文献的惯例，本部分选取了 t+2 期申请的专利总数及发明专利数量作为企业技术创新的代理变量，并将其取自然对数后的值作为回归模型中的因变量。

5.2.1.3 实证结果与解释

表 5-11 列示了混合所有制企业中国有股东持股比例对企业技术创新影响的普通最小二乘回归结果。结果显示，在混合所有制企业中，国有股权比例越高，其企业技术创新水平越低，表现为国有股东持股比例对企业技术创新水平的回归系数显著为负，从而验证了假说 H_{5-5}：在混合所有制企业中，在其他条件不变的情况下，国有股东持股比例越高，其企业技术创新水平越低。其他控制变量回归结果显示，企业规模越大、盈利能力越强、研发投入水平越高、托宾 Q 值越大，企业技术创新水平越高；行业竞争的激烈程度和企业技术创新水平呈现倒 U 形关系。

表 5-11　混合所有制企业中国有股东持股比例对企业技术创新影响的普通最小二乘回归结果

变量	M1	M2	M3	M4	M5	M6
	$LnTPatent_{t+2}$	$LnTPatent_{t+2}$	$LnTPatent_{t+2}$	$LnPatent_{t+2}$	$LnPatent_{t+2}$	$LnPatent_{t+2}$
State	-0.083*** (-2.777)	-0.223*** (-6.783)	-0.196*** (-5.929)	-0.119*** (-5.506)	-0.187*** (-7.987)	-0.137*** (-5.574)
LnTA		0.255*** (27.830)	0.348*** (38.055)		0.199*** (27.386)	0.257*** (35.138)
ROA		0.792*** (8.360)	0.381*** (4.234)		0.498*** (7.398)	0.243*** (3.770)
RD		15.832*** (5.591)	2.348 (0.911)		15.729*** (7.119)	4.895** (2.369)
PPETA		-0.172*** (-4.420)	0.107*** (2.640)		-0.093*** (-3.281)	0.080*** (2.699)
Lev		0.045 (1.639)	-0.049* (-1.869)		0.057*** (2.963)	0.012 (0.620)
CAPEXTA		0.795*** (6.301)	0.158 (1.397)		0.636*** (6.960)	0.140* (1.671)
HHI		1.443*** (15.458)	0.749*** (7.431)		0.785*** (11.476)	0.475*** (6.379)
HHIsquare		-1.328*** (-13.181)	-0.630*** (-6.131)		-0.724*** (-9.880)	-0.398*** (-5.254)
TobinQ		0.034*** (7.632)	0.063*** (13.121)		0.036*** (11.071)	0.053*** (15.001)
lnage		-0.213*** (-13.377)	-0.040** (-2.373)		-0.115*** (-10.366)	-0.019 (-1.609)

表5-11(续)

变量	M1	M2	M3	M4	M5	M6
	$LnTPatent_{t+2}$	$LnTPatent_{t+2}$	$LnTPatent_{t+2}$	$LnPatent_{t+2}$	$LnPatent_{t+2}$	$LnPatent_{t+2}$
行业	NO	NO	YES	NO	NO	YES
年度	NO	NO	YES	NO	NO	YES
常数项	0.635*** (66.010)	-4.638*** (-23.689)	-7.716*** (-37.764)	0.400*** (57.340)	-3.827*** (-24.813)	-5.663*** (-34.821)
N	26 584	26 584	26 584	26 584	26 584	26 584
Adj. R^2	0.001	0.076	0.297	0.001	0.079	0.256
F	7.710	153.953	80.831	30.316	130.597	57.125

注：*、**、*** 分别表示在 10%、5%、1%的水平上显著，被解释变量为企业技术创新，State 代表混合所有制企业中国有股东持股比例，括号内为其 t 值。

为了消除公司层面不可观测的异质性对企业技术创新的影响，我们使用面板的固定效应模型（FE）进行稳健性测试。结果显示，国有股东持股比例越高，其企业技术创新水平越低，从而验证了上述结论的稳健性。

从上述实证分析中我们可以看出，在混合所有制企业中，国有股东持股比例越高，越会抑制其技术创新。因此，我们在进行国有企业混合所有制改革时，可以适当降低国有股东持股比例，引入其他性质的股东，以促进混合所有制企业整体技术创新。

5.2.2 混合所有制企业中外资股东持股比例对技术创新水平的影响

5.2.2.1 理论分析及研究假说的提出

在混合所有制企业中引入外资股东，至少可从以下四个方面促进企业技术创新：

第一，引入外资股东可以为企业带来丰富的资源，如充足的现金、良好的品牌等，使企业不再受资源的制约，从而为企业技术创新提供更多的物质基础和外部环境。

第二，引入外资之后，外资可能带来技术外溢效应。在混合所有制企业中引入外资股东，则外资股东的创新投资可以为混合所有制中的其他股东及员工的技术创新活动产生正外部效应，此为知识的外溢效应原则（Jaffe 等，

2000)。现有研究也表明，当一家公司被外国公司并购后，会进行更多的产品和工艺技术的革新，同时采用更先进的设备和进行组织流程再造，还会引进外国先进技术，从而导致其生产力的提高（Guadalupe 等，2012）。

第三，引入外资后，企业愿意承担的风险水平上升，从而导致企业更愿意投资于高风险高回报的技术创新项目。通过利用来自 57 个国家被私有化了的 381 家公司的独特数据，Boubakri 等（2013）发现，公司股东性质与公司风险承担水平存在很强且稳健的关系。外资股东与公司的风险承担水平显著正相关，并且外资股东愿意承担风险的程度与该国家的法制健全程度正相关。

第四，引入外资还可以促进公司治理的改善，从而促进企业技术创新。通过对经理人实施更加有效的监督，外资股东可以抑制经理人的偷懒和懈怠行为，使得经理人的积极性被充分地调动起来，更愿意去从事高风险高回报的技术创新项目。研究者们发现，相比其他投资者，外资股东监督经理人的积极性更强（Aggarwal 等，2011）。外资股东更独立于企业内部的各个利益团体，较少地与其他方存在利益冲突，使得外资股东更容易对所投资公司的治理机制进行完善（Gillan 和 Starks，2000）。

基于上述分析，我们预测在混合所有制企业中，外资股东持股比例越高，越能促进其企业技术创新。由此我们提出如下假说：

假说 H_{5-6}：在混合所有制企业中，在其他条件不变的情况下，外资股东持股比例越高，越能促进企业技术创新。

5.2.2.2 研究设计

本部分样本的选取、变量定义和说明同 5.2.1.2。

为了验证假说 H_{5-6}，本书设定了如下待验模型：

$$\text{Innovation}_{it+2} = \alpha + \beta_1 \times \text{Foreign}_{it} + \beta_2 \times \sum \text{Control}_{it} + \beta_3 \times \sum \text{Ind}_{it} + \beta_4 \times \sum \text{Year}_{it} + \varepsilon_{it} \quad (5.6)$$

在上述模型中，Innovation_{it+2} 表示第 t+2 年的企业技术创新水平；Foreign_{it} 表示第 t 年年末混合所有制企业中外资股东持股的比例。本部分用企业申请的专利总数和发明专利数量来衡量企业技术创新，考虑到年末股权混合的状态对下一年的企业技术创新影响更为显著，其进行技术创新活动到形成专利和发明需要一段时间，因此本部分选取了 t+2 期申请的专利总数及发明专利数量作为企业技术创新的代理变量。

5.2.2.3 实证结果与解释

表 5-12 列示了混合所有制企业中外资股东持股比例对技术创新影响的普通最小二乘回归结果。结果显示，在混合所有制企业中，外资股东持股比例越高，企业技术创新水平越高，表现为外资股东持股比例对企业技术创新的回归系数显著为正，从而验证了假说 H_{5-6}：在混合所有制企业中，在其他条件不变的情况下，外资股东持股比例越高，越能促进企业技术创新。

其他控制变量回归结果显示，企业规模越大、盈利能力越强、研发投入水平越高、托宾 Q 值越大，其技术创新水平越高；公司上市年龄越小，其技术创新水平也越高；行业竞争的激烈程度和企业技术创新水平呈现倒 U 形的关系。

表 5-12 混合所有制企业中外资股东持股比例对技术创新影响的普通最小二乘回归结果

变量	M1	M2	M3	M4
	$LnTPatent_{t+2}$	$LnTPatent_{t+2}$	$LnPatent_{t+2}$	$LnPatent_{t+2}$
Foreign	0.989*** (6.731)	0.842*** (5.874)	0.420*** (4.325)	0.362*** (3.785)
LnTA		0.253*** (27.598)		0.197*** (27.127)
ROA		0.770*** (8.152)		0.484*** (7.206)
RD		17.373*** (6.157)		16.852*** (7.646)
PPETA		-0.226*** (-5.921)		-0.139*** (-5.014)
Lev		0.036 (1.326)		0.047** (2.474)
CAPEXTA		0.840*** (6.661)		0.684*** (7.499)
HHI		1.444*** (15.441)		0.790*** (11.540)
HHIsquare		-1.332*** (-13.209)		-0.730*** (-9.958)

表5-12(续)

变量	M1	M2	M3	M4
	$LnTPatent_{t+2}$	$LnTPatent_{t+2}$	$LnPatent_{t+2}$	$LnPatent_{t+2}$
TobinQ		0.035*** (7.961)		0.037*** (11.455)
lnage		−0.168*** (−11.642)		−0.080*** (−7.849)
行业	NO	YES	NO	YES
年度	NO	YES	NO	YES
常数项	0.607*** (79.813)	−4.728*** (−24.211)	0.373*** (67.452)	−3.892*** (−25.293)
N	26 584	26 584	26 584	26 584
Adj. R^2	0.002	0.276	0.001	0.277
F	45.300	153.854	18.702	126.566

注：*、**、*** 分别表示在10%、5%、1%的水平上显著，被解释变量为企业技术创新，Foreign 代表混合所有制企业中外资股东持股比例，括号内为其 t 值。

为了消除公司层面不可观测的异质性对企业技术创新的影响，我们使用面板固定效应模型（FE）进行稳健性测试。结果证实，在混合所有制企业，外资股东持股比例越高，越能促进企业技术创新，从而验证了上述结论的稳健性。

通过上述实证分析，我们可以看出，在混合所有制企业，在其他条件不变的情况下，外资股东持股比例越高，越会促进企业技术创新。因此，我们在对国有企业进行混合所有制改革时，可以适当多引入外资，从而促进该混合所有制企业的技术创新。

5.2.3 混合所有制企业中民营股东持股比例对技术创新水平的影响

5.2.3.1 理论分析及研究假说的提出

进行技术创新所需周期通常较长，涉及较多的投入，创新过程具有较高的风险，因此与日常经营活动不同（Hirshleifer 等，2012）。从经理人自身利弊和政治角度分析，国有企业进行技术创新投资的激励相对较弱，其没有内在的动力投资于技术创新项目（Hart 等，1997）。对国有企业进行混合所有制改革后，通过增资或股份转让的方式，企业中国有股东持股比例下降，而民营股东持股比例上升。这个过程会对技术创新产生什么样的影响？我们预测：混合所有制企业中民营股东持股比例越高，企业越会从事更多技术创新项目。原因如下：

第一，在混合所有制企业中，民营股东持股比例越高，政府越难以对该企业的生产经营和投融资等决策进行干预。由于政府向企业施加的政治压力减少，企业不再需要承担过重的政策性负担，可以集中精力提升企业价值，从事更多有利于增加股东财富的技术创新活动。政治观认为，在政府的效用函数里，维护社会稳定是首要任务，即要保持经济稳定增长和较高的社会就业率，这两个目标和企业技术创新的目标有时会有冲突。在这种情况下，政府通常为了保证自己目标的实现，阻止国有企业进行高风险、高回报的技术创新活动（Boubakri 等，2013）。在混合所有制企业中，民营股东持股比例越高，政府为达到其政治目的，虽然仍想对该混合所有制企业进行干预，但在这种情况下其面临越多来自民营股东的阻力，从而增加了其干预成本（Sappington 和 Stiglitz，1987）。李文贵和余明桂（2015）的研究也表明，民营股东持股比例越高，民营化后企业的技术创新活动越多，二者呈现显著的正相关关系。由此，我们可以合理预测：混合所有制企业中民营股东持股比例越高，企业越会从事更多的技术创新活动。

第二，在混合所有制企业中，民营股东持股比例越高，越有利于其公司治理的完善，从而降低代理成本。John 等（2008）的研究表明，经理人喜欢过安逸平静的生活，同时期望得到更多的私人利益，或者提升职业声誉。因此，如果激励机制不健全且监督不力，则国有企业的经理人不愿意选择冒险的技术创新策略，而是倾向于选择稳健的、少进行技术创新投资的策略。混合所有制企业中民营股东持股比例越高，这部分非国有性质的股东在拥有了企业较高比例的所有权后，越着手完善对经理人的激励和监督机制，从而保护自身利益。Gupta（2005）利用印度国有企业部分民营化的数据进行研究后发现，即使在引入民营股东时并未改变国有股东的控股地位。引入民营股东后，股票市场可以对管理层的业绩进行监督，并给予相应的回报，这使得民营股东的引入对公司的盈利能力、生产力和投资等方面都有显著的促进作用。因此，在混合所有制企业中，提高民营股东持股比例，可以降低经理人采取道德风险行为的概率，也使其更少地采取机会主义行为，而是通过勇于进行技术创新，增加企业价值。鲁桐和党印（2014）的研究也表明，当在第二大股东到第十大股东中引入民营股东时，随着其引入比例的提高，其有更强的动机提高经理人工作的积极性，使企业治理机制更完善，最终提高企业进行技术创新的能力，从而创造出更多的技术创新成果。

基于上述分析，我们提出如下假说：

假说 H_{5-7}：在混合所有制企业中，在其他条件不变的情况下，民营股东持股比例越高，越能促进企业技术创新。

5.2.3.2 研究设计

本部分样本的选取、变量定义和说明同 5.2.1.2。

为了验证假说 H_{5-7}，我们设定了如下待验模型：

$$Innovation_{it+2} = \alpha + \beta_1 \times NonState_{it} + \beta_2 \times \sum Control_{it} + \beta_3 \times \sum Ind_{it} + \beta_4 \times \sum Year_{it} + \varepsilon_{it} \tag{5.7}$$

在上述模型中，$Innovation_{it+2}$ 表示第 t+2 年的企业技术创新水平，$NonState_{it}$ 表示第 t 年年末混合所有制企业中民营股东持股比例。本部分用企业申请的专利总数和发明专利数量来衡量企业技术创新，考虑到年末股权混合的状态对下一年的企业技术创新影响更为显著，且进行技术创新活动到形成专利和发明需要一段时间，因此本部分选取了公司 t+2 期申请的专利总数及发明专利数量作为其技术创新的代理变量。

5.2.3.2 实证结果与解释

表 5-13 列示了混合所有制企业中民营股东持股比例对技术创新影响的普通最小二乘回归结果。结果显示，在混合所有制企业中，民营股东持股比例越高，企业技术创新水平越高，表现为民营股东持股比例对技术创新的回归系数显著为正，从而验证了假说 H_{5-7}：在混合所有制企业中，在其他条件不变的情况下，民营股东持股比例越高，越能促进企业技术创新。

其他控制变量的回归结果显示，企业规模越大，盈利能力越强，研发投入水平越高，托宾 Q 值越大，相应地，其技术创新能力也就越强。此外，公司上市年龄越小，企业技术创新能力越强。同时，行业竞争的激烈程度和企业技术创新呈现出倒 U 形关系。这些结论和现有文献的研究结论一致。

表 5-13　混合所有制企业中民营股东持股比例对技术创新水平影响的普通最小二乘回归结果

变量	M1	M2	M3	M4	M5
	$LnPatent_{t+2}$	$LnPatent_{t+2}$	$LnPatent_{t+2}$	$LnTPatent_{t+2}$	$LnTPatent_{t+2}$
Nonstate	0.092*** (4.301)	0.158*** (6.761)	0.140*** (5.802)	0.159*** (4.867)	0.183*** (5.602)
LnTA		0.198*** (27.337)	0.257*** (35.160)	0.255*** (27.754)	0.348*** (38.029)
ROA		0.499*** (7.414)	0.245*** (3.802)	0.791*** (8.354)	0.383*** (4.258)
RD		15.782*** (7.141)	4.792** (2.319)	16.061*** (5.673)	2.208 (0.856)
PPETA		-0.101*** (-3.578)	0.081*** (2.719)	-0.190*** (-4.861)	0.106*** (2.626)
Lev		0.053*** (2.789)	0.011 (0.558)	0.039 (1.433)	-0.050* (-1.908)
CAPEXTA		0.651*** (7.139)	0.144* (1.716)	0.822*** (6.514)	0.167 (1.473)
HHI		0.789*** (11.535)	0.475*** (6.374)	1.449*** (15.516)	0.748*** (7.420)
HHIsquare		-0.727*** (-9.923)	-0.397*** (-5.243)	-1.334*** (-13.223)	-0.628*** (-6.106)
TobinQ		0.036*** (11.134)	0.053*** (15.020)	0.034*** (7.733)	0.063*** (13.124)
lnage		-0.111*** (-9.948)	-0.021* (-1.725)	-0.202*** (-12.727)	-0.041** (-2.413)
行业	NO	NO	YES	NO	YES
年度	NO	NO	YES	NO	YES
常数项	0.304*** (17.231)	-3.987*** (-25.784)	-5.805*** (-34.809)	-4.810*** (-24.503)	-7.895*** (-37.623)
N	26 584	26 584	26 584	26 584	26 584
Adj. R^2	0.001	0.078	0.256	0.075	0.296
F	18.497	129.202	57.119	152.677	80.838

注：*、**、***分别表示在10%、5%、1%的水平上显著，被解释变量为企业技术创新，括号内为其t值。

为了消除公司层面不可观测的异质性对企业技术创新的影响，我们使用面板的固定效应模型（FE）进行稳健性测试。结果显示，在混合所有制企业中，民营股东持股比例越高，越能促进企业技术创新，从而验证了上述结论的稳健性。

5.2.4 小结

国有企业长期以来一直备受经营管理上的诸多弊端困扰，比如效率不高、市场反应慢、包袱过重等。目前，我国的诸多改革（比如要素供给成本的降低、调整相对价格、逐渐打破垄断、建立竞争性市场）最核心的一条就是：必须增强国有企业的技术创新能力。混合所有制改革通过在国有企业中更多地引入民营资本和外资，为国有企业注入了新的活力。针对国有股东一股独大的情况，混合所有制改革使原有国有企业的股权朝多元化方向发展，进而消除垄断，构建竞争机制，以此提升其技术创新水平。

5.3 混合所有制企业中实施股权激励计划和管理层持股对技术创新的影响

近年来，研究者们开始纷纷关注股权激励计划的作用。那么，在混合所有制中，引入股权激励计划是会促进还是会抑制企业技术创新？此外，相比非国有控股的混合所有制企业，国有控股的混合所有制企业中的股权激励计划对企业技术创新的影响程度是较大还是较小？在混合所有制企业中，管理层持股比例越高是会促进还是会抑制企业技术创新？这些正是本节关注的核心问题，对这些问题的研究，有助于我们更深刻地认识企业技术创新产生的环境和过程以及是否存在能够促进企业技术创新的内部制度。

5.3.1 理论分析及研究假说的提出

企业所处的外部环境和内部制度设计都会影响企业的技术创新水平。我国于 2005 年 12 月 31 日出台了《上市公司股权激励办法》，不少上市公司相继实施了股权激励制度。在现代公司制度下，所有权与经营权的两权分离，导致委托代理问题在我国上市公司中也普遍存在。Bertrand 和 Mullainathan（2003）认为，管理层喜欢过平静的生活，不愿意承担额外的私人成本进行技术创新。Jensen 和 Meckling（1976）的研究发现，较好的薪酬设计有利于减少管理层自利行为导致的代理问题。为此，在实践过程中产生了一种长效激励机制。该机制有利于将管理层利益和股东利益、公司利益紧密结合，即股权激励。股权激励使管理层从企业可持续发展的视角开始重视技术创新。已有实证研究表明，股权激励对高管人员的投资行为产生了较大的影响（Jensen 和 Murphy，1990）。我国股权激励实施后的经验证据也显示，股权激励对上市公司业绩的提高起到了较大的作用（曲亮和任国良，2010）。吕长江和张海平（2011）的研究也证实，股权激励计划抑制了公司的非效率投资行为，降低了代理成本。自我国实施股权激励制度以来，股权激励制度是否提升了我国上市公司的技术创新水平？股权激励的目的是通过改变管理层和员工的行为，达到企业价值最大化。由于政策的引导及上市公司的积极响应，股权激励计划已激发出许多上市公司管理层和职工的内在动力。

企业技术创新能力的培育是企业长远发展的一项重要战略部署。技术创新不仅仅需要员工的努力，完善的配套制度安排和资金投入也必不可少。管理层的创新意识、战略决策、重视程度以及员工的投入与付出对技术创新至关重要。Acs 等（2003）从马斯洛的需求层次理论出发，分别分析了物质激励体系和精神激励体系。他们认为，企业技术创新要想顺利开展并获得成功，关键在于完善企业技术创新激励体系。只有建立起企业技术创新激励体系并有效执行，才能充分调动全体员工的积极性、创造性和主动性，使企业保持持续的创新能力。在股权激励引导下，上市公司管理层更倾向于重视技术创新、制定创新战略、实施创新激励政策、增加研发投入，目的是希望企业获得持续的核心竞争能力，从而在可预见的未来产品市场上激烈的竞争中处于优势地位，获得超额收益，提升企业股价，使即将行权的期权价值更大，授予的限制性股票也能获得更多的收益。传统的薪酬激励通常与当年的销售收入和会计利润等当期指标挂钩，导致经理人和员工急功近利，不重视技术创新。因为创新涉及尝试新的方法、开发新的领域，而这些尝试都很有可能失败。企业技术创新需要长期的培育和投入，以当年业绩为目标的短期考核会扼杀管理层和员工的创新热情，而股权激励计划的实施，使管理层和员工的眼光放得更长远，从而投资于高风险但也伴随着超额回报的技术创新项目。这样，更多从事技术创新的经理人即使在前期的收益较低，一旦创新成功，他们就能获得巨额的收益，也即在期权可行权或限制性股票解禁时能够获得更多的收益。具有较长等待期的股票期权和限制性股票，允许经理层在前期技术创新失败，包容其短期业绩不理想，只要长期的创新行为成功，就给予奖励。这就鼓励企业经理层和职工从事技术创新活动。因此，我们预期实施股权激励计划后，企业技术创新将得以提高。由此，我们提出假说 H_{5-8}。

假说 H_{5-8}：在混合所有制企业中，在其他条件不变的情况下，相比未实行股权激励计划的公司，采取了股权激励计划的公司的技术创新水平显著提高。

委托代理理论认为，在现代企业制度中，所有权和经营权广泛存在分离现象。由于管理层与股东各自的效用函数不同，再加上信息不对称，使股东无法随时准确地获知管理层的行为以及企业的真实运营情况，从而引发了企业管理层的逆向选择和道德风险行为。股权激励理论正是为了解决委托-代理问题而提出的一种较好的方法。在国有企业中，经营管理者通常是具有一定行政级别的官员。即使上市以后，他们的主要任务仍不是为广大投资者创造价值，而主要是对国资委等控股股东负责。在人事任命上，他们接受上级组织部门的派遣，因此他们往往主要关心上级领导是否认可他们的工作，而不那么关心是否为普通小股东创造了价值。对于国有企业高管来说，股东不如上级领导重要，导致普通股东与管理层目标不同，从而影响到企业绩效。即使在国有控股的混合所有制企业中实施股权激励计划，虽然可以在一定程度上促使国有企业管理层更多地以股东的身份参与企业经营，从所有者的角度看问题，从而降低代理成本，但由于其制度环境不同于民营企业，国有控股的混合所有制企业管理层追求的目标也并非纯经济目标。因此，在国有控股的混合所有制企业中实施股权激励计划的效果可能并不如在非国有控股的混合所有制企业中实施股权激励的效果显著。

总之，我国国有控股混合所有制企业的高管不仅仅是职业经理人，他们更是具有一定行政级别的官员。在他们的思想天平上，政治前途大于经济前途。因此，我们预测，即使在国有控股的混合所有制企业中实行股权激励制度，由于管理层的目标除追求经济目标之外还存在政治目标，其每天的精力也会分散在其他政治目标上，因此不会专注于提升企业技术创新水平。我们推测股权激励制度在国有控股的混合所有制企业中对技术创新的促进程度会弱于在非国有控股的混合所有制企业中对技术创新的促进程度。基于上述分析，我们提出假说 H_{5-9}。

假说 H_{5-9}：在其他条件不变的情况下，相比非国有控股的混合所有制企业，国有控股的混合所有制企业中股权激励对技术创新的促进作用更小。

管理层持股比例越高，则其利益和股东的利益越一致。也就是说，管理层持股比例越高，越会让其从短视的、只关心其近期利益的代理人向具有远见的、关心公司长远发展的所有者转变。因此，拥有公司更高股权比例的管理层，会更多地从事有利于企业长远发展的技术创新活动。由此，我们提出假说 H_{5-10}。

假说 H_{5-10}：在混合所有制企业中，在其他条件不变的情况下，管理层持股比例越高，越能促进其技术创新。

5.3.2 研究设计

5.3.2.1 样本选择和变量定义

（1）企业技术创新。本节研究我国上市公司股权激励制度对企业技术创新的影响。我们选取了我国上市公司 2012—2023 年的数据。现有关于企业技术创新的文献主要从创新的投入和产出两方面进行衡量。通常，为了使结果更具稳健性，已有文献主要从公司当年自主开发的新产品数和公司申请的专利数量对企业技术创新进行度量。考虑到数据的可获得情况，本节没有使用公司当年自主开发的新产品数量作为企业技术创新的度量，而是使用公司当年申请的专利数量作为企业技术创新的主要度量方式。在稳健性测试中，我们也使用了企业技术创新投入来度量技术创新水平。公司专利申请数据来自国家知识产权局[①]。参考现有文献，本节使用研发投入来衡量企业技术创新投入，公司当年研发支出数据从企业每年的年报中搜集。我们使用专利申请数量作为企业技术创新的主要度量，而将去掉缺失数据后的研发投入作为稳健

① 公司专利申请查询网址为 http://www.chofn.com/patent/inventionpatent/。该网站详细记录了每家公司每年申请专利的数量。申请的专利划分为三种类型：发明专利、实用新型、外观设计。

性测试中对企业技术创新的度量。考虑到在有的行业中，公司即使没有技术创新，也能正常经营，因此我们将这样的公司从样本中剔除，即剔除行业代码以 A、D、F、H、J、K、L 、M 开头的公司。

（2）股权激励和其他控制变量的度量。本节的股权激励信息来自 CSMAR 数据库。如果一家公司在当年执行了股权激励计划，本节就将其股权激励变量（Incentive）定义为 1，否则就将其定义为 0。参考企业技术创新方面的文献，本节控制了可能会影响公司未来创新产出的与该公司和其行业有关的特征。

（3）控制变量。本节选取的控制变量包括机构投资者持股比例（Institution），公司规模（用总资产自然对数来衡量），公司年龄（用观测年度减去公司成立年份加上 1 的自然对数来度量），混合所有制企业实际控制人性质，公司的盈利能力（资产回报率 ROA），固定资产比例（用固定资产净值除以总资产来衡量），杠杆率等。此外，现有文献通常用管理层持股对股权激励的指标进行计量，即没有严格区分对管理层实施股权激励计划和管理层持股，在概念上混淆了两者的界限。为了更好地弥补现有文献的不足，本节分别考核管理层持股比例和实施股权激励计划对企业技术创新的影响，而不是将两者混同起来，从而使本节的研究结论较清晰且准确。股权激励与管理层持股对企业技术创新影响的相关变量定义如表 5-14 所示。

表 5-14　股权激励与管理层持股对企业技术创新影响的相关变量定义

变量	变量描述
Panel A 企业技术创新和股权激励变量	
Patent	公司当年申请并最终获得授予的发明专利的数量。
LnPatent	ln（公司当年申请并最终获得授予的发明专利的数量+1）
TPatent	公司当年申请并最终获得授予的专利数量，包括发明、实用新型和外观设计
LnTPatent	ln［公司当年申请并最终获得授予的专利数量（包括发明、实用新型和外观设计）+1］
R & Dinv	公司当年研发支出/营业收入
Incentive	如果公司在当年实施了股权激励计划（包括股票期权计划、限制性股票计划等），则令 Incentive=1，否则令 Incentive=0

表5-14(续)

变量	变量描述
Panel B 其他控制变量	
Institution	机构投资者持股比例
Ma_share	管理层持股比例
SOE	公司实际控制人性质的虚拟变量。若该公司为国有控股，则取值为1；否则取值为0
Size	公司规模，等于年末总资产的自然对数
Cash	公司现金持有水平，计算公式为资产负债表列示的货币资金项目除以期初总资产
ROA	总资产收益率，公司当期净利润除以期初总资产
Age	公司年龄，观测年度减去公司成立年份加上1的自然对数
Lev	资产负债率，公司当年度的负债总额除以总资产
PPE	固定资产投资水平，用资产负债表中固定资产净值除以总资产进行衡量
η_i	行业固定效应，参照2001年版中国证监会行业分类代码设定行业虚拟变量
τ_t	年度虚拟变量，如果属于该年度，则令其为1；否则令其为0

5.3.2.2 回归模型

由于下列原因，鲜有文献涉及代理成本和企业技术创新的关系。第一，所有权和经营权分离而引致的代理成本难以进行度量。在不同的时间、不同的行业，代理问题的种类和表现形式也不同，这就可能会造成度量上的错误。第二，即使我们能找到代理成本的替代变量，遗漏变量可能导致的内生性问题，使得仅仅使用代理成本对企业技术创新的回归结果存在偏误。在本节中，我们通过引入股权激励这一事件来研究代理成本和创新的关系，从而在一定程度上减缓上述问题。与未实施股权激励计划的公司相比，实施了股权激励计划的公司，通过使股东和管理层具有共同的目标和更接近的利益，降低了代理成本。

我们使用如下泊松计数模型来研究所有权和经营权的分离导致的代理成本与企业技术创新之间的关系：

$$E(\text{Patent}_{it+2} \mid x_{it},\ \eta_i,\ \tau_t) = \exp(\alpha * \text{Incentive}_{it} + \varphi \times \text{Ma\_share}_{it} + \sum_{i=1}^{k} \beta_i \times x_{it} + \eta_i + \tau_t) \quad (5.8)$$

在式（5.8）中，$\sum_{i=1}^{k} \beta_i \times x_{it}$ 表示表 5-14 中定义的控制变量。η_i 表示行业固定效应（参照 2001 版证监会行业分类代码设定行业的虚拟变量）。τ_t 表示年度虚拟变量，如果属于该年度，则令其为 1；否则令其为 0。Incentive 是我们的关注变量。由于股权激励计划能够使得股东和管理层的利益更加一致，从而降低企业的代理成本，因此我们预测 Incentive 前的系数应为正。

在稳健性测试中，我们使用面板的固定效应模型进行检验。此外，我们还参照 Jack He 和 Xuan Tian 的做法，使用普通最小二乘（OLS）来再次检验结果的稳健性。

5.3.3 实证结果

5.3.3.1 泊松回归分析

表 5-15 列示了混合所有制企业中实施股权激励计划和管理层持股对企业技术创新影响的泊松回归结果。为了克服实施股权激励计划后到专利申请之间的滞后效应，我们采用 t+1 期的专利申请量和发明申请量来衡量企业技术创新水平。从表 5-15 可以看出，无论是用 t+1 期的发明申请量还是专利申请量来度量企业技术创新，在混合所有制企业中实施股权激励计划都会对技术创新产生显著的促进作用。此外，表 5-15 还显示，在混合所有制企业中，管理层持股比例与企业技术创新之间呈现出显著的正相关关系。该结论也与已有研究结论一致。机构投资者持股比例越高，企业技术创新水平越高，即机构投资者促进了企业技术创新，此结论也与已有研究结论相吻合。

表 5-15　混合所有制企业中实施股权激励计划和管理层持股对企业技术创新影响的泊松回归结果

变量	M1	M2	M3	M4
	$Patent_{t+1}$	$Patent_{t+1}$	$TPatent_{t+1}$	$TPatent_{t+1}$
Incentive	0. 158***	0. 084***	0. 595***	0. 468***
	[10. 348]	[5. 437]	[66. 184]	[51. 832]
ROA	-4. 077***	-0. 370***	-2. 309***	0. 282***
	[-60. 244]	[-4. 594]	[-51. 408]	[5. 676]
Cash	-0. 116***	-1. 270***	-0. 140***	-0. 753***
	[-3. 004]	[-28. 528]	[-5. 333]	[-27. 256]
PPE	-5. 743***	-5. 619***	-4. 151***	-3. 549***
	[-179. 364]	[-166. 352]	[-205. 654]	[-159. 365]
SOE	-0. 269***	0. 039***	-0. 161***	-0. 028***
	[-23. 131]	[2. 951]	[-22. 226]	[-3. 538]
Age	-0. 194***	-0. 057***	-0. 167***	0. 005
	[-20. 207]	[-4. 333]	[-24. 409]	[0. 637]
Ma_share	1. 254***	1. 267***	1. 123***	1. 267***
	[55. 218]	[37. 053]	[77. 695]	[70. 342]
Institution	1. 508***	2. 023***	0. 934***	1. 216***
	[78. 413]	[95. 326]	[73. 521]	[88. 622]
Lev	-0. 580***	0. 065**	-0. 558***	-0. 115***
	[-20. 758]	[2. 238]	[-30. 087]	[-6. 196]
Size	1. 020***	1. 059***	0. 928***	0. 889***
	[302. 531]	[281. 569]	[414. 659]	[381. 183]
Constant	-18. 617***	-19. 752***	-15. 993***	-15. 432***
	[-226. 463]	[-201. 401]	[-296. 123]	[-261. 371]
Industry & Year	NO	YES	NO	YES
N	5 954	5 954	5 950	5 950
R^2	0. 507	0. 673	0. 474	0. 551

注：括号内为其 t 值；Incentive 为实施股权激励计划的虚拟变量，Ma_share 为管理层持股比例；*、**、*** 分别表示在 10%、5%、1%的水平下显著。

我们控制了行业和年度的影响后，在混合所有制企业中实施股权激励计划、管理层持股对技术创新的促进作用依然很显著。实证结果支持本书的假

说 H_{5-8}：在混合所有制企业中，在其他条件不变的情况下，相比未实行股权激励的公司，采取了股权激励计划的公司的企业技术创新水平显著提高。同时，实证结果也支持了假说 H_{5-10}：在混合所有制企业中，其他条件不变的情况下，管理层持股比例越高，越能促进企业技术创新。

5.3.3.2 倾向得分匹配（PSM）与双重差分（DID）分析

为了得到股权激励对企业技术创新影响更准确的度量结果，本节还使用了倾向得分匹配（PSM）与双重差分（DID）对其进行分析。首先，本节采用倾向得分的方法寻找到实施股权激励计划公司的可比样本。我们选取资产规模、ROA、行业、公司年龄等控制变量维度相似的公司进入控制组。倾向得分匹配前后样本（实施股权激励计划的公司和控制组公司）分布如图 5-4 所示。在图 5-4 中，横轴代表倾向得分，是指选用资产规模、ROA、行业、公司年龄这几个指标采用 Logistic 回归对样本计算出的倾向得分；纵轴代表核密度，是指对数据分布不附加任何假定、从数据样本本身出发得出的数据分布密度。

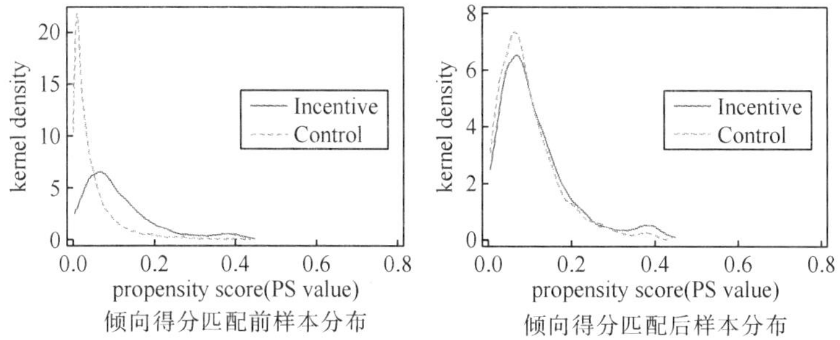

图 5-4 倾向得分匹配前后样本分布

从图 5-4 可以看出，进行倾向得分匹配后，处理组和控制组的倾向得分较为接近，从而使得处理组和控制组在其他维度上具有可比性，它们之间唯一的显著差别就是是否实施股权激励计划，这在一定程度上保证了后文双重差分（DID）分析结果的可靠性。

表 5-16 列示了处理组和控制组在匹配前后企业技术创新的对比。为了增强数据的显著性，表 5-16 中的 R & Dinv 是研发支出除以营业收入所得值扩

大100倍后的结果。从表5-16可以看出，无论是使用最近邻匹配、半径匹配还是核权重匹配，匹配后实施了股权激励计划的公司的专利申请量都显著高于未实施股权激励计划的公司（在1%的水平下显著）。这表明，实施了股权激励计划后公司管理层更关注企业的长期发展，使得企业的技术创新水平显著提高。因此，这验证了实施股权激励计划对企业技术创新的影响。

表5-16 处理组和控制组在匹配前后企业技术创新的对比

变量	样本	实验组	控制组	平均处理效应	标准差	T值
Panel A：最近邻匹配						
Patent	匹配前	1.830	0.826	1.005	0.063	15.87***
	匹配后	1.830	0.991	0.839	0.889	9.493***
TPatent	匹配前	2.713	1.355	1.357	0.100	13.56***
	匹配后	2.713	1.667	1.046	0.128	8.183***
R & Dinv	匹配前	17.920	17.092	0.827	0.121	6.833***
	匹配后	17.920	17.132	0.788	0.113	6.989***
Panel B：半径匹配						
Patent	匹配前	1.831	0.826	1.004	0.063	15.87***
	匹配后	1.833	1.009	0.824	0.078	10.56***
TPatent	匹配前	2.713	1.355	1.357	0.100	13.56***
	匹配后	2.719	1.670	1.048	0.112	9.413***
R & Dinv	匹配前	17.921	17.092	0.827	0.121	6.830***
	匹配后	17.916	17.194	0.723	0.099	7.314***
Panel C：核权重匹配						
Patent	匹配前	1.831	0.826	1.004	0.063	15.87***
	匹配后	1.830	0.977	0.854	0.077	11.11***
TPatent	匹配前	2.713	1.355	1.357	0.100	13.56***
	匹配后	2.713	1.604	1.109	0.108	10.18***
R & Dinv	匹配前	17.921	17.092	0.827	0.121	6.830***
	匹配后	17.920	17.163	0.757	0.093	8.112***

注：*、**、*** 分别表示在10%、5%、1%的水平下显著。

双重差分（DID）估计有效的一个前提就是处理组和控制组在考察变量上具有共同趋势，这一前提被称为共同趋势假设。否则，结果可能是趋势的不同导致的，而不是政策效应导致的。为此，我们画出了处理组和控制组在实施股权激励计划前后企业技术创新的走势图（见图5-5）。在图5-5中，横轴T代表实施股权激励计划时间先后的虚拟变量。我们令实施股权激励计划的当年T=0，T=1代表实施股权激励计划后的下一年，T=-1代表实施股权激励计划的前一年，以此类推。纵坐标代表取自然对数后的企业专利申请总量。Treat表示实施了股权激励的公司，即实验组（又称为处理组）。Control表示未实施股权激励计划的公司，即通过倾向得分匹配找出的控制组公司。从图5-5可以看出，在实施股权激励计划之前，处理组和控制组专利申请量所对应的两条线基本平行，这说明满足共同趋势假设。因此，我们可以使用双重差分（DID）进行分析。

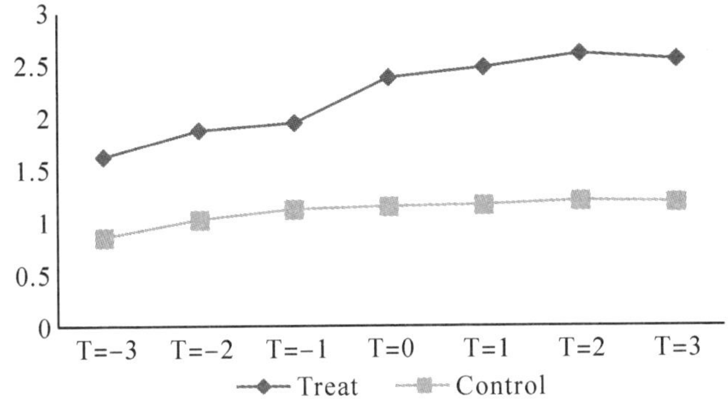

图5-5 处理组与控制组的同趋势分析

图5-6为实施股权激励计划前后企业技术创新变化。其中，横轴T同样代表实施股权计划激励时间先后的虚拟变量。我们也令实施股权激励计划的当年T=0，T=1代表实施股权激励计划后的下一年，T=-1代表实施股权激励计划的前一年，以此类推。纵坐标代表实施股权激励计划的企业平均申请的专利数量。灰色的线条代表企业申请的总专利数（TPatent），黑色线条代表企业申请发明专利的数量（Patent）。从图5-6可以看出，企业实施了股权激励计划后，企业技术创新显著提高，表现为在T=0时，企业申请的专利数量和发明专利数量显著提高。

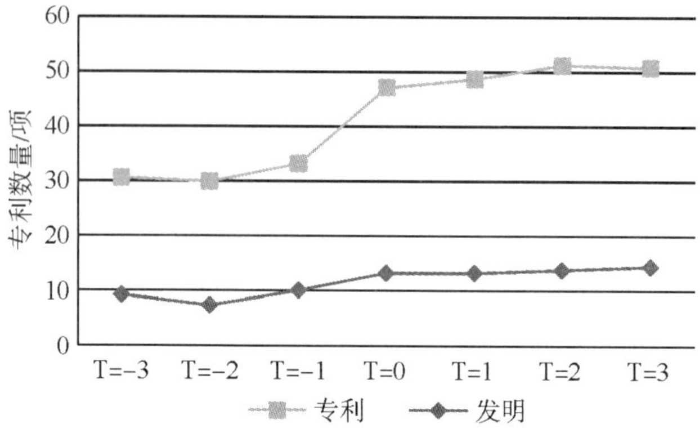

图 5-6 实施股权激励计划前后企业技术创新变化

表 5-17 列示了股权激励和管理层持股对企业技术创新的影响——配对样本双重差分回归结果。所有报告结果的统计推断都是在控制了行业和年度效应的基础上基于稳健标准误的估计结果。其中，After 为实施股权激励计划时间前后的虚拟变量。在实施股权激励计划前，我们令 After 为 0；在实施股权激励计划后，我们令 After 为 1。Treat 为是否实施股权激励计划的组别虚拟变量。对实施股权激励计划的公司，我们令其组别变量 Treat = 1；对控制组（参照组，即不实施股权激励计划的公司），我们令其组别变量 Treat = 0。Treat 与 After 的交乘项就是实施股权激励计划对企业技术创新影响的较为准确的度量结果。基于发明专利、专利总量的估计结果表明，在公司实施了股权激励后，其企业技术创新水平显著高于那些未实施股权激励计划的公司。在其他条件不变的情况下，相比未实施股权激励计划的企业，企业实施股权激励计划后平均的发明专利申请量大概增加了 $e^{0.347}$ 个，即 1.41 个。总的专利申请量的双重差分估计结果表明，公司实施股权激励计划后，总的专利申请量增加了 $e^{0.276}$ 个，即 1.32 个。

表 5-17 股权激励和管理层持股对企业技术创新的影响
——配对样本双重差分回归结果

变量	m（1）	m（2）	m（3）
	$LnPatent_{t+1}$	$LnTPatent_{t+1}$	R & Dinv
After	0.164 [1.381]	0.187 [1.469]	0.016 [0.220]

表5-17(续)

变量	m (1)	m (2)	m (3)
	$LnPatent_{t+1}$	$LnTPatent_{t+1}$	R & Dinv
Treat	0.251** [2.534]	0.503*** [4.058]	0.007 [0.972]
Treat×After	0.347*** [2.736]	0.276** [1.983]	0.004 [0.879]
Lev	0.126 [0.981]	−0.148 [−0.950]	−0.025* [−1.857]
ROA	−0.178 [−0.413]	0.156 [0.271]	0.057*** [3.656]
Cash	−0.512* [−1.924]	−0.447 [−1.368]	−0.022 [−1.615]
PPE	−0.958*** [−3.323]	−0.739** [−2.215]	−0.006 [−0.737]
Age	−0.541*** [−5.527]	−0.663*** [−5.652]	−0.009*** [−3.131]
Ma_share	0.561*** [5.903]	0.814*** [5.594]	1.255** [2.034]
SOE	0.042 [0.593]	0.123 [1.475]	−0.002 [−0.635]
Institution	0.287* [1.691]	0.468** [2.295]	0.026*** [2.989]
Size	0.404*** [9.185]	0.451*** [8.864]	−0.005*** [−3.793]
Constant	−6.396*** [−6.527]	−6.358*** [−5.725]	0.136*** [4.984]
Industry & Year	YES	YES	YES
R-squared	0.317	0.342	0.363
N	1 586	1 586	505

注：括号内为其 t 值；Treat 为实施股权激励计划组别的虚拟变量，After 为实施股权激励计划前后的时间虚拟变量，Ma_share 为管理层持股比例；*、**、*** 分别表示在 10%、5%、1%的水平下显著。

表5-17中配对样本的双重差分分析结果显示，机构投资者持股比例（Institution）越大，其企业技术创新水平越强，即机构投资者促进了企业技术创新，此结论也与Philippe Aghion等的研究结论相吻合，同时也与表5-15中得出的结论相一致。此外，企业技术创新与管理层持股比例（Ma_share）之间在1%的水平下显著正相关，该结论也与表5-15中得出的结论相一致，并且支持了现有实证文献中的研究发现。

总体来看，倾向得分匹配与双重差分估计的结果表明：企业实施了股权激励计划后，企业的技术创新活动得到了提升，从而再次验证了假说H_{5-8}：在混合所有制企业中，在其他条件不变的情况下，相比未实行股权激励计划的公司，采取了股权激励计划的公司的企业技术创新显著提高。同时，这也再次验证了假说H_{5-10}：在混合所有制企业中，在其他条件不变的情况下，管理层持股比例越高，越能促进其企业技术创新。

5.3.3.3 国有控股和非国有控股的混合所有制企业中股权激励与管理层持股对技术创新影响的差异分析

在国有控股的混合所有制企业中，管理层除追求经济目标之外，还存在政治目标。本部分进一步考察这种差异是否会影响股权激励对企业技术创新的促进程度。如表5-18所示，相比非国有控股的混合所有制企业，国有控股的混合所有制企业在受到股权激励后，对其企业技术创新的促进程度较小，表现为股权激励（Incentive）和国有控股的混合所有制企业（SOE）的交乘项显著为负。m1列以发明专利的对数来衡量企业技术创新，m2列以企业申请的总的专利的对数来衡量企业技术创新。在以企业申请专利总数的对数来衡量企业技术创新的m2回归中，相比非国有控股的混合所有制企业，国有控股的混合所有制企业在受到股权激励后，对其企业技术创新的促进程度更小。由此我们验证了假说H_{5-9}：在其他条件不变的情况下，相比非国有控股的混合所有制企业，国有控股的混合所有制企业中股权激励对技术创新的促进作用更小。

表 5-18 国有/非国有控股的混合所有制企业中股权激励和管理层持股对技术创新的影响

变量	m1	m2	m3
	$LnPatent_{t+1}$	$LnTPatent_{t+1}$	R & Dinv
Incentive	0.924***	1.207***	0.191
	[7.875]	[8.016]	[0.878]
SOE	0.079	0.078**	0.047
	[0.273]	[2.162]	[0.853]
Incentive×SOE	-0.369***	-0.554***	-0.127
	[-2.858]	[-3.293]	[-0.981]
ROA	-0.037	0.096	2.528***
	[-0.209]	[0.420]	[6.242]
Cash	-0.082	0.068	-0.155
	[-0.703]	[0.456]	[-0.707]
PPE	-0.579***	-0.601***	-0.046
	[-5.834]	[-4.725]	[-0.219]
Age	-0.364***	-0.540***	-0.402***
	[-9.863]	[-11.420]	[-6.310]
Ma_share	0.557***	0.923***	0.413***
	[5.863]	[7.575]	[2.692]
Institution	0.473***	0.614***	0.549***
	[7.295]	[7.382]	[4.494]
Lev	-0.110**	-0.270***	-0.866***
	[-2.060]	[-3.947]	[-6.052]
Size	0.303***	0.367***	0.859***
	[25.162]	[23.799]	[34.766]
Constant	-4.841***	-5.029***	-0.722
	[-16.848]	[-13.648]	[-1.259]
Industry	YES	YES	YES
YEAR	YES	YES	YES
Observations	7 249	7 249	2 694
R-squared	0.230	0.250	0.481

注：括号内为其 t 值，Incentive 为是否实施股权激励计划的虚拟变量，*、**、*** 分别表示在 10%、5%、1%的水平下显著。

5.3.4 小结

5.3.4.1 研究结论

科学合理的股权结构安排是企业获得持续技术创新优势的关键。越来越多的企业大幅度采取股权激励制度和管理层持股，希望借此提升其活力和创新水平。本部分考察在我国上市公司中实施股权激励计划对企业技术创新的影响。研究发现，在上市公司中引入股权激励制度有助于促进其创新。具体来说，相比未采用股权激励的配对可比公司，实施了股权激励计划的混合所有制企业的技术创新水平显著提高。相比国有控股的混合所有制企业，股权激励制度在非国有控股的混合所有制企业中对技术创新的促进作用更大。股权激励制度降低了代理成本，使得股东和管理层具有更为趋同的目标，从而通过提高企业技术创新使得企业实现价值增值。

5.3.4.2 理论意义

本部分采用了更为科学和多样的计量方法对股权激励、管理层持股与企业技术创新的关系进行了实证检验。以往关于股权激励与企业技术创新之间的研究大多采用多元回归的方法，这使得研究样本在一定程度上可比程度较差，同时也使得研究结论不够准确。在研究方法上，本部分通过倾向得分匹配（PSM）选取了多个维度可比的配对样本，唯一的差别就是是否采取股权激励，再采用倍差法（DID）来衡量实施股权激励计划和管理层持股的政策效果，较好地解决了样本可比性和计量准确性的问题。同时，为了使本部分的研究结论更稳健，我们还同时采用了文献中已证明适用的泊松回归、负二项分布、面板固定效应和普通最小二乘进行稳健性检验，丰富了现有文献关于股权激励和管理层持股对企业技术创新影响的实证证据。

5.3.4.3 实践意义

本部分的研究成果具有重要的现实意义：第一，要想充分调动起管理层进行技术创新的积极性，促进企业技术创新，需要设计出能够促进企业技术创新的激励制度，通过引入股权激励和管理层持股营造出激励创新的长效报酬结构。第二，在引入股权激励制度时，对国有控股的混合所有制企业和非国有控股的混合所有制企业关注的重点应有差异：股权激励对企业技术创新的作用因企业控股股东性质的不同而不同，同样的股权激励，对非国有控股的混合所有制企业技术创新的促进作用更强，说明在非国有控股的混合所有制企业中大范围地实施股权激励计划将会较好地促进整个社会的技术创新；而在国有控股的混合所有制企业中，仅仅引入股权激励制度对企业技术创新的提升作用有限，还应将引入股权激励提升企业技术创新后的成绩与其政治前途挂钩。例如，对国有企业高管进行考核，不仅仅考核其利润、销售收入等指标，也将企业技术创新的提升纳入其考核体系，从而形成提高国有企业技术创新能力的长效机制。

制度在很大程度上影响了人的行为。企业通过在内部引入股权激励制度，使得管理层的眼光和利益与股东更为趋同，从而促进企业技术创新，提升企业的整体竞争能力，转变经济发展方式，早日实现“增强自主创新能力，加快建设创新型国家”的战略目标。

5.4 经理人合约设计模式与企业技术创新

本节探讨在混合所有制企业内部，什么样的经理人合约设计模式会促进企业技术创新。

当实行惩罚型合约时，人们通常觉得自己未被领导信任，同时也认为这不够公平，这会影响其技术创新表现。当经理人在第一个任期中的企业技术创新表现不够好，面临惩罚，但第二个任期依然被续聘，给予经理人第二次机会；如果在第二次机会中其技术创新考核完成指标，则可以免除第一期的惩罚，且获得两期的奖励。在这样的合约设计下，相比普通的惩罚型合约，经理人感受到被领导信任，认为这更公平，从而激发出其潜能，提高其技术创新投入。基于此，我们猜测：在混合所有制企业中，相对于采用只有一次机会的惩罚型合约，允许经理人“将功补过”、带二次机会的惩罚型合约更能促进企业技术创新。

为此，我们采用了准自然实验研究（田野实验）的方法，对比在混合所有制企业中采用有无二次机会的惩罚型合约对企业技术创新水平的影响。在取得合作单位的支持后，我们首先将企业研发部门的研究人员随机分成两组：一组采用只有一次机会的惩罚型合约，另一组采用允许经理人“将功补过”、带二次机会的惩罚型合约，考察不同合约对研发部门中小组成员产出的新产品数量、专利申请数量的影响。我们研究发现，在混合所有制企业中，相对于采用只有一次机会的惩罚型合约，允许经理人“将功补过”、带二次机会的惩罚型合约更能促进企业技术创新。

5.5 技术背景经理人与企业技术创新

本节探讨在混合所有制企业内部，具有技术背景的经理人是否会促进企业技术创新。

若经理人具有技术背景，则经理人能更好地为其下属研究员等提供技术指导，在企业研发项目遇到重大困难时及时提供支持或寻求帮助，以使企业突破技术壁垒，实现技术上的自主创新。此外，经理人若具有技术背景，则其通常也积累了关于技术方面的诸多隐性知识，更懂得怎样才能促进企业技术创新。这些都有助于企业提高其技术创新水平。由此，我们猜测：在其他条件不变的情况下，聘用具有技术背景经理人的混合所有制企业，往往具备更高的创新水平。

为检验上述猜想，我们利用与“5.1.2 研究设计”部分中相同的数据和控制变量，对比了在混合所有制企业中是否聘用具有技术背景的经理人对企业技术创新水平的影响。通过实证回归分析，我们发现，在其他条件不变的情况下，聘用具有技术背景经理人的混合所有制企业，往往具备更高的创新水平。

5.6 本章小结

本章实证分析了混合所有制企业内部不同混合特征、不同股份性质、实施股权激励计划和管理层持股、经理人合约设计和技术背景经理人对技术创新的影响。

本章第一部分选取上海证券交易所上市的竞争类国有控股公司为样本，详细分析了混合主体多样性、混合主体深入性与混合主体制衡度对企业技术创新的影响，发现混合主体多样性会显著提高企业技术创新水平。特别是在制度环境较差的地区，混合主体多样性是对较差制度环境下促进技术创新的一种替代机制。在混合所有制企业中，民营股东和外资股东持股比例增加后，即混合主体深入性增强后，企业技术创新得以提高。在混合所有制企业中引入民营资本和外资等非国有资本，可以为企业带来各种宝贵的资源，这些资源从市场上较难获得，或者获取成本较高。此外，由于民营股东和外资股东加强了对企业经理人的监督，最终使企业技术创新水平得以提高。在国有控股的混合所有制企业中，混合主体制衡度越高，越能促进其企业技术创新。可见，将民营资本、外资等非国有资本引入竞争类的国有控股企业，可以获得企业技术创新方面的收益，并且在国有控股企业中，引入外资促进技术创新的程度优于引入民营资本，表明民营股东的制衡效应不如外资股东。

总结起来，研究结论显示：当外部制度环境较差时，混合主体多样性会作为较差制度环境的一种替代机制，促进企业技术创新。当混合所有制企业中同时存在外资股东、民营股东和国有股东时最有利于促进企业技术创新。混合主体深入性越强，越能促进企业技术创新；在制度环境差的地方，混合主体深入性与企业技术创新之间存在倒 U 形关系。在国有控股的混合所有制企业中，混合主体制衡度越高，越能促进其企业技术创新。本章的研究结论也表明，我国国有企业的混合所有制改革不能仅仅将股权混合，还应改革配套的制度环境，尊重市场规律，使得企业在更规范、透明、健康的外部环境中稳健运营。这有助于企业长效创新机制的形成。

本章第二部分分析了混合所有制企业内部不同股权性质对技术创新的影响，发现国有性质股权与企业技术创新负相关，民营股权和外资股权有助于促进企业技术创新。本章第三部分发现，在混合所有制企业中实施股权激励计划和管理层持股有助于促进技术创新。由此可见，在当前深化国有企业混合所有制改革阶段，为使国有企业进一步适应市场竞争环境，增强活力和竞争力并逐渐去行政化，应完善其治理结构，适当引入民营股东和外资股东等，从而促使改制后的混合所有制企业的技术创新水平得以提升。

研究还发现，在混合所有制企业中，相对于采用只有一次机会的惩罚型合约，允许经理人“将功补过”、带二次机会的惩罚型合约更能促进企业技术创新；聘用具有技术背景经理人的混合所有制企业，其技术创新水平更高。

综上所述，本章从混合主体多样性、深入性、制衡度、混合的股权性质、是否实施股权激励计划和管理层持股、经理人合约设计、是否聘用具有技术背景经理人等混合所有制企业内部视角，使用实证分析的方法，发现混合所有制对企业技术创新具有显著的正向影响。

6 混合所有制促进技术创新的机理分析

上文中，我们分析了混合所有制与企业技术创新之间的关系，发现混合主体多样性、混合主体深入性、混合主体制衡度等特定混合特征可以促进企业技术创新。本章接着对混合所有制促进企业技术创新的机理进行分析。

6.1 混合所有制促进企业技术创新的原因分析

在第三章的理论分析中，我们提出了两种主要的理论：经理人观和政治观。两种理论都能解释混合所有制对企业技术创新的促进作用。为了弄清混合所有制促进企业技术创新的原因，我们对经理人观和政治观进行区分。

6.1.1 研究假设

经理人观认为，由于缺乏对国有企业管理者的有效激励和监督机制，国有企业效率普遍较为低下。国有企业的委托代理链条过长，使得在国有企业中工作的员工存在所有者缺位的问题。国有企业的产权虽然从理论上讲属于全体公民共同所有，但由于没有直接的收益和授权，使得普通民众缺乏对国有企业管理者进行监督的动力和能力。也正因为如此，与混合所有制企业相比，国有企业中对管理层的监督和激励机制不够有效，导致其代理成本较高，代理问题也更严重（李寿喜，2007）。因此，相比混合所有制企业，在国有企业中经理人的道德风险更高，其公司治理结构更难以完善，从而使得国有企业更不愿意从事技术创新活动。

政治观认为，政府干预国有企业的经营活动是国有企业效率和技术创新能力低下的根本原因。国有企业之所以经营目标扭曲，是因为政府强行附加在国有企业上部分社会职能，以实现政府的政治目标（Lin 等，1998）。在政府干预下，国有企业倾向于过度投资（程仲鸣等，2008），比如投资于一些净收益率低于资本成本的项目。此外，在政府干预下，部分国有企业还容易出现支付过高的工资、雇员冗余等非市场化的行为（陆正飞等，2012；薛云奎和白云霞，2008）。政治观认为，政府会干预国有企业的生产经营决策，从而帮助自身达成既定的政治目标（Shleifer 和 Vishny，1994）。因此，为完成政府分派下来的政治任务，国有企业不得不放弃投资于高风险高回报的技术创新项目，以保证其政治职能的履行。基于国有企业经理人的角度，做出这样的选择也比较容易理解：如果不进行技术创新，其职位可能不会受到影响；但是如果政府下达的政治任务不能完成，则其仕途将会受到较大影响。因此，作为具有一定行政级别的官员，很多国有企业的经理人会选择首先履行实现政府分派给国有企业的政治职能，其次再考虑是否进行技术创新。相比混合所有制企业，国有企业由于受到更多的政府干预，难以开展更多的技术创新活动，从而抑制了价值增值。

由于我们无法获知究竟是哪种理论在起作用，因此我们提出一组竞争性假说：

假说 H_{6-1a}：混合所有制促进企业技术创新的主要原因是经理人观，而不是政治观。

假说 H_{6-1b}：混合所有制促进企业技术创新的主要原因是政治观，而不是经理人观。

如第三章理论分析所述，我们进一步将经理人观区分为经理人职业生涯关注理论和经理人追求安逸生活理论。

在经理人职业生涯关注和经理人追求安逸生活这两种理论框架下，如果在混合所有制中引入更多的外资和民营资本，那么外资股东和民营股东对经理人进行监督的概率 m 越大，经理人就越有可能进行技术创新。但是，在经理人追求安逸生活这种理论框架下，产品市场的竞争激烈程度 π 越大，越会降低接受监督带给经理人从技术创新中获得的边际收益。因为经理人进行技术创新相对于不进行技术创新的差额收益为 $B-I-B\times(1-\pi)\times(1-m)$。因此，在经理人追求安逸生活的理论框架下，产品市场的竞争程度越强，越降低民营股东和外资股东对管理层进行企业技术创新的促进效应。

通过分析产品市场竞争的激烈程度与混合所有制中引入的民营股东和外资股东比例的交互效应，评估是否增大了民营股东和外资股东对技术创新的促进作用，即可以区分在我国是由于经理人的职业生涯关注原因加强了混合所有制股东对技术创新的正向效应，抑或是经理人追求安逸生活，减弱了混合所有制中引入的民营股东和外资股东对技术创新的促进效应。

此外，关于产品市场竞争与企业技术创新的关系，文献中主要有两种作用机制：一种机制认为，产品市场竞争越激烈，企业越会降低支付给其经理人的工资，以此降低成本（Schmidt，1997）。这可能会降低民营股东和外资股东对企业技术创新的促进效应。另一种机制认为，产品市场竞争程度越激烈，企业破产的概率越大，使得经理人偷懒的概率减小，经理人不得不更加努力地工作（Hart，1983）。这可能会促进企业技术创新。如果经理人不努力工作，则企业将会破产，经理人名声也将受损，同时还失去了目前的工作。这种压力会转变成经理人进行企业技术创新的动力。

基于上述分析，我们提出另一组竞争性假说：

假说 H_{6-2a}：混合所有制促进企业技术创新主要源于经理人职业生涯关注理论，而不是经理人追求安逸生活理论。

假说 H_{6-2b}：混合所有制促进企业技术创新主要源于经理人追求安逸生活理论，而不是经理人职业生涯关注理论。

6.1.2 研究设计

6.1.2.1 样本选择

本部分选用中国工业企业数据库中包含国有股份的混合所有制企业为样本，参考李文贵和余明桂（2015）的做法，剔除主营业务收入为 0、雇员人数低于 8 人以及资不抵债的企业。

6.1.2.2 模型设定

（1）区分经理人观和政治观的模型设定。

为了区分经理人观和政治观，本部分参考李文贵和余明桂（2015）、Ang 等（2000）的做法，用资产周转率和经营费用率对企业代理成本进行度量，以验证混合主体特征对混合所有制企业代理问题的影响；同时，考察了混合所有制企业的混合特征对政府干预的影响，分别用支付给职工的工资、企业雇佣的职工人数对政府干预进行度量。此外，本部分将混合所有制企业进一步划分为国有控股的混合所有制企业和民营控股的混合所有制企业，使用模型（6.1）进行检验。本部分借鉴 Gupta（2005）的做法，倘若混合主体深入性或混合主体制衡度对企业技术创新的促进作用在国有控股企业中仍显著，则验证了经理人观。为此，我们设定了如下待检验模型：

$$\text{GovInterv}_{it} = \beta_0 + \beta_1 \text{Mixfeature}_{it} + \beta_2 X_{it} + \varepsilon_{it} \tag{6.1}$$

$$Agencycost_{it} = \beta_0 + \beta_1 Mixfeature_{it} + \beta_2 X_{it} + \varepsilon_{it} \quad (6.2)$$

在模型（6.1）中，Mixfeature 代表混合主体特征，可以具体分为混合主体多样性（Diversity）、混合主体深入性（Mixra）和混合主体制衡度（Restr）。混合主体深入性和混合主体制衡度的定义同 5.1 中的定义，混合主体多样性（Diversity）是指混合所有制企业中包含的股权性质的种类。GovInterv 表示用员工工资比率和职工比率来计量的政府干预程度。本部分将本年应付职工工资总额与销售收入的比例定义为工资比率，将经总资产调整后的全部职工人数定义为员工比率。

在模型（6.2）中，Agencycost 表示用资产周转率和经营费用率度量的混合所有制企业的代理成本。本部分将销售收入与总资产的比值定义为资产周转率，而将销售费用和管理费用加总后除以总的销售收入定义为经营费用率。模型（6.1）和模型（6.2）中的控制变量 X 与第四章中的控制变量一致，在此不赘述。

（2）区分经理人职业生涯关注理论和经理人追求安逸生活理论的模型设定。

在 3.1 的理论分析中，我们推出：无论基于经理人职业生涯关注理论还是基于经理人追求安逸生活理论，都能得出混合所有制会促进企业技术创新的结论。要想将这两种理论区分开来，我们需要引入产品市场竞争激烈程度。通过分析产品市场竞争激烈程度与混合主体特征的交乘项的正负，即可推出是经理人职业生涯理论在起作用，还是经理人追求安逸生活理论在起作用。为此，我们构建了如下待检验模型：

$$INNOVOUTPUT_{it} = \beta_0 + \beta_1 Mixfeature_{it} + \beta_2 Mixfeature_{it} \times HHI_{it} + \beta_3 HHI_{it} + \beta_4 X_{it} + \varepsilon_{it} \quad (6.3)$$

在模型（6.3）中，被解释变量 INNOVOUTPUT 为企业技术创新产出，用新产品产值除以总资产进行衡量。Mixfeature 代表混合主体特征，后文中具体分为混合主体深入性（Mixra）和混合主体制衡度（Restr）两个变量。控制变量向量 X 也与第四章中的控制变量一致。

经理人职业生涯关注理论和经理人追求安逸生活理论这两种理论都能推出混合主体深入性（或制衡度）越强，越能促进企业技术创新。但是，在经理人职业生涯关注理论下，产品市场竞争强度越激烈，则混合主体深入性（或制衡度）对企业技术创新的促进作用越强；而在经理人追求安逸生活的理论下，产品市场竞争强度越激烈，越会降低混合主体深入性（或制衡度）对企业技术创新的促进作用。

也就是说，在经理人职业生涯关注理论中，混合主体深入性（或制衡度）与产品市场竞争程度两者之间是互补关系：产品市场竞争越激烈，混合主体深入性（或制衡度）对企业技术创新的促进作用越强。在经理人追求安逸生活的理论框架下，混合主体深入性（或制衡度）与产品市场竞争程度两者之间是替代关系：产品市场竞争更为激烈时，经理人偷懒的概率很小，几乎不需要混合所有制中的民营股东和外资股东进行监督。

具体到模型（6.3）中，如果在实证分析的回归结果中，混合主体深入性（或制衡度）与产品市场竞争激烈程度之间的交乘项 $Mixfeature_{it} \times HHI_{it}$ 显著为正，则说明混合主体深入性（或制衡度）与产品市场竞争激烈程度之间是互补关系，验证了经理人职业生涯关注理论；如果在实证分析的回归结果中，混合主体深入性（或制衡度）与产品市场竞争激烈程度之间的交乘项 $Mixfeature_{it} \times HHI_{it}$ 显著为负，则说明混合主体深入性（或制衡度）与产品市场竞争激烈程度之间是替代关系，从而验证了经理人追求安逸生活理论。

6.1.2.3 描述性统计

表 6-1 列示了相关变量的描述性统计。RDdummy 为企业是否进行研发投资的虚拟变量。表 6-1 显示，工业企业数据库中大约有 27%的含有国有股份的混合所有制企业进行了研发投资。INNOVINPUT 是指企业技术创新投入，用研发支出占主营业务收入的比例衡量。总体来看，含有国有股份的混合所有制企业研发投入还比较低，占主营业务收入的比例的均值仅为 0.3%。INNOVOUTPUT表示研发产出，用企业的新产品产值除以总资产来衡量，其均值为 6.9%，表明混合所有制企业的新产品产值占其总资产的比例约为 6.9%。

表 6-1 相关变量的描述性统计

变量	N	平均值	标准差	最小值	最大值	25分位数	中值	75分位数
RDdummy	18 596	0.27	0.44	0	1	0	0	1
INNOVINPUT	18 596	0.003	0.01	0	0.05	0	0	0
INNOVOUTPUT	18 596	0.069	0.22	0	1.64	0	0	0
Diversity	18 596	2.33	0.61	2	6	2	2	3
Mixra	18 596	0.27	0.30	0	1	0	0.16	0.50
Restr	18 596	−0.18	0.48	−1	1	−0.52	−0.21	0.11

表6-1(续)

变量	N	平均值	标准差	最小值	最大值	25 分位数	中值	75 分位数
LnTA	18 596	11. 17	1. 62	7. 03	14. 04	9. 96	11. 11	12. 37
ROA	18 596	0. 05	0. 12	-0. 22	1	0	0. 02	0. 08
PPETA	18 596	0. 34	0. 22	0. 01	0. 91	0. 16	0. 3	0. 48
Lev	18 596	0. 56	0. 24	0. 01	1	0. 38	0. 58	0. 75
MPOW	18 596	0	0	0	0. 02	0	0	0
HHI	18 596	0. 02	0. 02	0	0. 14	0. 01	0. 01	0. 03
HHIsquare	18 596	0	0	0	0. 02	0	0	0
Location	18 596	1. 93	1. 04	1	4	1	2	3
Lnage	18 596	3. 03	0. 51	2. 08	5	2. 64	2. 94	3. 26
Cashr	18 596	0. 05	0. 15	-0. 44	1. 13	0	0. 01	0. 08

在混合所有制企业的混合特征方面，Diversity 表示混合主体多样性，用混合所有制企业中包含的股份种类来衡量。由于我们选择了含有国有股份的混合所有制企业，因此其取值最小为 2。其平均值为 2. 33，中位数为 2，表明我国工业企业数据库中包含国有股份的混合所有制企业主要采取两种股份混合的形式，多种股份交叉融合的企业组织形式还比较少，混合主体多样性有待加强。从混合主体深入性（Mixra）来看，民营股东和外资股东持股比例之和的均值为 27%，中位数为 16%，占比高于上市公司中的混合主体深入性，但也仍有进一步提高的空间。混合主体制衡度（Restr）的均值为-18%，中位数为-21%，表明在包含有国有股份的混合所有制企业中，国有股份仍然占据主导地位，即使民营资本和外资加总起来，对国有资本的制衡力量也依然比较弱。此外，为了排除极端值和异常值对研究结论可能造成的偏误，我们对相关连续变量采取了 Winsorize 处理（1%的水平）。

表 6-2 列示了与企业技术创新产出相关的主要变量的 spearman pairwise 相关系数。从表 6-2 可以看出，混合主体多样性（Diversity）、混合主体深入性（Mixra）、混合主体制衡度（Restr）、企业技术创新产出（INNOVOUTPUT）之间显著正相关，再次验证了混合所有制能促进企业技术创新的结论。表 6-2中控制变量的相关系数都在 0. 4 以下，说明可以将数据代入模型进行回归，没有严重的多重共线性问题。

表 6-2 spearman pairwise 相关系数

变量	INNOVOUTPUT	Diversity	Mixra	Restr	LnTA	ROA	PPETA	Cashr
INNOVOUTPUT	1							
Diversity	0. 058***	1						
Mixra	0. 055***	0. 002	1					
Restr	0. 058***	0. 131***	0. 867***	1				
LnTA	0. 120***	0. 202***	-0. 006	0. 027***	1			
ROA	0. 064***	0. 025***	0. 077***	0. 086***	0. 008	1		
PPETA	-0. 136***	-0. 049***	-0. 102***	-0. 108***	0. 050***	-0. 096***	1	
Cashr	0. 017**	-0. 009	0. 014*	0. 015**	0. 023***	0. 266***	0. 032***	1

6.1.3 回归结果分析

6.1.3.1 区分经理人观和政治观

表6-3从混合主体深入性的角度检验混合所有制促进企业技术创新的原因是经理人观还是政治观。回归方法选用控制异方差后的普通最小二乘回归。从表6-3可以看出，混合主体深入性（Mixra）越高，代理成本越低，具体表现为混合主体深入性越高，则其资产周转率越高，同时其经营费用率越低。而混合主体深入性（Mixra）对政府干预的影响并不显著，具体表现为混合主体深入性（Mixra）高，其员工比率和工资比率虽为负但并不显著。

表6-3 混合主体深入性与经理人观和政治观的区分

变量	代理成本		政府干预	
	资产周转率 （1）	经营费用率 （2）	员工比率 （3）	工资比率 （4）
Mixra	0.043* [1.803]	−0.007** [−2.420]	−0.001 [−1.253]	−0.018 [−1.037]
控制变量	Yes	Yes	Yes	Yes
Constant	3.404*** [42.461]	0.182*** [18.626]	0.028*** [66.540]	0.284*** [38.084]
N	18 596	18 596	18 596	18 596
Adj. R^2	0.318	0.328	0.388	0.227

注：*、**、***分别表示在10%、5%、1%的水平上显著，Mixra为混合主体深入性，括号内为其t值。

表6-4从混合主体制衡度的角度，检验混合所有制促进企业技术创新的原因是经理人观还是政治观。回归方法选用控制异方差后的普通最小二乘回归，且在行业层面进行聚类。从表6-4可以看出，混合主体制衡度（Restr）越高，代理成本越低，具体表现为混合主体制衡度（Restr）越高，则其资产周转率越高，同时其经营费用率越低。混合主体制衡度（Restr）对政府干预的影响并不显著，具体表现为混合主体制衡度（Restr）高，其员工比率和工资比率虽为负但并不显著。

表 6-4 混合主体制衡度与经理人观和政治观的区分

变量	代理成本		政府干预	
	资产周转率 (1)	经营费用率 (2)	员工比率 (3)	工资比率 (4)
Restr	0.052*** [3.532]	-0.010*** [-5.559]	-0.001 [-1.260]	-0.016 [-1.177]
控制变量	Yes	Yes	Yes	Yes
Constant	3.426*** [42.944]	0.178*** [18.346]	0.027*** [66.520]	0.275*** [37.237]
N	18 596	18 596	18 596	18 596
Adj. R^2	0.319	0.329	0.388	0.230

注：*、**、*** 分别表示在 10%、5%、1%的水平上显著，Restr 为混合主体制衡度，括号内为其 t 值。

表 6-3 和表 6-4 表明，混合所有制促进企业技术创新的主要原因不是政治观，而是经理人观。我们进一步将混合所有制企业分为国有控股企业和民营控股企业。结果发现：实际控制人的性质会影响混合主体制衡度对技术创新的促进效应；在国有控股企业中，混合主体制衡度能够显著促进新产品产值的提高（见表 6-5）。由于国有控股企业会受到较多的政府干预，如果在国有控股企业中我们还能观测到混合主体制衡度能够显著促进技术创新，说明这不是由于政治观的作用，而是由于加强了对经理人的监督，即经理人观在起作用。在民营控股的混合所有制企业中，伴随着控制权的转移，政府干预在这类企业中相对较少，这类企业的代理问题也由于公司治理整体水平的提高而减少。因此，我们在回归结果中发现，这类企业混合主体深入性高，对技术创新的促进作用也不显著。这说明，混合主体制衡度通过经理人观这种作用方式促进了企业技术创新。

综合表 6-3、表 6-4 和表 6-5 中的回归结果，我们发现混合所有制有助于降低代理成本。伴随着混合主体深入性和混合主体制衡度的提高，企业受到的政府干预并未显著降低，而其代理成本却显著下降。此外，混合主体制衡度对技术创新的促进作用在国有控股企业中较为显著。基于上述发现，我们认为，混合所有制促进企业技术创新是源于经理人观。这表明，混合所有制主要是通过减少国有企业的代理问题，从而促进了企业技术创新。因此，我们验证了假说 H_{6-1a}：混合所有制促进企业技术创新的主要原因是经理人观，而不是政治观。同时，我们拒绝了假说 H_{6-1b}：混合所有制促进企业技术创新的主要原因是政治观，而不是经理人观。

表 6-5 区分经理人观和政治观

变量	新产品产值	
	民营控股 (1)	国有控股 (2)
Restr	0.004 [0.173]	0.076*** [4.023]
控制变量	Yes	Yes
Constant	-2.896*** [-21.879]	-2.517*** [-17.982]
N	10 961	7 631
Adj. R^2	0.168	0.204

注：*、**、*** 分别表示在 10%、5%、1%的水平上显著，Restr 为混合主体制衡度，括号内为其 t 值。

6.1.3.2 区分经理人职业生涯关注理论和经理人追求安逸生活理论

在第四章，我们发现混合所有制有利于促进企业技术创新。混合主体多样性、混合主体深入性和混合主体制衡度越高，企业技术创新能力越强。在 6.1.3.1，通过实证分析，我们发现混合所有制促进企业技术创新的主要原因是经理人观，而不是政治观。基于第三章的理论分析，我们提出了经理人促进企业技术创新的两种理论：经理人职业生涯关注理论和经理人追求安逸生活理论。为此，我们进行实证分析，以检验混合所有制促进企业技术创新的原因，探明究竟是经理人的职业生涯关注在起主导作用，还是经理人主要追求安逸生活在起主导作用。

表 6-6 展示了区分经理人职业生涯关注理论和经理人追求安逸生活理论的 Tobit 回归结果，基本方法是对混合所有制的特征与产品市场竞争的激烈程度之间的相互作用进行分析。在表 6-6 中，被解释变量为用新产品产值除以总资产衡量的企业技术创新产出。除原有变量外，我们在回归模型 m2 中加入了混合主体深入性与产品市场竞争激烈程度的交乘项（Mixra×HHI），在回归模型 m4 中加入了混合主体制衡度与产品市场竞争激烈程度的交乘项（Restr×HHI）。我们以销售收入计算的赫尔芬达指数（HHI）来衡量产品市场竞争激烈程度。

表6-6中的模型m1是混合主体深入性影响企业技术创新的回归模型，该模型中也加入了产品市场竞争激烈程度的变量HHI。从模型m1可以看出，混合主体深入性能够显著促进以新产品产值衡量的企业技术创新。模型m2在模型m1的基础上加入了混合主体深入性与产品市场竞争激烈程度的交乘项（Mixra×HHI）。从模型m2可以看出，混合主体深入性与产品市场竞争激烈程度的交乘项（Mixra×HHI）显著为正，从而增大了原有混合主体深入性对企业技术创新的正向效应，显示出混合主体深入性与产品市场竞争激烈程度之间是互补的关系，两者相互作用后，增大了对企业技术创新的促进作用（见表6-6）。由此，模型m2证实了经理人职业生涯关注理论，摒弃了经理人追求安逸生活理论。这说明，混合主体深入程度之所以能够促进企业技术创新，主要原因在于混合所有制企业的经理人关注自身职业生涯。

表6-6 区分经理人职业生涯关注理论和经理人追求安逸生活理论

变量	m1	m2	m3	m4
	INNOVOUTPUT	INNOVOUTPUT	INNOVOUTPUT	INNOVOUTPUT
Mixra	0.084*** [3.727]	0.071** [2.412]		
Mixra×HHI		0.572*** [3.668]		
Restr			0.045*** [3.195]	0.03*** [2.760]
Restr×HHI				0.697*** [4.291]
控制变量	控制	控制	控制	控制
Constant	-2.016*** [-29.767]	-2.013*** [-29.682]	-1.979*** [-29.663]	-1.982*** [-29.685]
N	18 596	18 596	18 596	18 596
R^2	0.169	0.175	0.172	0.178

注：*、**、*** 分别表示在10%、5%、1%的水平上显著，Mixra为混合主体深入性，括号内为其t值。

表6-6中的模型m3是混合主体制衡度与企业技术创新的回归模型，该模型中也包含产品市场竞争激烈程度的变量HHI。从模型m3可以看出，混合主体制衡度能够显著提高以新产品产值衡量的企业技术创新。模型m4在模型m3的基础上加入了混合主体制衡度与产品市场竞争激烈程度的交乘项（Restr×

HHI）。从模型 m4 可以看出，混合主体制衡度与产品市场竞争激烈程度的交乘项（Restr×HHI）能够显著促进企业技术创新，从而增大了原有混合主体制衡度对企业技术创新的正向效应，显示出混合主体制衡度与产品市场竞争激烈程度之间是互补关系，两者相互作用后，增大了对企业技术创新的促进作用（见表 6-6）。模型 m4 也证实了经理人职业生涯关注理论，舍弃了经理人追求安逸生活理论。这说明，混合主体制衡度之所以能够促进企业技术创新，主要原因是混合所有制企业的经理人关注其职业生涯。由此，我们验证了假说 H_{6-2a}：混合所有制促进企业技术创新主要源于经理人职业生涯关注理论，而不是经理人追求安逸生活理论。同时，我们也拒绝了备择假说 H_{6-2b}：混合所有制促进企业技术创新主要源于经理人追求安逸生活理论，而不是经理人职业生涯关注理论。

总之，在分别引入产品市场竞争激烈程度的交乘项后。通过分析混合主体深入性、混合主体制衡度对企业技术创新的影响，发现产品市场竞争激烈程度与混合主体深入性、混合主体制衡度的交乘项皆为正，从而增加了原有混合主体特征促进企业技术创新的正向效应，构成互补关系，而不是替代关系。由此可见，经理人并不是只顾追求安逸生活。混合所有制促进企业技术创新的主要原因是经理人关注其职业生涯。

6.2 混合所有制促进技术创新的企业层级差异分析

我国对国有企业的混合所有制改革强调分类别、分层级进行。在 5.1 中我们研究了竞争类国有企业的混合所有制改革状况，本节接下来从混合所有制企业所属的不同层级（央企、省属企业、市属企业、县属企业、乡镇企业）的视角，研究其对企业技术创新影响的差异。

从理论上进行分析，含有国有成分的混合所有制企业，如果其隶属的层级不同，则控制链条的长短就不同，发挥作用的方式也不同，自然会影响最终控制人对该混合所有制企业生产经营活动的干预，从而影响到其技术创新。

为此，我们采用与 6.1.2.1 中相同的样本，即选用中国工业企业数据库中包含有国有股份的混合所有制企业为样本。我们根据给数据库中“实收资本”项目下各种性质股份数除以企业实收资本总数，计算出各种不同性质资本所占的股权比例。参考李文贵和余明桂（2015）的做法，我们剔除了主营业务收入为0、雇员人数低于8人以及资不抵债的企业，最终得到18 596个样本观测值。

中国工业企业数据库中收录了各企业的隶属关系。我们根据混合所有制企业的隶属关系，将混合所有制企业划分为央企、省属企业、市属企业、县属企业、乡镇企业。为了验证不同层级的混合所有制企业对技术创新的不同影响，我们具体分为三个部分进行检验：混合主体多样性、企业层级与企业技术创新；混合主体深入性、企业层级与企业技术创新；混合主体制衡度、企业层级与企业技术创新。

为此，我们构建了如下待检验模型：

$$\text{INNOVOUTPUT}_{it} = \beta_0 + \beta_1 \text{Mixfeature}_{it} + \beta_2 X_{it} + \varepsilon_{it} \tag{6.4}$$

在模型（6.4）中，被解释变量INNOVOUTPUT为企业技术创新产出，用新产品产值除以总资产进行衡量。Mixfeature代表混合主体特征，后文中具体分为混合主体多样性（Diversity）、混合主体深入性（Mixra）和混合主体制衡度（Restr）三个变量。控制变量向量X也与第四章中的控制变量一致。在回归分析时，我们将样本分为央企组、省属企业组等，分组别对样本进行回归，通过观察不同样本组回归系数β_1的大小判断不同层级混合所有制企业对企业技术创新的不同影响。

6.2.1 混合主体多样性、企业层级与技术创新

我们首先分析混合所有制企业隶属的层级会对混合主体多样性与技术创新之间的关系产生怎样的影响。方法选用结果最稳定的普通最小二乘回归。表6-7列示了混合主体多样性、企业层级与技术创新之间的关系。其中，自变量Diversity为混合主体多样性，即该混合所有制企业中包含多少种股份性质的股东。因变量INNOVOUTPUT为企业技术创新。

表 6-7　混合主体多样性、企业层级与技术创新之间的关系

变量	m1	m2	m3	m4	m5	m6
	全样本	央企	省属企业	市属企业	县属企业	乡镇企业
	INNOVOUTPUT			INNOVOUTPUT		
Diversity	0.009*** [3.048]	0.031 [1.289]	0.016 [1.497]	0.013** [2.398]	0.007 [1.526]	0.016 [1.629]
控制变量	控制	控制	控制	控制	控制	控制
Constant	−0.179*** [−10.324]	−0.277*** [−2.591]	−0.185*** [−3.286]	−0.320*** [−10.041]	−0.063* [−1.927]	−0.296*** [−3.165]
N	18 596	877	2 569	4 602	4 257	818
Adj. R^2	0.092	0.181	0.168	0.135	0.067	0.126

注：*、**、*** 分别表示在 10%、5%、1%的水平上显著，Diversity 为混合主体多样性，因变量为企业技术创新产出，括号内为其 t 值。

从表 6-7 可以看出，混合主体多样性能够显著促进市属混合所有制企业的技术创新。对央企、省属企业、县属企业以及乡镇企业，混合主体多样性对其技术创新的促进作用并不显著。

6.2.2　混合主体深入性、企业层级与技术创新

接下来，我们分析混合所有制企业隶属的层级怎样影响混合主体深入性对技术创新的作用。表 6-8 列示了混合主体深入性、企业层级与技术创新之间的关系。其中，自变量 Mixra 为混合主体深入性，即该混合所有制企业中包含的民营股东与外资股东持股比例之和。因变量 INNOVOUTPUT 为企业技术创新。模型采用了结果最稳定的普通最小二乘回归方法，控制了异方差可能造成的影响，并在行业层面进行聚类。从表 6-8 可以看出，当混合所有制企业为省属企业、乡镇企业时，混合主体深入性越高，越能显著促进技术创新；当混合所有制企业为市属企业、县属企业时，混合主体深入性对技术创新的作用虽为正但是并不显著；当混合所有制企业为央企时，伴随着混合主体深入性的提高，企业技术创新反而略微下降。

该研究结论为我们提高省属层级和乡镇层级混合所有制企业的技术创新提供了一种可信的途径，即通过更多地引入民营股东和外资股东，提高企业

内部混合主体的深入性，即可以在一定程度上提升混合所有制企业的技术创新水平。

表 6-8 混合主体深入性、企业层级与技术创新之间的关系

变量	m1	m2	m3	m4	m5	m6
	全样本	央企	省属企业	市属企业	县属企业	乡镇企业
	INNOVOUTPUT			INNOVOUTPUT		
Mixra	0.015*** [2.670]	−0.002 [−0.059]	0.054** [2.290]	0.001 [0.091]	0.008 [0.841]	0.037* [1.820]
控制变量	控制	控制	控制	控制	控制	控制
Constant	−0.173*** [−9.999]	−0.239** [−2.141]	−0.171*** [−2.993]	−0.312*** [−9.826]	−0.058* [−1.759]	−0.288*** [−3.079]
N	18 596	877	2 569	4 602	4 257	818
Adj. R^2	0.091	0.178	0.169	0.134	0.067	0.127

注：*、**、*** 分别表示在 10%、5%、1%的水平上显著，Mixra 为混合主体深入性，因变量为企业技术创新产出，括号内为其 t 值。

6.2.3 混合主体制衡度、企业层级与技术创新

从混合主体制衡度的角度分析，混合所有制企业所隶属的层级会怎样影响技术创新？表 6-9 列示了混合主体制衡度、企业层级与技术创新之间的关系。其中，自变量 Restr 为混合主体制衡度，即该混合所有制企业中包含的民营股东与外资股东合计持股比例之和再减去国有股东持股比例。因变量 INNOVOUTPUT 表示企业技术创新。模型采用的方法为结果最稳定的普通最小二乘回归。从表 6-9 可以看出，当混合所有制企业为省属企业、县属企业和乡镇企业时，随着混合主体制衡度的提高，其技术创新水平显著提高；当混合所有制企业为央企、市属企业时，混合主体制衡度的提高并不能显著促进其技术创新。

为了检验 6.2.1、6.2.2、6.2.3 中得出结论的稳健性，我们分别采取了面板固定效应模型回归、在行业或公司层面进行聚类、Tobit 回归等方法进行稳健性检验，进一步采用下一期的企业技术创新进行回归以克服模型可能存在的内生性问题，结果与上述结论基本一致，验证了上述结论的稳健性。

表 6-9 混合主体制衡度、企业层级与技术创新之间的关系

变量	m1	m2	m3	m4	m5	m6
	全样本	央企	省属企业	市属企业	县属企业	乡镇企业
	INNOVOUTPUT			INNOVOUTPUT		
Restr	0.009*** [2.594]	0.008 [0.407]	0.047*** [3.559]	0.003 [0.519]	0.010* [1.828]	0.028** [2.525]
控制变量	控制	控制	控制	控制	控制	控制
Constant	-0.167*** [-9.828]	-0.239** [-2.202]	-0.134** [-2.386]	-0.311*** [-9.774]	-0.051 [-1.608]	-0.259*** [-2.895]
N	18 596	877	2 569	4 602	4 257	818
Adj. R^2	0.091	0.178	0.172	0.134	0.068	0.128

注：*、**、*** 分别表示在 10%、5%、1%的水平上显著，Restr 为混合主体制衡度，因变量为企业技术创新产出，括号内为其 t 值。

综上所述，增加混合所有制企业股东的多样性可以提高市属混合所有制企业的技术创新水平；当混合所有制企业为省属企业、乡镇企业时，提高混合所有制企业的混合主体深入性和制衡度，可以提高其技术创新水平；当混合所有制企业为县属企业时，提高混合主体制衡度，可以提高其技术创新水平；当混合所有制企业为央企时，仅仅通过引入不同性质的股东，提高混合主体的多样性、深入性和制衡度，并不能显著促进其技术创新，有时反而会降低央企原有的较高的技术创新水平。由此可见，对央企的改革应配合一整套系统的改革方案，如完善公司的治理机制和监管体制等。因此，在对国有企业实施混合所有制改革时，我们应分类别、分层级区别对待，采取最适宜的方法，以期取得最理想的效果。

6.3 混合所有制促进企业技术创新的机制研究

混合所有制怎样促进企业技术创新？其作用的机制和渠道是什么？在本节，我们重点分析混合所有制促进企业技术创新可能的机制。我们找出了混合所有制促进企业技术创新的两大机制：监督机制和技术溢出机制。当然，

这两种机制并不是相互排斥的，它们从不同的角度共同形成了混合所有制对企业技术创新的促进作用。

6.3.1 监督机制

混合所有制企业具有一般组织的特征——纵向的科层结构。为了达成混合所有制企业的目标，并实现发展壮大，监督机制广为使用。一般来说，只有大权力才能监督小权力，即上级监督下级；平衡权力之间不能采用监督机制，平衡权力之间只能相互制衡。将监督机制与制衡机制结合对混合所有制企业进行治理，使得混合所有制企业能够顺利实现其目标，并实现健康发展。

在我国的国有企业中，企业的所有权属于全民。经理人拥有对国有企业进行经营管理的权力，但并未（或并未完全）拥有国有企业的所有权。即使是对国有企业经营管理进行监督的国资委，也并未拥有国有企业的所有权，只是代表国家行使所有权，因此其激励会与所有者有差异。由于所有权和控制权的分离，国有企业存在代理问题，从而可能引发经理人的道德风险。经理人有可能会出现过度投资或“偷懒”等行为，以最大化自己的效用。此外，由于投资于技术创新项目涉及较高的风险，并且短期内不能给企业带来可以预测的收益，因此经理人通常不愿意投资于创新项目，其表现出短视的行为。

在混合所有制企业引入民营股东和外资股东等混合所有制股东后，为了保障自身利益，这些股东（包括民营股东和外资股东）会对经理人进行监督。在其强有力的监督下，经理人不再那么短视，其追求享乐的行为也得到一定的抑制。当然，并不是所有的民营股东和外资股东都会积极行使监督权。Chen 等（2007）的研究发现，如果投资人长期持有一家公司的股份，其将会更关注对这家公司的监督。Bushee（1998）发现，持有公司股票时间较短即出售的投资人会加剧公司经理人的短视行为。而只有长期稳定持有公司股票的投资者，才能减少经理人的短视行为。

由此我们推测：如果混合所有制中引入的民营股东和外资股东通过加强对经理人的监督从而促进企业技术创新，那么具有更强烈监督意愿的混合所有制股东（如持有公司股票时间更长的民营股东和外资股东）促进技术创新的效应理应更为显著。为此，我们采用与 5.1 中相同的数据，只是将混合主体深入性（Mixra）这个变量区分为两个组成部分：长期的混合主体深入性

($mixra_{Long-term}$)和短期的混合主体深入性($mixra_{Short-term}$)。长期的混合主体深入性包含持有公司股份在两年及以上的前十大股东中民营股东和外资股东持股比例之和;而短期的混合主体深入性则只包含持有公司股份短于两年的前十大股东中民营股东和外资股东持股比例之和。我们进行泊松回归分析,检验这两种不同类型的股东对企业技术创新的影响(见表6-10)。

表6-10 混合所有制促进企业技术创新的监督机制检验

变量	企业技术创新	
	专利	发明
$mixra_{Long-term}$	0.052*** [38.441]	0.023*** [9.185]
$mixra_{Short-term}$	0.014 [0.825]	0.006 [0.553]
控制变量	YES	YES
Constant	-16.244*** [-8.763]	-8.061*** [-9.290]
N	2 752	2 752
R^2	0.511	0.469

注:*、**、*** 分别表示在10%、5%、1%的水平上显著,Mixra代表混合主体深入性,括号内为其t值。

表6-10中的回归方程与5.1中混合主体深入性影响企业技术创新的基本回归方程一样,唯一的区别在于将混合主体深入性划分为长期的混合主体深入性和短期的混合主体深入性了。表6-10中的第一个回归模型的因变量是用企业申请并最终获得授予的专利总数度量的技术创新,第二个回归模型的因变量是用企业申请并最终获得授予的发明专利数量度量的技术创新。

从表6-10可以看出,无论是以专利总数还是以发明数量来度量企业技术创新,长期的混合主体深入性($mixra_{Long-term}$)的回归系数都在1%的显著性水平下显著为正,而短期的混合主体深入性($mixra_{Short-term}$)的回归系数虽然为正却并不显著。因此,我们从该回归结果中可以看出,混合主体深入性对企业技术创新的促进作用主要是由长期稳定持有公司股份的混合所有制股东(民营股东和外资股东)带来的正向监督效应。

总之,我们可以看出,长期持有公司股份的民营股东和外资股东等混合所有制股东由于会积极行使其监督权，在促进技术创新方面起着更为重要的作用。这也说明，民营股东和外资股东对公司经理人的强有力的监督可能是混合所有制促进企业技术创新的一种潜在机制。

6.3.2 技术溢出机制

受到 Robinson（2008）、Fulghieri 和 Sevilir（2009）研究结论的启发，本部分考察混合所有制促进企业技术创新的一种机制——技术溢出机制。Robinson（2008）的研究表明，对成功概率不高的项目，公司更倾向于采用战略联盟的方式，而更少采用独立完成的方式进行。他的研究还表明，战略联盟可以有效解决这些项目实施过程中出现的激励问题。Fulghieri 和 Sevilir（2009）的研究表明，为了加快企业产品推陈出新的速度，在行业中取得竞争优势，公司常常不仅仅依靠内部研发，还会向外部组织寻求合作。Guadalupe 等（2012）通过构建理论模型并进行实证分析，发现被外国公司收购促进了国内企业的技术创新。在被外国公司收购后，企业通过吸收外国的先进技术，同时拓展海外市场，激励公司经理人开发新产品、应用新技术，从而促进了国内被收购企业的技术创新。如果在混合所有制企业中引入创新性较强的民营股东和外资股东，则也可能由于人力资源的流动（Agrawal 等，2006）以及研究网络的形成（Giuri 和 Mariani，2013）而促进混合所有制企业的技术创新。

在混合所有制企业中，如果引入的外资股东和民营股东为该企业所处行业领域的领头羊，那么该混合所有制企业在未来的技术创新中就可以收获由于“近邻效应”带来的技术溢出，从而在从事原本风险较高、成功率不大的技术创新项目中获得更大的优势。通过促进知识的传递和技术的转移，混合所有制这种组织形式使原有股东有机会接触到新的技术，获得技术创新上的新进展。因此，我们推测，如果引入的外资股东和民营股东与原混合所有制企业处于同一技术领域，则可能随之引入更加先进的技术，从而促进混合所有制企业的技术创新。

在本部分，我们实证检验技术溢出机制是否为混合所有制促进企业技术创新的一种可能渠道。具体而言，我们检验在混合所有制企业中引入同一技术领域的民营股东和外资股东是否会增加混合主体深入性对企业技术创新的促进作用。为此，我们采用与5.1中相同的数据，同时还定义了一个技术溢出的虚拟变量（Tech），如果混合所有制企业中引入的民营股东和外资股东与该混合所有制企业属于同一个行业（参考2012年版中国证监会行业分类代码），则令其取值为1，否则取值为0。我们预期引入同一技术领域的民营股东和外资股东等混合所有制股东会加大混合主体深入性对技术创新的促进作用。

表6-11列示了混合所有制促进企业技术创新的技术溢出机制检验。其中技术溢出的虚拟变量（Tech）为引入的民营股东和外资股东等混合所有制股东与该混合所有制企业是否属于同一技术领域的虚拟变量。如果其属于同一技术领域，则令技术溢出的虚拟变量（Tech）为1，否则为0。

表6-11中第（1）列以企业申请并最终授予的专利总数衡量企业技术创新。为部分解决内生性问题及专利的时滞，我们采取滞后两期的专利总数。表6-11中第（2）列为以企业申请并最终授予的发明专利总数衡量的企业技术创新。我们也是采用滞后两期的发明专利。如表6-11所示，无论用专利总数还是用发明专利数量来衡量企业技术创新，技术溢出的虚拟变量（Tech）的回归系数都显著为正，说明如果引入的混合所有制股东与该混合所有制企业处于同一技术领域，有利于促进该企业的技术创新。此外，混合主体深入性（Mixra）与技术溢出的虚拟变量（Tech）的交乘项均显著为正，说明混合主体深入性越高，则引入的民营股东和外资股东等混合所有制股东的技术溢出效应越大，对混合所有制企业技术创新的促进效应越强。我们的实证结论支持了技术溢出渠道，说明技术溢出效应的确是混合所有制促进企业技术创新的机制之一。

表6-11　混合所有制促进企业技术创新的技术溢出机制检验

变量	(1)	(2)
	专利	发明
Mixra	0.016*** [17.644]	0.008*** [9.974]
Mixra×Tech	0.007*** [8.215]	0.009*** [9.805]
Tech	0.042*** [6.554]	0.061*** [7.825]

表6-11(续)

变量	(1)	(2)
	专利	发明
控制变量	YES	YES
Constant	-12.576*** [-31.217]	-15.178*** [-21.195]
N	2 752	2 752
R^2	0.61	0.567

注：*、**、*** 分别表示在10%、5%、1%的水平上显著，Mixra为混合主体深入性，括号内为其t值。

6.4 本章小结

本章对混合所有制促进企业技术创新的机理进行分析，分为原因分析、企业层级差异分析、机制研究三个部分。

本章第一部分对混合所有制促进企业技术创新的原因进行分析。我们首先区分混合所有制促进企业技术创新的原因是源于经理人观还是源于政治观。我们通过实证分析发现，随着混合主体深入性和混合主体制衡度的提高，企业受到的政府干预并未显著降低，而其代理成本却显著下降，并且混合主体制衡度对企业技术创新的促进作用在国有控股的企业中较为显著。基于上述发现，我们认为，混合所有制促进企业技术创新的原因来自经理人观。这表明，混合所有制主要通过减少国有企业面临的代理问题，从而促进了技术创新。

本章进一步分析混合所有制促进企业技术创新的原因是源于经理人职业生涯关注理论还是源于经理人追求安逸生活理论。为此，我们引入产品市场竞争激烈程度与混合主体特征的交乘项，通过对混合主体深入性、混合主体制衡度对技术创新影响的分析，发现产品市场竞争激烈程度与混合主体深入性、混合主体制衡度的交乘项皆为正，从而增加了原有混合主体特征促进技术创新的正向效应，构成互补关系，而不是替代关系。由此可见，混合所有制促进企业技术创新的主要原因是经理人关注其职业生涯。

本章第二部分从混合所有制企业所隶属的不同层级的视角分析其对技术创新的影响。研究结论显示，当混合所有制企业为市属企业时，通过增加混合所有制企业股东的多样性，可以提高其技术创新水平；当混合所有制企业为省属企业、乡镇企业时，通过提高混合所有制企业的混合主体深入性和制衡度，可以提高其技术创新水平；当混合所有制企业为县属企业时，通过提高混合所有制企业的混合主体制衡度，可以提高其技术创新水平。当混合所有制企业为央企时，仅仅通过引入不同性质的股东，提高混合主体的多样性、深入性和制衡度，并不能显著促进企业技术创新，有时反而会降低央企原有的较高的技术创新水平。由此可见，对央企的改革应配合一整套系统的改革方案，如完善公司的治理机制和监管体制等。因此，在对国有企业实施混合所有制改革时，我们应分类别、分层级区别对待，采取最适宜的方法，以期取得最理想的效果。

本章第三部分分析了混合所有制促进企业技术创新的两个可能的机制：监督机制和技术溢出机制。

在验证监督机制方面，我们首先将混合所有制中引入的民营股东和外资股东区分为长期股东（持股时间两年及以上）和短期股东（持股时间短于两年），从而定义了长期的混合主体深入性（$mixra_{Long-term}$）和短期的混合主体深入性（$mixra_{Short-term}$）。我们通过实证分析发现，无论是以专利总数还是以发明数量度量企业技术创新，长期的混合主体深入性（$mixra_{Long-term}$）的回归系数都在1%的显著性水平下显著为正，而短期的混合主体深入性（$mixra_{Short-term}$）的回归系数虽然为正却并不显著。这说明，混合主体深入性对企业技术创新的促进作用主要是由长期稳定持有公司股份的混合所有制股东（民营股东和外资股东）带来的正向监督效应。长期持有公司股份的民营股东和外资股东等混合所有制股东会积极行使其监督权，在促进企业技术创新方面起着更为重要的作用。同时，这也表明民营股东和外资股东对公司经理人的强有力的监督可能是混合所有制促进技术创新的一种潜在机制。

为了检验技术溢出机制是否存在，我们定义了一个技术溢出的虚拟变量（Tech）。如果混合所有制企业中引入的民营股东和外资股东与该混合所有制企业属于同一个行业，则令其取值为1，否则取值为0。实证结果发现，混合主体深入性（Mixra）与技术溢出的虚拟变量（Tech）的交乘项均显著为正。这说明，混合主体深入性越高，引入的民营股东和外资股东等混合所有制股东的技术溢出效应越大，对混合所有制企业技术创新的促进效应越强。我们的实证结论支持了技术溢出渠道。这说明，技术溢出效应的确是混合所有制促进企业技术创新的机制之一。

总结起来，本章验证了混合所有制促进企业技术创新的主要原因不是政治观，而是经理人观，并且经理人不是只追求安逸生活，他们更关注其职业生涯。同时，本章展示了分层级进行混合所有制改革对企业技术创新可能产生的影响。通过实证分析，本章验证了混合所有制促进企业技术创新的两种可能的机制：强化监督机制和技术溢出机制。

7
研究结论与启示

在某种意义上，混合所有制是我国传统文化中中庸、变通思想的杰作，是推进所有权渐进改革的结果。混合所有制改革推动了我国经济的平稳发展，形成了独具特色的混合所有制经济，对推动企业技术创新起到了重要的作用。

7.1 主要研究结论

本书主要研究混合所有制对企业技术创新的影响。本书主要从企业所有制形式与混合特征两个方面分别考察混合所有制对企业技术创新的影响，同时对这种企业组织形式促进企业技术创新的机理进行分析。

本书首先尝试找出最有利于促进技术创新的企业所有制形式。本书利用工业企业数据库关于企业所有制形式、技术创新方面的数据，分析了混合所有制企业和另外五类企业（国有独资企业、外资企业、民营企业、集体企业和港澳台资企业）在技术创新方面的差异，包括技术创新投入、技术创新产出和技术创新效率方面的差异。本书综合运用 Tobit 回归、倾向得分匹配后的双重差分分析（PSM+DID）等方法后发现，相比国有独资企业、外资企业、集体企业和港澳台资企业，混合所有制企业在技术创新投入、技术创新产出和技术创新效率方面都显著较高，因此混合所有制企业更有利于促进技术创新。由此可见，积极发展混合所有制经济是提高我国整体技术创新水平的正确战略选择。

研究结论显示，若以民营企业为参照，混合所有制企业的技术创新投入显著高于民营企业；混合所有制企业的技术创新效率略高于民营企业，但是差异并不是特别显著；混合所有制企业的技术创新产出显著高于民营企业。由此我们可以看出，与民营企业相比，混合所有制企业投入了更多的资源用于企业技术创新，从而使得其企业技术创新水平更高。这说明，混合所有制企业由于吸收了不同股份性质的所有者，因此比单一性质的民营企业拥有更强的实力，也愿意为企业技术创新承担更大的风险，从而有利于促进技术创新。

这意味着在企业所有制形式的选择方面，要想促进技术创新，首选的企业所有制形式为混合所有制。

我国目前主流的混合所有制企业具有四种组织形式：股份有限公司、有限责任公司、股份合作制企业和联营企业。本书分析了这四种混合所有制组织形式在技术创新上的差别。本书发现，在技术创新投入、技术创新产出和技术创新效率方面，股份有限公司由于聚集了众多的资源，因此其技术创新投入、产出和效率均较优，在四种混合所有制形式中最易于促进技术创新；有限责任公司的股东来源没有股份有限公司广泛，实力不如股份有限公司雄厚，获得的资源也不如股份有限公司丰富，导致有限责任公司这种企业组织形式对技术创新的促进作用弱于股份有限公司；股份合作制企业由于规模较小，股东范围具有一定的局限性，使得其技术创新投入、创新产出和创新效率都相对较低。近年来，联营企业的技术创新效率迅速上升，是一种能促进企业技术创新的有潜力的混合所有制组织形式。

在选定了混合所有制这样一种企业所有制形式最有利于促进企业技术创新之后，我们关心的是在混合所有制企业内部，什么样的混合特征会促进或抑制企业技术创新？

为此，本书选取 2008 年年底已在上海证券交易所上市的竞争类国有控股公司为样本，选取这些公司 2009—2023 年的数据，从而能够更好地展示整个国有企业混合所有制改革的进程。本书依据民营股东、外资股东和国有股东三种不同性质的股东在前十大股东中的持股比例，定义了三种不同的混合特征：混合主体多样性、混合主体深入性以及混合主体制衡度。本书分别考察这三种混合特征对企业技术创新的影响。研究发现，混合主体多样性能够显著促进企业技术创新；在不完善的制度环境下，混合主体多样性对企业技术创新的促进作用更为显著。总体来看，混合主体深入性能显著促进企业技术创新；在制度环境较差的地方，混合主体深入性与企业技术创新之间存在倒 U 形关系。本书从混合主体制衡度的角度进行分析，在国有控股的混合所有制企业中，混合主体制衡度越高，越能促进其技术创新。我们还发现，民营股东的制衡效应不如外资股东。

在混合所有制企业，混合主体多样性、深入性和制衡度会影响企业技术创新，其根源在于混合所有制企业中不同股权性质持股比例会影响技术创新。为此，本书分别详细分析了混合所有制中国有股东、外资股东和民营股东持股比例，实施股权激励计划和管理层持股对企业技术创新的影响；通过对比混合所有制企业内部不同性质的股权对技术创新的影响，发现混合所有制企业内国有股东持股比例越高，其技术创新水平越低；外资股东、民营股东持股比例越高，企业技术创新水平也较高。国内机构投资者对技术创新的促进效果较为显著。若在混合所有制企业内实施股权激励计划和管理层持股，则会显著促进其技术创新。

在混合所有制企业中，和经理人订立什么样的合约、聘用具有什么背景的经理人会促进企业技术创新呢？研究发现，在混合所有制企业中，相比采用只有一次机会的惩罚型合约，允许经理人“将功补过”、带二次机会的惩罚型合约更能促进企业技术创新。在其他条件不变的情况下，聘用具有技术背景经理人的混合所有制企业，其技术创新水平更高。

此外，本书对混合所有制促进企业技术创新的机理进行分析。具体细化为原因分析、企业层级差异分析和机制研究。首先，本书分析混合所有制促进企业技术创新的原因，探究是源于经理人观还是源于政治观。我们通过实证分析发现，随着混合主体深入性和混合主体制衡度的提高，企业受到的政府干预并未显著降低，而其代理成本却显著下降，并且混合主体制衡度对企业技术创新的促进作用在国有控股企业中较为显著。基于上述发现，我们认为，混合所有制促进企业技术创新的原因来自经理人观。这表明，混合所有制主要是通过减少国有企业的代理问题，从而促进企业技术创新。

本书进一步分析混合所有制促进企业技术创新的原因是源于经理人职业生涯关注理论还是源于经理人追求安逸生活理论。为此，我们引入产品市场竞争激烈程度与混合主体特征的交乘项，通过分析混合主体深入性、混合主体制衡度对企业技术创新的影响，发现产品市场竞争激烈程度与混合主体深入性、混合主体制衡度的交乘项皆为正，从而增加了原有混合主体特征促进企业技术创新的正向效应，构成互补关系，而不是替代关系。由此可见，混合所有制促进企业技术创新的主要原因是经理人关注其职业生涯。

我国对国有企业的混合所有制改革采取分类别、分层级的方式推进。因此，本书接着从混合所有制企业所隶属的不同层级（央企、省属企业、市属企业、县属企业、乡镇企业）的视角分析其对技术创新的影响。研究结论显示，当混合所有制企业为市属企业，通过增加混合所有制企业股东的多样性，可以提高其技术创新水平；当混合所有制企业为省属企业、乡镇企业时，通过提高混合所有制企业的混合主体深入性和制衡度，可以提高其技术创新水平；当混合所有制企业为县属企业时，通过提高混合所有制企业的混合主体制衡度，可以促进其技术创新。当混合所有制企业为央企时，仅仅通过引入不同性质的股东，提高混合主体的多样性、深入性和制衡度，并不能显著促进企业技术创新，有时反而会降低央企原有较高的技术创新水平。由此可见，对央企的改革应配合一整套系统的改革方案，如完善公司的治理机制和监管体制等。因此，在对国有企业实施混合所有制改革时，我们应分类别、分层级区别对待，采取最适宜的方法，以期取得最理想的效果。

进一步地，本书验证了混合所有制促进企业技术创新的两种可能机制：强化监督机制和技术溢出机制。在验证强化监督机制方面，本书首先将混合所有制中引入的民营股东和外资股东区分为长期股东（持股时间两年及以上）和短期股东（持股时间短于两年），从而定义了长期的混合主体深入性和短期的混合主体深入性。本书通过实证分析发现，混合主体深入性对企业技术创新的促进作用主要是由长期稳定持有公司股份的混合所有制股东（民营股东和外资股东）带来的正向监督效应。长期持有公司股份的民营股东和外资股东等混合所有制股东会积极行使其监督权，在促进企业技术创新方面起着更为重要的作用。同时，民营股东和外资股东对公司经理人的强有力的监督可能是混合所有制促进企业技术创新的一种潜在机制。

在检验技术溢出机制是否存在时，我们定义了一个技术溢出的虚拟变量。如果混合所有制企业中引入的民营股东和外资股东与该混合所有制企业来自同一技术领域，则令其取值为1，否则取值为0。实证结果发现，混合主体深入性与技术溢出虚拟变量的交乘项均显著为正，说明混合主体深入性越高，则引入的民营股东和外资股东等混合股东的技术溢出效应越大，对混合所有制企业技术创新的促进效应越大。我们的实证结论支持了技术溢出渠道，说明技术溢出效应是混合所有制促进企业技术创新的机制之一。

总之，本书详细分析了混合所有制对企业技术创新的影响，发现混合所有制能显著促进企业技术创新。通过原因分析，我们发现，经理人职业生涯关注是主要原因。同时，我们对可能的机制进行了考察，验证了强化监督机制和技术溢出机制。

7.2 创新与贡献

本书主要研究混合所有制对企业技术创新的影响，创新之处主要体现在以下三个方面：

首先，本书为混合所有制对企业技术创新的影响提供了较全面、系统和深入的直接经验证据。混合所有制改革是我国国有企业改革的关键所在。本书从混合所有制的形式、特征和层级三个方面对企业技术创新的影响进行了系统、全面和稳健的检验，并得到了有益的经验证据支持，这有力地填补了现有混合所有制促进企业技术创新实证研究的空白。本书从混合所有制企业中混合主体的三个特征（混合主体多样性、混合主体深入性、混合主体制衡度）的视角，研究了混合所有制对企业技术创新的影响。本书通过人工逐个识别上市公司前十大股东的资本属性，将其划分为国有股东、民营股东、外资股东、机构投资者、自然人，构建混合主体多样性、深入性和制衡度三个指标。本书研究发现，混合主体多样性、混合主体深入性能够显著促进企业技术创新。本书从混合主体制衡度的角度进行分析，发现在国有控股的混合所有制企业中，混合主体制衡度越高，越能促进企业技术创新。本书从混合特征的独特视角，形成较完善的分析框架，发现混合所有制是影响企业技术创新的重要因素之一，为促进我国技术创新提供了可行的渠道。进一步地，本书还从混合所有制企业所隶属的不同层级（央企、省属企业、市属企业、县属企业、乡镇企业）的角度分析其对企业技术创新的影响。研究结论显示，当混合所有制企业为市属企业时，通过增加混合所有制企业股东的多样性，可以提高其技术创新水平；当混合所有制企业为省属企业、乡镇企业时，通过提高混合所有制企业的混合主体深入性和制衡度，可以提高其技术创新水平；当混合所有制企业为县属企业时，通过提高混合所有制企业的混合主体制衡度，可以提高其技术创新水平。当混合所有制企业为央企时，仅仅通过引入不同性质的股东，提高混合主体的多样性、深入性和制衡度，并不能显著促进企业技术创新，有时反而会降低央企原有的较高的技术创新水平。由此可见，对央企的改革应配合一整套系统的改革方案，如完善公司的治理机制和监管体制等。因此，在对国有企业实施混合所有制改革时，我们应分类别、分层级区别对待，采取最适宜的方法，以期取得最理想的效果。

其次，关于混合所有制促进企业技术创新的原因和作用机理，我们经过比较严谨的计量方法，厘清并证实了混合所有制促进企业技术创新的“经理人假说”动因，也证明了同时存在监督和技术溢出两种促进企业技术创新的作用路径，加深了混合所有制对企业技术创新影响的内在原因和影响路径的理论理解，有效地推进了混合所有制促进企业技术创新的机理研究。本书从理论上提出了混合所有制促进企业技术创新的两种原因——经理人观和政治观，通过实证分析验证了经理人观。本书进一步提出经理人的职业生涯关注理论和经理人追求安逸生活理论，通过引入产品市场竞争激烈程度与混合主体特征的交互效应，验证了经理人职业生涯关注理论。本书还验证了混合所有制促进企业技术创新的两种机制——监督机制和技术溢出机制。这使得我们对混合所有制促进企业技术创新的原因和机制的认识更为清晰。

最后，本书综合运用微观大数据、匹配后的双重差分分析（PSM+DID）等较为准确的计量方法对混合所有制与企业技术创新之间的关系进行研究。本书综合运用规模以上工业企业数据库、国泰君安数据库以及人工搜集混合所有制企业前十大股东性质、专利和报表附注中披露的研发支出数据，使得本书的研究结论具有更为翔实的微观数据基础。本书的数据来源包括通过人工查阅每家上市公司每年的财务报告，搜集到其附注中披露的当年研发支出的数据；从国家知识产权局的中国专利数据库中，人工搜集到每家上市公司每年的专利总数和发明专利数量；通过人工识别上市公司前十大股东所有权性质，形成混合主体特征的变量。这些构成本书独特的微观数据优势。在此基础上，本书采用了多种方法对推导出的结论进行验证，如配对样本的双重差分分析、Tobit 回归、泊松回归等，从而更准确地度量了混合所有制对企业技术创新的影响，在方法上较以往研究有所创新。

本书可能的贡献在于：通过对混合所有制促进企业技术创新的详细分析，加深我们对企业所有制形式与技术创新、不同混合特征对技术创新影响的认识，对进一步完善我国国有企业的混合所有制改革、促进我国整体技术创新水平的提高，具有一定的借鉴意义。

7.3 启示

对国有企业进行混合所有制改革，可以改善国有企业的治理结构和经营模式。通过引入民营资本、外资等非国有资本参与企业的销售、生产等决策环节，不仅可以为企业带来更多资源，而且民营资本和外资等凭借其敏锐的市场嗅觉，能更好地发挥自身优势，从而促进企业技术创新水平的提升。当然，实施混合所有制改革，除可以在原有国有企业中引入社会资本形成混合所有制企业外，也可以通过国有企业参股优秀民营企业的方式进行。

我国企业目前大多采取的是同股同权、一股一票的决策模式。如果在混合所有制企业中适当增大外资股东和民营股东持股比例，则可以对原有的“一股独大”的国有股东形成较有效的制衡力量。非国有资本的持股比例越高，这种制衡力量就越大。例如，根据《中华人民共和国公司法》的规定，企业的许多重大事项需 2/3 以上表决权方可决议通过，如果外资股东和民营股东合计持有公司股份的 1/3 以上，其联合起来就可以否决公司的重大事项，从而对企业技术创新政策产生影响。

从实证分析中我们可以看出，技术创新水平在民营股东、外资股东持股比例较高的企业中通常会更高。在国有企业实行混合所有制改革时，我们应怎样利用上述特点，发挥国有企业的优势？根据交易成本理论，当一个企业自己生产一种产品所耗费的成本远高于从市场上购买这种产品的成本时，企业可以直接从市场上购买，而不是自己生产。对此的启示是：国有企业可以通过收购、兼并极具创新精神的公司，从而获得知识溢出效应，提升企业技术创新水平。

此外，我们还可以拓展关于混合所有制的思路。例如，采用众筹的方式，将广大居民手中的部分闲散资金筹集起来，投资于来自群众中的技术创新项目中。这样，具有独特创意的企业家们只要其创意足够好，则只需贡献出自己的智慧和能力，而不再需要以抵押自己的房产、向银行贷款等这种加大自身投资风险的方式，就可以筹集到足够的资金用于技术创新项目，从而加速我国向创新型国家发展的进程。除众筹之外，各种风险投资基金、私募和公募基金的迅速发展，也加速了从企业家的创意到消费者使用创新型产品之间的进程。

在实施混合所有制时，企业如果能降低政府对混合所有制企业日常经营活动的影响，培育企业的市场导向，减轻政策性负担，则有助于促进技术创新水平的提高。对混合所有制企业中的国有股份，我们宜采取“管资本”为主的模式，让市场在资源配置中起主导作用。在混合所有制企业内部，我们应让民营资本、外资和国有资本充分发挥各自优势，将各种资本及其背后的资源整合起来，最终实现混合所有制企业技术创新水平的提高。

我国在实施混合所有制改革的过程中，可以引入适当比例的非国有资本，以提高原有企业的治理水平。在混合所有制企业中引入非国有股东，一方面可以为企业带来更多的资源；另一方面可以使企业更快地对市场需求做出敏捷的反应，使企业的灵活机动性上升，为企业带来更多忠诚的客户。引入民营资本时，企业也将民营企业家的创业和拼搏精神引进了混合所有制企业中，使企业更具有竞争力和活力，有利于企业根据市场需要进行技术创新。引入外资可以为混合所有制企业带来一流的管理经验和先进技术，具有知识和技术溢出效应，从而提高混合所有制企业的竞争优势。当然，我国不适宜将国有企业100%民营化，民营资本和外资的比例不是越高越好，保持适当的制衡度较为适宜。通过引入外资和民营资本，目的是提高混合所有制企业的决策能力和技术创新能力。

混合所有制企业中在引入民营资本、外资等非国有性质的资本后，还应重点培育企业独特的凝聚力和文化。在混合所有制企业内部形成开放和包容的文化可以充分调动起各类性质资本的积极性，实现股东之间的融合，提升混合所有制企业的价值和技术创新水平。

进行混合所有制改革应充分发挥民营企业、外资企业和国有企业的独特优势。我们不仅要关注大企业，比如由大型民营企业、大型外资企业和大型国有企业组成的大型混合所有制企业，推动我国企业的技术创新；还要关注众多中小企业，充分发挥其创新性强、灵活性高的特点，将其与合适的国有企业及其子公司整合成小型混合所有制企业，使其形成一股重要的创新驱动力量。

总之，我国具有巨大的经济体量。在过往国有企业改革过程中，我们经历过困境，同时民营企业、外资企业在创新领域也取得了诸多业绩。基于此，我们应总结混合所有制在促进技术创新方面的经验，并综合考虑我国当前经济结构调整和转型的需求，在条件成熟的地方组建混合所有制企业，早日建设成为创新型国家。

7.4 研究的局限性

由于时间、数据和能力限制，本书的研究具有一定局限性。

首先，本书第五章第一节中混合主体多样性、深入性、制衡度与企业技术创新的研究对象有一定局限性，导致本部分得出的研究结论在其他公司不一定具有普适性。混合所有制改革对企业技术创新的影响，可能与公司自身特点有关，有待进一步深入研究。

其次，本书未能控制企业家特质等难以计量的因素对技术创新的影响。例如，虽然都是混合所有制企业，但有的混合所有制企业因拥有卓越的领导者，其技术创新水平远高于同行业内大部分混合所有制企业。这意味着，混合所有制企业董事长的特质，会对企业技术创新产生较大的影响。

再次，本书第五章第二节中关于混合所有制企业内部股权性质的实证部分都是根据已有的股权结构数据对技术创新进行回归。例如，数据库现有公司结构中，绝大多数公司的外资股东持股比例在40%以下，因此本书第五章第二节的实证及其结论无法准确预测40%以上的外资股东持股比例对技术创新产生的影响。对现有数据库中没有的股权结构部分，我们还需通过进行政策试点等方法确定不同混合比例对技术创新的影响，以更准确地估算其效应。

最后，本书研究混合所有制对企业技术创新的影响，虽然通过工具变量法、Tobit 回归模型、面板固定效应等解决了部分内生性问题，但更好的办法是寻找外生性的冲击，对比两组可比公司在技术创新上的差异：一组实行了混合所有制，一组未实行混合所有制。这样的研究设计能有效地解决内生性问题，因此在未来的研究中，我们应设法寻找到这样的自然实验情景。

7.5 未来研究方向

本书从企业所有制形式和混合特征的角度，分析了混合所有制对企业技术创新的影响。除这些因素之外，我们还可以从加强外部监督、进一步完善风险投资市场、完善知识产权保护等方面促进企业技术创新。对混合所有制企业，最大化非国有股东的作用、平等保障全体股东的权益等方面将成为改革的重点。这些关系到混合所有制改革企业的未来，也有待更多研究者继续进行深入研究。本书认为，可能值得未来重点研究的几个方向如下：

第一，企业技术创新的产生及其过程。我们目前对企业技术创新的认识仍知之甚少，什么因素促进了企业技术创新？企业技术创新的具体过程又是怎样的？怎样通过合理的制度设计才可以为我国培育出更多优质公司？我国的产业政策和税收优惠政策对技术创新产生了怎样的影响？这些对我们来说仍是一个个黑箱，值得未来进行深入研究。

第二，供应链上下游对混合所有制企业技术创新水平的影响。如果企业处于竞争激烈的行业，则会影响其技术创新水平。同理，当企业的上下游技术创新水平较高、竞争比较激烈时，也可能会对混合所有制企业的技术创新水平产生影响。考虑上下游企业后，我们可以将混合所有制企业放置于动态系统中考察，而不是孤立地研究这个企业。这使得研究的环境更接近于现实生活。我国各个行业之间竞争程度差别较大，上下游企业间的技术创新能力和竞争程度也千差万别。因此，考察上下游企业对混合所有制企业技术创新水平的影响，甚至将宏观和动态的经济因素纳入分析框架中进行分析，同时充分考虑到相关不确定性因素，这将使未来的研究具有重大的理论和实践意义。

第三，在混合所有制企业中引入负责任大股东所起到的作用。企业业绩及其技术创新水平主要取决于制度及人的行为。如果在混合所有制中引入负责任的大股东，我们合理预期其带来的作用应远大于普通“搭便车”的小股东。随着我国国有企业混合所有制改革的深入，会出现越来越多的混合所有制改革案例。通过量化在混合所有制企业中引入负责任的大股东所起到的作用，可以为我们在引入股东方面提供借鉴。这也是一个值得重视和研究的方向。

第四，混合所有制企业中 CEO 及其团队的特质对技术创新的影响。在不同的混合所有制企业里，由于 CEO 的特质、偏好不同，他们对企业技术创新的重视程度也不同，从而影响企业技术创新投入以及员工从事技术创新的积极性。例如，CEO 重视研发，在研发方面投入大量资金，使得企业技术创新能力较强；相反，在 CEO 不重视技术创新的混合所有制企业中，企业技术创新水平很难得以提高。企业家特质对企业有着重要的影响，卓越的领导人给企业打下深深烙印。含有国有成分的混合所有制企业还会受上级政府领导的影响。在今后的研究中，研究者可以考虑加入领导人特质会怎样影响混合所有制对企业技术创新的作用。同样地，在不同的混合所有制企业中，不同的团队会形成不同的凝聚力，从而影响到企业技术创新。业务模式等很多组织形式都可以被复制，唯有混合所有制企业内部团队成员之间的默契、信任、勇于担当、相濡以沫是无法复制的。技术创新水平较高的混合所有制企业往往拥有一个凝聚力强且实力雄厚的团队。研究什么样的 CEO 及其团队特质最能促进技术创新，可以为未来组建这样的创新型企业提供有益借鉴。

第五，创新型企业的融资问题研究。对一个具有良好前景的技术创新项目，怎样确保其能在短时间内顺利成长壮大成为一个优质企业？这中间涉及的核心就是创新型企业的融资问题。在发达的创新型国家，有相应的融资平台支持创新型企业的发展，配套有较好的产品和业务，形成了一整套支持技术创新的制度，使独具创意的企业家很容易获得股权投资。在我国，近年来股权众筹等平台如雨后春笋般迅速发展。互联网众筹平台助力许多创新型项目顺利筹集到股权资本，激发了全社会民众的创新热情，为初创企业提供了关键的支持，对我国资本市场的融资产生了较大的影响。怎样从制度上确保优质技术创新项目及创新型企业在成长初期能顺利获得股权资本，是值得重点研究的一大课题。该课题的研究有助于我国更高质量地建设创新型国家。

主要参考文献

白重恩，刘俏，陆洲，等，2005. 中国上市公司治理结构的实证研究［J］. 经济研究（2）：81-91.

别奥，杨上广，罗孝玲，2023. 国有股东参股能否促进民营企业绿色技术创新：基于民营企业混合所有制改革的经验证据［J］. 中南大学学报（社会科学版）（5）：109-122.

陈林，唐杨柳，2014. 混合所有制改革与国有企业政策性负担：基于早期国企产权改革大数据的实证研究［J］. 经济学家（11）：13-23.

陈林，万攀兵，许莹盈，2019. 混合所有制企业的股权结构与创新行为：基于自然实验与断点回归的实证检验［J］. 管理世界（10）：186-205.

陈晓，王琨，2005. 关联交易、公司治理与国有股改革：来自我国资本市场的实证证据［J］. 经济研究（4）：77-86，128.

陈岩，张斌，2013. 基于所有权视角的企业技术创新理论框架与体系［J］. 经济学动态（9）：50-59.

程仲鸣，夏新平，余明桂，2008. 政府干预、金字塔结构与地方国有上市公司投资［J］. 管理世界（9）：37-47.

池仁勇，2005. 区域中小企业技术创新网络形成、结构属性与功能提升：浙江省实证考察［J］. 管理世界（10）：102-112.

崔楷，2021. 要素市场化配置下国企混合所有制改革的创新驱动路径［J］. 经济体制改革（3）：108-114.

戴觅，余淼杰，2012. 企业出口前研发投入、出口及生产率进步：来自中国制造业企业的证据［J］. 经济学（季刊）（1）：211–230.
董辅礽，1979. 关于我国社会主义所有制形式问题［J］. 经济研究（1）：21–28.
董辅礽，1987. 所有制改革与经济运行机制改革［J］. 新华文摘（4）：14–23.
董晓庆，赵坚，袁朋伟，2014. 国有企业技术创新效率损失研究［J］. 中国工业经济（2）：97–108.
杜媛，孙莹，王苑琢，2015. 混合所有制改革推动资本管理创新和营运资金管理发展：中国企业营运资金管理研究中心协同创新回顾及 2014 年论坛综述［J］. 会计研究（1）：93–95.
方颖，赵扬，2011. 寻找制度的工具变量：估计产权保护对中国经济增长的贡献［J］. 经济研究（5）：138–148.
付敬，朱桂龙，2014. 知识源化战略、吸收能力对企业技术创新绩效产出的影响研究［J］. 科研管理（3）：25–34.
谷方杰，汪梦玉，张文锋，2024. 混合所有制改革对企业创新投入影响的实证研究［J］. 中国软科学（4）：214–224.
郝云宏，汪茜，2015. 混合所有制企业股权制衡机制研究：基于“鄂武商控制权之争”的案例解析［J］. 中国工业经济（3）：148–160.
何立胜，管仁勤，1999. 混合所有制：一种最具有市场经济兼容力的所有制形式［J］. 经济问题探索（7）：9–10.
胡一帆，宋敏，郑红亮，2006. 所有制结构改革对中国企业绩效的影响［J］. 中国社会科学（4）：50–64.
黄淙淙，2011. 产权性质、股权激励与企业技术创新：基才我国中小板上市公司的经验分析［J］. 财政研究（9）：71–74.
江静，2011. 公共政策对企业技术创新支持的绩效：基于直接补贴与税收优惠的比较分析［J］. 科研管理（4）：1–8，50.
蒋天颖，王俊江，2009. 智力资本、组织学习与企业技术创新绩效的关系分析［J］. 科研管理（4）：44–50.
解维敏，唐清泉，陆姗姗，2009. 政府 R&D 资助，企业 R&D 支出与自主创新：来自中国上市公司的经验证据［J］. 金融研究（6）：86–99.
鞠晓生，2013. 中国上市企业技术创新投资的融资来源与平滑机制［J］. 世界经济（4）：138–159.

鞠晓生，卢荻，虞义华，2013. 融资约束、营运资本管理与企业技术创新可持续性［J］. 经济研究（1）：4-16.

康志勇，2014. 金融错配阻碍了中国本土企业技术创新吗？［J］. 研究与发展管理（5）：63-72.

孔伟杰，苏为华，2009. 中国制造业企业技术创新行为的实证研究：基于浙江省制造业 1454 家企业问卷调查的分析［J］. 统计研究（11）：44-50.

赖继红，2012. 私募股权投资、企业技术创新及其宏观经济效应研究［J］. 中央财经大学学报（9）：42-47.

李春涛，宋敏，2010. 中国制造业企业的创新活动：所有制和 CEO 激励的作用［J］. 经济研究（5）：55-67.

李广子，刘力，2010. 上市公司民营化绩效：基于政治观点的检验［J］. 世界经济（11）：139-160.

李士梅，张倩，2015. 股权结构对国有装备制造企业技术创新投入的影响［J］. 求是学刊（5）：57-63.

李寿喜，2007. 产权、代理成本和代理效率［J］. 经济研究（1）：102-113.

李涛，2002. 混合所有制公司中的国有股权：论国有股减持的理论基础［J］. 经济研究（8）：19-27，92.

李维安，2014. 深化国企改革与发展混合所有制［J］. 南开管理评论（3）：1.

李文贵，余明桂，2015. 民营化企业的股权结构与企业技术创新［J］. 管理世界（4）：112-125.

李新春，2003. 高科技企业的合约特征与企业家性质［J］. 中国工业经济（6）：77-83.

李永兵，袁博，骆品亮，2015. 混合所有制、业务创新与绩效表现：基于我国上市银行的实证研究［J］. 上海经济研究（10）：55-63.

李贞，杨洪涛，2012. 吸收能力、关系学习及知识整合对企业技术创新绩效的影响研究：来自科技型中小企业的实证研究［J］. 科研管理（1）：79-89.

李正图，2005. 混合所有制公司制企业的制度选择和制度安排研究［J］. 上海经济研究（5）：19-27.

李正图，2014. 积极发展混合所有制经济：战略构想和顶层设计［J］. 经济学家（11）：100-101.

厉以宁，2014. 中国道路与混合所有制经济［J］. 中国市场（23）：3-11.

连燕玲，贺小刚，张远飞，等，2012. 危机冲击、大股东“管家角色”与企业绩效：基于中国上市公司的实证分析［J］. 管理世界（9）：142-155.

梁强，李新春，郭超，2011. 非正式制度保护与企业技术创新投入：基于中国民营上市企业的经验研究［J］. 南开经济研究（3）：97-110.

廖冠民，沈红波，2014. 国有企业的政策性负担：动因、后果及治理［J］. 中国工业经济（6）：96-108.

林炜，2013. 企业技术创新激励：来自中国劳动力成本上升的解释［J］. 管理世界（10）：95-105.

刘渐和，王德应，2010. 股权结构与企业技术创新动力：基于双重代理理论的上市公司实证研究［J］. 西安财经学院学报（3）：88-93.

刘小玄，2004. 民营化改制对中国产业效率的效果分析：2001 年全国普查工业数据的分析［J］. 经济研究（8）：16-26.

刘小玄，李利英，2005. 企业产权变革的效率分析［J］. 中国社会科学（2）：4-16，204.

刘小玄，李寿喜，2007. 转轨过程中混合股权公司的相对效率［J］. 世界经济文汇（1）：58-71.

刘运国，刘雯，2007. 我国上市公司的高管任期与 R&D 支出［J］. 管理世界（1）：128-136.

卢锐，2014. 企业技术创新投资与高管薪酬业绩敏感性［J］. 会计研究（10）：36-42.

鲁桐，党印，2014. 公司治理与技术创新：分行业比较［J］. 经济研究（6）：115-128.

陆正飞，王雄元，张鹏，2012. 国有企业支付了更高的职工工资吗？［J］. 经济研究（3）：28-39.

逯东，2010. 政府控制视角下的国企治理与公司价值研究［D］. 成都：西南财经大学.

逯东，孙岩，周玮，等，2014. 地方政府政绩诉求、政府控制权与公司价值研究［J］. 经济研究（1）：56-69.

罗宏，宛玲羽，刘宝华，2014. 国企高管薪酬契约操纵研究：基于业绩评价指标选择的视角［J］. 财经研究（4）：79-89.

罗仲伟，2009. 中国国有企业改革：方法论和策略［J］. 中国工业经济（1）：5-17.
吕炜，2002. 论风险投资机制的技术创新原理［J］. 经济研究（2）：48-56.
吕长江，张海平，2011. 股权激励计划对公司投资行为的影响［J］. 管理世界（11）：118-126，188.
马连福，王丽丽，张琦，2015. 混合所有制的优序选择：市场的逻辑［J］. 中国工业经济（7）：5-20.
买忆媛，聂鸣，2003. 产业集群对企业技术创新活动的影响［J］. 研究与发展管理（2）：6-10.
毛其淋，许家云，2014. 中国企业对外直接投资是否促进了企业技术创新［J］. 世界经济（8）：98-125.
聂辉华，谭松涛，王宇锋，2008. 创新、企业规模和市场竞争：基于中国企业层面的面板数据分析［J］. 世界经济（7）：57-66.
欧瑞秋，李捷瑜，李广众，等，2014. 部分民营化与国有企业定位［J］. 世界经济（5）：112-134.
潘石，1999. 中国“混合经济”论［J］. 当代经济研究（9）：18-23.
潘越，潘健平，戴亦一，2015. 公司诉讼风险、司法地方保护主义与企业技术创新［J］. 经济研究（3）：131-145.
彭泗清，韩践，赵志裕，2008. 员工多元化管理与企业技术创新［J］. 管理世界（8）：182-183.
秦雪征，尹志锋，周建波，等，2012. 国家科技计划与中小型企业技术创新：基于匹配模型的分析［J］. 管理世界（4）：70-81.
曲亮，任国良，2010. 高管薪酬激励、股权激励与企业价值相关性的实证检验［J］. 当代经济科学（5）：73-79.
任胜钢，2010. 企业网络能力结构的测评及其对企业技术创新绩效的影响机制研究［J］. 南开管理评论（1）：69-80.
沙文兵，李桂香，2011. FDI 知识溢出、自主 R&D 投入与内资高技术企业技术创新能力：基于中国高技术产业分行业动态面板数据模型的检验［J］. 世界经济研究（5）：51-56，88.
邵明朝，2004. 我国混合所有制经济发展的基础及政策趋向［J］. 经济学动态（5）：27-30.

沈必扬，池仁勇，2005. 企业技术创新网络：企业技术创新研究的一个新范式[J]. 科研管理（3）：84-91.

沈必扬，吴添祖，2004. 基于企业家精神的企业技术创新网络[J]. 科学管理研究（2）：17-20.

石建水，2015. 混合所有制条件下按劳分配实现形式探析[J]. 当代经济研究（12）：46-50.

宋培林，2000. 论企业技术创新文化：兼析我国企业技术创新文化的营造[J]. 当代经济科学（5）：60-64.

孙宗伟，2014. 积极发展混合所有制经济 推进国企改革不断深化[J]. 经济研究参考（37）：80-83.

谈毅，冯宗宪，2002. 企业技术创新的金融支持[J]. 科学学研究（5）：539-543.

汤吉军，2014. 不完全契约视角下国有企业发展混合所有制分析[J]. 中国工业经济（12）：31-43.

童大林，1986. 股份化是社会主义企业的一个新基点[J]. 新华文摘（10）：63-65.

涂国前，刘峰，2010. 制衡股东性质与制衡效果：来自中国民营化上市公司的经验证据[J]. 管理世界（11）：132-142，188.

万华炜，2007. 中国混合所有制经济的产权制度分析[J]. 中南财经政法大学学报（6）：21-26.

万华炜，程启智，2008. 中国混合所有制经济的产权经济学分析[J]. 宏观经济研究（2）：35-38，42.

万希，彭雷清，2011. 基于智力资本的社会企业技术创新流程研究[J]. 管理世界（6）：180-181.

汪平，邹颖，兰京，2015. 异质股东的资本成本差异研究：兼论混合所有制改革的财务基础[J]. 中国工业经济（9）：129-144.

汪晓春，2002. 企业技术创新投资决策的资本结构条件[J]. 中国工业经济（10）：89-95.

王大洲，2001. 企业技术创新网络的进化与治理：一个文献综述[J]. 科研管理（5）：96-103.

王华荣，1998. 论混合所有制经济[J]. 经济问题（9）：14-17.

王金存，2002. 西方混合所有制企业比较［J］. 世界经济（8）：78-85.
王文春，荣昭，2014. 房价上涨对工业企业技术创新的抑制影响研究［J］. 经济学（季刊）（2）：465-490.
王文涛，付剑峰，朱义，2012. 企业技术创新、价值链扩张与制造业盈利能力：以中国医药制造企业为例［J］. 中国工业经济（4）：50-62.
王霄，胡军，2005. 社会资本结构与中小企业技术创新：一项基于结构方程模型的实证研究［J］. 管理世界（7）：116-122，171.
王小鲁，樊纲，2004. 中国地区差距的变动趋势和影响因素［J］. 经济研究（1）：33-44.
王小鲁，樊纲，刘鹏，2009. 中国经济增长方式转换和增长可持续性［J］. 经济研究（1）：4-16.
王永，刘建一，2012. 动力机制、运行机理与国有企业技术创新能力改善［J］. 改革（1）：117-124.
王元地，刘凤朝，潘雄锋，2012. 专利许可、技术学习与企业技术创新能力成长［J］. 研究与发展管理（5）：55-63.
王振山，宋书彬，战宇，2010. 成长期与成熟期科技创新企业分红与研发：地域、公司治理、股权结构的影响［J］. 山西财经大学学报（10）：95-102.
温军，冯根福，2012. 异质机构、企业所有制形式与自主创新［J］. 经济研究（3）：53-64.
吴运建，寿艳玲，寿万军，1998. 高技术企业技术创新及其风险［J］. 科研管理（4）：14-20.
武常岐，吕振艳，2011. 民营化、外资股东和嵌入性：来自中国的证据［J］. 经济管理（3）：51-58.
夏冬，2003. 所有权结构与企业技术创新效率［J］. 南开管理评论（3）：32-36.
夏立军，陈信元，2007. 市场化进程、国企改革策略与公司治理结构的内生决定［J］. 经济研究（7）：82-95，136.
肖兴志，王伊攀，李姝，2013. 政府激励、产权性质与企业技术创新：基于战略性新兴产业260家上市公司数据［J］. 财经问题研究（12）：26-33.
辛晴，杨蕙馨，2012. 知识网络如何影响企业技术创新：动态能力视角的实证研究［J］. 研究与发展管理（6）：12-22，33.

徐善长，2006. 关于江苏、浙江混合所有制经济发展的调查报告［J］. 经济研究参考（83）：2-7.
许庆瑞，郑刚，喻子达，等，2003. 全面创新管理（TIM）：企业技术创新管理的新趋势：基于海尔集团的案例研究［J］. 科研管理（5）：1-7.
许小年，1997. 以法人机构为主体建立公司治理机制和资本市场［J］. 改革（5）：28-30.
薛暮桥，1987. 我国生产资料所有制的演变［J］. 经济研究（2）：15-28.
薛云奎，白云霞，2008. 国家所有权、冗余雇员与公司业绩［J］. 管理世界（10）：96-105.
杨德伟，2011. 股权结构影响企业技术创新的实证研究：基于我国中小板上市公司的分析［J］. 财政研究（8）：56-60.
杨红英，童露，2015. 国有企业混合所有制改革中的公司内部治理［J］. 技术经济与管理研究（5）：50-54.
杨记军，逯东，杨丹，2010. 国有企业的政府控制权转让研究［J］. 经济研究（2）：69-82.
杨建君，张钊，梅晓芳，2012. 股东与经理人信任对企业技术创新的影响研究［J］. 科研管理（3）：36-41，80.
杨瑞龙，杨其静，2001. 专用性、专有性与企业制度［J］. 经济研究（3）：3-11，93.
杨战胜，俞峰，2014. 政治关联对企业技术创新影响的机理研究［J］. 南开经济研究（6）：32-43.
杨震宁，李东红，王玉荣，2015. 科技园“温床”与“围城”效应对企业技术创新的影响研究［J］. 科研管理（1）：34-42.
叶青，李增泉，李光青，2012. 富豪榜会影响企业会计信息质量吗：基于政治成本视角的考察［J］. 管理世界（1）：104-120.
叶许红，张彩江，廖振鹏，2006. 组织氛围对企业技术创新实施影响研究［J］. 科研管理（1）：75-79.
殷西乐，李维安，武立东，等，2015. 网络治理、混合所有制改革与治理能力现代化：第八届公司治理国际研讨会综述［J］. 南开管理评论（6）：146-153.
尹志锋，叶静怡，黄阳华，等，2013. 知识产权保护与企业技术创新：传导机制及其检验［J］. 世界经济（12）：111-129.

于海云，赵增耀，李晓钟，2013. 民营企业技术创新绩效影响因素研究：企业家信心的研究视角［J］. 科研管理（9）：97-104.
余菁，2014. “混合所有制”的学术论争及其路径找寻［J］. 改革（11）：26-35.
余明桂，潘红波，2008. 政府干预、法治、金融发展与国有企业银行贷款［J］. 金融研究（9）：1-22.
袁建国，后青松，程晨，2015. 企业政治资源的诅咒效应：基于政治关联与企业技术创新的考察［J］. 管理世界（1）：139-155.
张高丽，2001. 混合所有制：公有制的有效实现形式：深圳市中兴通讯股份有限公司调查［J］. 求是. 18，51-54.
张红娟，谭劲松，2014. 联盟网络与企业技术创新绩效：跨层次分析［J］. 管理世界（3）：163-169.
张洪辉，夏天，王宗军，2010. 公司治理对我国企业技术创新效率影响实证研究［J］. 研究与发展管理（3）：44-50.
张杰，陈志远，杨连星，等，2015. 中国创新补贴政策的绩效评估：理论与证据［J］. 经济研究（10）：4-17.
张军，2009. 浙江省中小企业技术创新现状、问题及原因分析［J］. 管理工程学报（S1）：7-11.
张学平，张婧，2016. 夹层资本、契约条款治理机制与国有企业混合所有制改革［J］. 经济与管理研究（1）：31-38.
张瑜，张诚，2011. 跨国企业在华研发活动对我国企业技术创新的影响：基于我国制造业行业的实证研究［J］. 金融研究（11）：139-152.
张玉臣，吕宪鹏，2013. 高新技术企业技术创新绩效影响因素研究［J］. 科研管理（12）：58-65.
张宗庆，郑江淮，2013. 技术无限供给条件下企业技术创新行为：基于中国工业企业技术创新调查的实证分析［J］. 管理世界（1）：115-130.
赵春雨，2015. 混合所有制发展的历史沿革及文献述评［J］. 经济体制改革（1）：48-53.
赵景峰，王延荣，2011. 高新技术企业技术创新文化特征与创业绩效关系实证研究［J］. 管理世界（12）：184-185.
赵贞，汤谷良，2014. 资本重构：央企导入混合所有制与全面深化改革的切入点［J］. 财务与会计（5）：17-19.

郑海航，徐炜，2005. 完善我国国有控股公司制度［J］. 经济与管理研究（5）：5-10.

郑永彪，张磊，2013. 基于委托代理模型的企业技术创新管理研究［J］. 科研管理（9）：36-45.

中国社会科学院经济学科片课题组，1993. 建立社会主义市场经济体制的理论思考与政策选择［J］. 经济研究（8）：3-24.

周俊生，2014. 推进混合所有制 央企让利是第一步［J］. 经济研究参考（24）：29.

周黎安，罗凯，2005. 企业规模与创新：来自中国省级水平的经验证据［J］. 经济学（季刊）（2）：623-638.

周锐，李爽，2011. 科技政策因素对中小企业技术创新影响的实证分析［J］. 统计与决策（5）：186-188.

朱光华，2004. 大力发展混合所有制：新定位、新亮点［J］. 南开学报（哲学社会科学版）（1）：3-5.

朱恒鹏，2006. 企业规模、市场力量与民营企业技术创新行为［J］. 世界经济（12）：41-52.

朱红军，汪辉，2004. "股权制衡"可以改善公司治理吗：宏智科技股份有限公司控制权之争的案例研究［J］. 管理世界（10）：114-123.

朱效平，2007. 平等原则下混合所有制企业国有资产的刑法保护［J］. 政法论丛（6）：67-70.

朱欣蕊，韩少真，张晓明，2014. 股权结构对企业技术创新投入的影响：来自中国上市公司 2010—2012 年的经验数据［J］. 生产力研究（4）：21-25.

朱珍，2016. 混合所有制改革对国资预算收入结构影响的实证分析与制度保障：以资源垄断型集团公司及其上市子公司为例［J］. 经济与管理研究（1）：39-45.

ACEMOGLU D，JOHNSON S，ROBINSON J A，2001. The colonial origins of comparative development：an empirical investigation［J］. The American Economic Review（5）：1369-1401.

ACHARYA V V，BAGHAI R P，SUBRAMANIAN K V，2014. Wrongful discharge laws and innovation［J］. Review of Financial Studies（1）：301-346.

ACHARYA V V, SUBRAMANIAN K V, 2009. Bankruptcy codes and innovation [J]. The Review of Financial Studies (12): 4949-4988.

ACS Z J, ANSELINB L, VARGAC A, 2002. Patents and innovation counts as measures of regional production of new knowledge [J]. Research Policy (7): 1069-1085.

AGGARWAL, R, 2011. Does governance travel around the world? Evidence from institutional investors [J]. Journal of Financial Economics (1): 154-181.

AGHION P, BLOOM N, BLUNDELL R, et al, 2005. Competition and innovation: An inverted-u relationship [J]. Quarterly Journal of Economics (2): 701-728.

AGHION P, VAN REENEN J, ZINGALES L, 2013. Innovation and institutional ownership [J]. The American Economic Review (1): 277-304.

AGRAWAL A, COCKBURN I, MCHALE J, 2006. Gone but not forgotten: Knowledge flows, labor mobility, and enduring social relationships [J]. Journal of Economic Geography (5): 571-591.

ALEXANDERA C R, COHENB M A, 1999. Why do corporations become criminals? Ownership, hidden actions, and crime as an agency cost [J]. Journal of Corporate Finance (1): 1-34.

AMORE M D, SCHNEIDER C, ZALDOKAS A, 2013. Credit supply and corporate innovation [J]. Journal of Financial Economics (3): 835-855.

ANG J S, COLE, R A, LIN J W, 2000. Agency costs and ownership structure [J]. Journal of Finance (1): 81-106.

ASQUER A, 2014. Explaining partial privatization of public service provision: The emergence of mixed ownership water firms in Italy (1994—2009) [J]. Annals of Public and Cooperative Economics (1): 11-30.

BAE K H, OZOGUZ A, TAN H, et al, 2012. Do foreigners facilitate information transmission in emerging markets? [J]. Journal of Financial Economics (1): 209-227.

BAI C E, LU J, TAO Z, 2006. The multitask theory of state enterprise reform: Empirical evidence from China[J]. The American Economic Review(2): 353-357.

BECKER - BLEASE J R, 2011. Governance and innovation [J]. Journal of Corporate Finance (4): 947-958.

BENA J, LI K, 2014. Corporate innovations and mergers and acquisitions [J]. The Journal of Finance (5): 1923-1960.

BENFRATELLO L, SEMBENELLI F S A, 2008. Banks and innovation: Microeconometric evidence on Italian firms [J]. Journal of Financial Economics (2): 197-217.

BERTRAND M, DUFLO E, MULLAINATHAN S, 2004. How much should we trust differences-in-differences estimates? [J]. The Quarterly Journal of Economics (1): 249-275.

BERTRAND M, MULLAINATHAN S, 2003. Enjoying the quiet life? Corporate governanceand managerial preferences [J]. Journal of Political Economy (5): 1043-1075.

BOUBAKRI N, COSSET J C, SAFFAR W, 2013. The role of state and foreign owners in corporate risk - taking: Evidence from privatization [J]. Journal of Financial Economics (3): 641-658.

BOUBAKRIA N, COSSETA J C, GUEDHAMIB O, 2005. Postprivatization corporate governance: The role of ownership structure and investor protection [J]. Journal of Financial Economics (2): 369-399.

BOULTON T J, SMART, S B, ZUTTER C J, 2013. Industrial diversification and underpricing of initial public offerings [J]. Financial Management (3): 679-704.

BROOKS S, 1987. The Mixed ownership corporation as an instrument of public policy [J]. Comparative Politics (2): 173-191.

BROWN J R, MARTINSSON G, PETERSEN B C, 2013. Law, stock markets, and innovation [J]. The Journal of Finance (4): 1517-1549.

BUSHEE B J, 1998. The influence of institutional investors on myopic R&D investment behavior [J]. The Accounting Review (3): 305-333.

BUSHEE B J, 2001. Do institutional investors prefer near-term earnings over long-run value? [J]. Contemporary Accounting Research (2): 207-207.

CAGGESE A, 2012. Entrepreneurial risk, investment, and innovation [J]. Journal of Financial Economics (2): 287-307.

CHANG X, FU K, LOW A, et al, 2015. Non-executive employee stock options and corporate innovation [J]. Journal of Financial Economics (1): 168-188.

CHAVA S, OETTL A, SUBRAMANIAN A, et al, 2013. Banking deregulation and innovation [J]. Journal of Financial Economics (3): 759-774.

CHEMMANUR T J, FULGHIERI P, 2014. Entrepreneurial finance and innovation: An introduction and agenda for future research [J]. Review of Financial Studies (1): 1-19.

CHEMMANUR T J, LOUTSKINA, E, TIAN X, 2014. Corporate venture capital, value creation, and innovation [J]. Review of Financial Studies (8): 2434-2473.

CHEN Z, DU J, LI D, et al, 2013. Does foreign institutional ownership increase return volatility? Evidence from China [J]. Journal of Banking & Finance (2): 660-669.

CHENA X, HARFORDB J, LIA K, 2007. Monitoring: Which institutions matter? [J]. Journal of Financial Economics (2): 279-305.

CHENGA M, BINGXUAN LINB, WEIA M, 2013. How does the relationship between multiple large shareholders affect corporate valuations? Evidence from China [J]. Journal of Economics and Business (4): 43-70.

CHOE H, KHO B C, STULZ R M, 1999. Do foreign investors destabilize stock markets? The Korean experience in 1997 [J]. Journal of Financial Economics (2): 227-264.

CRUZ N F D, MARQUES R C, 2012. Mixed companies and local governance: No man can serve two masters [J]. Public Administration (3): 737-758.

DAS T K, TENGB B S, 2000. A resource-based theory of strategic alliances [J]. Journal of Management (1): 31-61.

DEMSETZ H, 1986. Corporate control, insider trading, and rates of return [J]. The American Economic Review (2): 313-316.

DYCK A, ZINGALES L, 2004. Private benefits of control: An international comparison [J]. Journal of Finance (2): 537-600.

EDERER F, MANSO G, 2013. Is pay for performance detrimental to innovation? [J]. Management Science (7): 1496-1513.

FAN J, WONG T, ZHANG T, 2007. Politically connected CEOs, corporate governance, and post-IPO performance of China's newly partially privatized firms [J]. Journal of Financial Economics (2): 330-357.

FANG V W, TIAN X, TICE S, 2014. Does stock liquidity enhance or impede firm innovation? [J]. The Journal of Finance (5): 2085-2125.

FERREIRA M A, MATOS P, 2008. The colors of investors' money: The role of institutional investors around the world [J]. Journal of Financial Economics (3): 499-533.

FIRTH M, LIN C, ZOU H, 2010. Friend or foe? The role of state and mutual fund ownership in the split share structure reform in China [J]. Journal of Financial and Quantitative Analysis (3): 685-706.

FRYE T, SHLEIFER A, 1997. The invisible hand and the grabbing hand [J]. American Economic Review (2): 354-358.

FULGHIERIA P, SEVILIRA M, 2009. Organization and financing of innovation, and the choice between corporate and independent venture capital [J]. Journal of Financial and Quantitative Analysis (6): 1291-1321.

GILLAN S L, STARKS L T, 2000. Corporate governance proposals and shareholder activism: the role of institutional investors [J]. Journal of Financial Economics (2): 275-275.

GILLAN S L, STARKS L T, 2003. Corporate governance, corporate ownership, and the role of institutional investors: A global perspective [J]. Journal of Applied Finance (2): 4-22.

GIURI P, MARIANI M, 2013. When distance disappears: Inventors, education, and the locus of knowledge spillovers. The Review of Economics and Statistics (2): 449-463.

GOMPERS P A, ISHII J, METRICK A, 2010. Extreme governance: An analysis of dual-class firms in the United States [J]. The Review of Financial Studies (3): 1051-1088.

GRAHAM J R, HARVEY C R, RAJGOPAL S, 2005. The economic implications of corporate financial reporting [J]. Journal of Accounting and Economics (1): 3-73.

GUADALUPE M, KUZMINA O, THOMAS C, 2012. Innovation and foreign ownership [J]. American Economic Review (7): 3594-3627.

GUL F A, KIM J B, QIU A A, 2010. Ownership concentration, foreign shareholding, audit quality, and stock price synchronicity: Evidence from China [J]. Journal of Financial Economics (3): 425-442.

GUPTA N, 2005. Partial privatization and firm performance [J]. Journal ofFinance (2): 987-1015.

HALL B H, JAFFE A, TRAJTENBERG M, 2005. Market value and patent citations [J]. The RAND Journal of Economics (1): 16-38.

HAMID BELADIAND CHI - CHUR CHAO, 2006. Mixed ownership, unemployment, and welfare for a developing economy [J]. Review of Development Economics (4): 604-611.

HART O, SHLEIFER A, 1997. The proper scope of government: Theory and an application to prisons [J]. Quarterly Journal of Economics (4): 1127-1127.

HART O D, 1983. The market mechanism as an incentive scheme [J]. The Bell Journal of Economics (2): 366-382.

HE J, TIAN X, 2013. The dark side of analyst coverage: The case of innovation [J]. Journal of Financial Economics (3): 856-878.

HE W, LI D, SHEN J, et al, 2013. Large foreign ownership and stock price informativeness around the world. Journal of International Money and Finance (36): 211-230.

HERRERA H, SCHROTH E, 2011. Advantageous innovation and imitation in the underwriting market for corporate securities [J]. Journal of Banking & Finance (5): 1097-1113.

HIRSHLEIFER D, LOW A, TEOH S H, 2012. Are overconfident CEOs better innovators? [J]. The Journal of Finance (4): 1457-1498.

HOLMSTROM B, 1999. Managerial incentive problems: A dynamic perspective [J]. The Review of Economic Studies (1): 169-182.

HOLMSTROM B, 1989. Agency costs and innovation [J]. Journal of Economic Behavior and Organization (3): 305-327.

HSU P H, TIAN X, XU Y, 2014. Financial development and innovation: Cross-country evidence [J]. Journal of Financial Economics (1): 116-135.

HU A G, JEFFERSON G H, 2009. A great wall of patents: What is behind China's recent patent explosion? [J]. Journal of Development Economics (1): 57-68.

HURLEY R F, HULT G T M, 1998. Innovation, market orientation, and organizational learning: An integration and empirical examination [J]. Journal ofMarketing (3): 42-42.

JAFFE A B, TRAJTENBERG M, FOGARTY M S, 2000. Knowledge spillovers and patent citations: Evidence from a survey of inventors [J]. The American Economic Review (2): 215-218.

JENSEN M C, MECKLING W H, 1976. Theory of the firm: Managerial behavior, agency costs and ownership structure [J]. Journal of Financial Economics (4): 305-360.

JENSEN M C, MURPHY K J, 1990. Performance pay and top-management incentives [J]. Journal of Political Economy (2): 225-264.

JOHN K, LITOV L, YEUNG B, 2008. Corporate governance and risk-taking. The Journal of Finance (4): 1679-1728.

JOHNSON S, PORTA R L, LOPEZ-DE-SILANES F, et al, 2000. Tunneling [J]. The American Economic Review (2): 22-27.

JOSEP A TRIBO, BERRONE P, SURROCA J, 2007. Do the type and number of blockholders influence R&D investments? New evidence from Spain [J]. Corporate Governance: An International Review (5): 828-842.

KAHN C, WINTON A, 1998. Ownership structure, speculation, and shareholder intervention [J]. The Journal of Finance (1): 99-129.

LELAND H E, PYLE D H, 1977. Informational asymmetries, financial structure, and financial intermediation [J]. Journal of Finance (2): 371-387.

LERNER J WULF J, 2007. Innovation and incentives: Evidence from corporate R&D [J]. The Review of Economics and Statistics (4): 634-644.

LEVINE R, ZERV.OS S, 1998. Stock markets, banks, and economic growth [J]. Journal of Economic Literature (3): 537-558.

LI D, NGUYEN Q N, PHAM P K, et al, 2011. Large foreign ownership and firm-Level stock return volatility in emerging markets Journal of Financial and Quantitative Analysis (4): 1127-1155.

LI K, WANG T, CHEUNG Y L, et al, 2011. Privatization and risk sharing: Evidence from the split share structure reform in China [J]. Review of Financial Studies (7): 2499-2525.

LIAO L, LIU B, WANG H, 2014. China's secondary privatization: Perspectives from the split-share structure reform [J]. Journal of Financial Economics (3): 500-518.

LIN C, MA Y, MALATESTA P, et al, 2013. Corporate ownership structure and the choice between bank debt and public debt [J]. Journal of Financial Economics (2): 517-534.

LIN J Y, CAI F, LI Z, 1998. Competition, policy burdens, and state-owned enterprise reform [J]. American Economic Review (2): 422-427.

LIU G S, BEIRNE J, SUN P, 2015. The performance impact of firm ownership transformation in China: Mixed ownership vs. fully privatised ownership [J]. Journal of Chinese Economic and Business Studies (3): 197-216.

MANSO G, 2011. Motivating innovation [J]. The Journal of Finance (5): 1823-1860.

MASULIS R W, THOMAS R S, 2009. Does private equity create wealth? The effects of private equity and derivatives on corporate governance [J]. The University of Chicago Law Review (1): 219-259.

MAURYA B, PAJUSTEB A, 2005. Multiple large shareholders and firm value [J]. Journal of Banking and Finance (7): 1813-1834.

MEGGINSON W L, NETTER J M, 2001. From state to market: A survey of empirical studies on privatization [J]. Journal of Economic Literature (2): 321-389.

NANDA R, RHODES-KROPF M, 2013. Investment cycles and startup innovation [J]. Journal of Financial Economics (2): 403-418.

PAGANO M, ROELL A, 1998. The choice of stock ownership structure: Agency costs, monitoring, and the decision to go public. The Quarterly Journal of Economics (1): 187-187.

PATTERSON M L, 1998. From experience: Linking product innovation to business growth [J]. Journal of Product Innovation Management (5): 390-402.

PIOTROSKI J D, ZHANG T, 2014. Politicians and the IPO decision: The impact of impending political promotions on IPO activity in China. Journal of Financial Economics (1): 111-136.

PORTA R L, LOPEZ-DE-SILANES F, SHLEIFER A, 1999. Corporate ownership around the world [J]. The Journal of Finance (2): 471-517.

RAHUL KOCHHAR, DAVID P, 1996. Institutional investors and firm innovation: A test of competing hypotheses [J]. Strategic Management Journal (1): 73-84.

ROBINSON D T, 2008. Strategic alliances and the boundaries of the firm [J]. The Review of Financial Studies (2): 649-681.

SAPPINGTON D E M, STIGLITZ J E, 1987. Privatization, information and incentives [J]. Journal of Policy Analysis and Management (4): 567-585.

SHLEIFER A, VISHNY R W, 1986. Large shareholders and corporate control [J]. Journal of Political Economy (3): 461-488.

SHLEIFER A, VISHNY R W, 1994. Politicians and firms [J]. The Quarterly Journal of Economics (4): 995-1025.

SONG Z, NAHM A, ZHANG Z, 2015. The value of partial state ownership in publicly listed private sector enterprises: Evidence from China [J]. Post-Communist Economies (3): 336-353.

STAIGER D, STOCK J H, 1997. Instrumental variables regression with weak instruments [J]. Econometrica (3): 557-586.

STEIN J C, 1988. Takeover threats and managerial myopia [J]. Journal of Political Economy (96): 61-80.

STULZ R M, 1988. Managerial control of voting rights: Financing policies and the market for corporate control [J]. Journal of Financial Economics (1-2): 25-54.

SUN Q, TONG W H S, 2003. China share issue privatization: The extent of its success. Journal of Financial Economics (2): 183-222.

THOMAS J. CHEMMANURA, YAWEN JIAOB, 2012. Dual class IPOs: A theoretical analysis [J]. Journal of Banking and Finance (1): 305-319.

TIAN X, WANG T Y, 2014. Tolerance for failure and corporate innovation [J]. Review of Financial Studies (1): 211-255.

WANG Q, WONG T J, XIA L, 2008. State ownership, the institutional environment, and auditor choice: Evidence from China [J]. Journal of Accounting and Economics (1): 112-134.

WARNER M E, G B, 2008. Competition or monopoly? Comparing privatization of local public services in the US and Spain [J]. Public Administration (3): 723-735.

WEIBLEN T, CHESBROUGH H W, 2015. Engaging with startups to enhance corporate innovation [J]. California Management Review (2): 66-90.

WERNERFELT B, 1984. A resource-based view of the firm [J]. Strategic Management Journal (2): 171-180.

WU J, TU R, 2007. CEO stock option pay and R&D spending: A behavioral agency explanation [J]. Journal of Business Research (5): 482-492.

ZHU P, XU W, LUNDIN N, 2006. The impact of government's fundings and tax incentives on industrial R&D investments: Empirical evidences from industrial sectors in Shanghai. China Economic Review (1): 51-69.

后记

40年来都在追梦的我，试图寻找到最适合自己的生活，寻找生命的意义。我不断尝试，期盼着找到自己的兴趣所在，有时像只因迷途而到处乱撞的小鹿。我希望能从事最擅长的工作，同时也让生命更加绚丽多彩，不想在白发之时后悔还有未了之事。著书之旅，便是追梦过程中的一段，也是令人刻骨铭心的经历之一……

从小学到研究生毕业，作为老师眼中的好学生、同学们眼中的学习榜样，我一直以为学习是这个世界上最简单且轻松愉快的事。在撰写本书的过程中，我开始了自己发现知识之旅，这才体会到“增进人类智慧，拓展知识领域”的学者使命之重……起初，愚钝的我极不适应从被动接受知识到主动创造知识的角色转换，只能每逢有优质讲座便去聆听，闲暇之时就前往图书馆读国内外的最新文献。然而，创造知识的过程的确与技术创新有几分相似，并非投入得越多就一定有成比例的回报。我忘不了为确定本书选题而翻遍国内外文献，天天关注新闻热点，却依旧难以定题……

在茫然无措之时，师长和朋友们为我指明方向，将我引进学术研究的殿堂。在我迷途时，他们一次次为我解惑，使我逐渐对研究问题有了比较清晰的认识，并由此慢慢积累，收获了点滴成果。

本书重点关注混合所有制改革，具有一定的实践意义和创新性。但正是其创新性给本书的写作带来了一些困难。在师长和朋友们的指引下，我在本书的写作过程中，大量阅读相关背景材料、论文和专著，并广泛地向学者和专家咨询，与他们进行讨论。从确定选题、拟定提纲，到资料收集、数据处理，再到写作、润色、定稿，每一个环节都包含无数个日日夜夜我端坐在电脑前，苦苦思索，一次次尝试，又一次次改进。受限于个人资质及学识，虽然我努力地对本书进行修改完善，但要对研究主题作出客观且全面的分析，仍颇具难度。书中难免存在错漏和不足之处，在此，恳请专家学者不吝赐教。

在漫长的写作过程中，我综合运用了多年来积累的知识和能力。不仅如此，这一过程还极大地磨炼了我研究问题的毅力，进而使其成为我未来研究生涯的又一个起点。今后，我将继续关注我国社会现实，延续与国有企业混合所有制改革及企业技术创新相关研究，为学术研究和改革实践贡献自己微薄的力量。

袁晓星

2024 年 10 月于桂园